Ngempilo kaFuze:

UMagema M. Fuze, umbhali wale ncwadi wazalwa kwaZulu ngabo-1840. Ukuphendukela enkolweni yamaKhristu esemusha nobudlelwane bempilo yonke nomuzi nomndeni kaMbhishobhi uColenso akuzange kumehlukanise nabantu bakubo: wabhala njengomZulu ecaphuna enqolobaneni ecebile yobucikomazwi bomlomo ayebuqoqe kubantu abaningi ngokumangalisayo ayexhumana nabo. Ngowe-1859 waphelekezela uMbhishobhi Colenso ohambeni oludumile lokuvakashela iSilo uMpande, kwathi ngokucelwa nguMbhishobhi lo wakashela neSilo uCetshwayo ngaphambidlana nje kwempi yonyaka we-1879. Lapho iSilo uDinuzulu sesidingiselwe eSt. Helena uFuze waqashwa ngengothisha waso.

Eka-M.M. Fuze

ABANTU ABAMNYAMA
LAPHA BAVELA NGAKHONA

UNIVERSITY OF KwaZulu-Natal Press

Ishicilelwe ngonyaka we-2022 yiBhodi yoLimi yeNyuvesi yaKwaZulu-Natali
Private Bag X01
Scottsville, 3209
Pietermaritzburg
South Africa
i-Imeli:books@ukzn.ac.za
iWebhusaythi: www.ukznpress.co.za

© INyuvesi yaKwaZulu-Natali 2022
Yashicilelwa okokuqala ngowe-1922 nguMagema Fuze

Onke amalungelo agodliwe. Ayikho ingxenye yalolu shicilelo engakhiqizwa kabusha noma yedluliselwe nganoma iyiphi indlela, ngekhompyutha noma ngomshini okungabandakanya nokufothokhopha, ukuqopha nanoma yikuphi ukugcina ulwazi nohlelo lokulukhipha ngaphandle kokuthola imvume yangaphambilini ebhalwe phansi yakwa-University of KwaZulu-Natal Press.

ISBNS: 978-1-86914-483-8
I-Ebook: 978-1-86914-485-2

Umhleli: DBZ Ntuli
Umhleli owengamele: Elana Bregin
Isakhiwo ngabakwa: Patricia Comrie
Umenzi wekhava: MDesign. Ilungiswe kabusha isuselwa ekhaveni yokuqala yesiNgisi eyayenziwe nguDavid Moon, isuselwa emsebenzini osihloko sithi 'The Border' kaJohn Muafangejo, kubongwa i-E.L.C. Art Centre, Rorke's Drift nabakwa-C. Struik (Pty) Ltd, Cape Town.

Sibonga ngokukhethekile iSikhungo Sikazwelonke Solwazi Ngezabantu Nesayensi yezokuhlalisana (NIHSS) ngokuluxhasa ngezimali lolu shicilelo olusha.

Kanye nomtapo wezincwadi iKillie Campbell Africana Library esenze ukuba sithole umbhalo wokuqala wesiZulu wencwadi, *Abantu Abamnyama, Lapa Bavela Ngakona* olususelwa kuwo lolu shicilelo olusha.

Igaywe ngabakwa: DJE Flexible Print Solutions, Cape Town

OKUQUKETHWE

Qaphela viii
Isandulela: Umuntu Kafi Aphele ix
Isisusa xxi
Inkondlo xxv
Amangebeza xxviii

Isahluko khasi
  1. Abantu Abamnyama, Ukuvela Kwabo 1
  2. AbaThwa 2
  3. AmaLawu 4
  4. AmaHiligwa 5
  5. Kuphunywa ENgonini (Suez Canal) Njalo Kuvelwaphi? 6
  6. Umlungu Kumuntu 7
  7. Amalinganiso 9
  8. Abasala Emuva 11
  9. Ukuhlakazeka Kwabantu Ezweni 12
  10. Kuseyibo Abahlakazekileyo Njalo 13
  11. Ukuhlala Kwezizwe Ezweni 20
  12. Izizwe Ezazinamandla Kunezinye 23
  13. Isicoco Nenkehli Kwakungaziwa 25
  14. Ukusoka 26
  15. Ukuganwa Nokugana 29
  16. Kuyasinwa Namuhla 32
  17. Ukugwetshwa Kwengane 35
  18. Ukuphuma Kwempi 36
  19. Izizwe ZabaNtungwa 37
  20. Owaziselela Ngobukhosi Obuyakuvela Enzalweni Yakhe 38
  21. Ukuzalwa KukaShaka 39
  22. Ukuhambela KukaSenzangakhona KwaMthethwa 41
  23. Ukufa KukaSenzangakhona Nokuhloma KukaShaka 42
  24. Ukunqotshwa KukaNdwandwe 43
  25. Ukuhlaselwa KwamaNgwane 45
  26. Ukuhlaselwa KukaMacingwane 46
  27. Ukuchitheka KukaQwabe 48

28. Ukuchitheka KukaMzilikazi	50
29. Ukuchitheka KukaNomagaga	51
30. Ukuqina Kombuso KwaZulu	52
31. Ukwenda Nokufa KukaNandi	53
32. Amakhosazana KaJama	55
33. Ukufa KukaNandi	57
34. Imizi YakwaZulu	58
35. Ukuhlasela KukaShaka KwaNyuswa	60
36. Ezisencwadini KaSobantu (*Izindaba ZaseNatal*: Izigaba 1–12)	62
37. Izindaba ZikaShaka (Ngokusho Kwabelungu: Izigaba 12–23)	68
38. Izindaba ZikaDingane (Ngokusho Kwabelungu: Izigaba 24–34)	75
39. Inhlangano YamaBhunu NamaNgisi KuZulu (Izigaba 35–39; Isigaba 40)	85
40. Umbango KaMpande NoDingane	92
41. Ukufa KukaDingane Nokungena KukaMpande Nokungena Kombuso WamaNgisi ENatal (Ngokusho Kwabelungu: Izigaba 41–52)	97
42. Amashinga Amabi	101
43. Ukuma KoShaka NoDingane NoMpande, Izelamani	105
44. Umkhosi	108
45. Ukulunga KukaMpande	111
46. Amacala Okubulala Umuntu	113
47. Iminyaka Yokubusa Kwamakhosi Omane AkwaZulu	115
48. Ukubusa KukaCetshwayo	118
49. Imikhosi KaCetshwayo	122
50. Ukuhambela KukaMagema KwaZulu	125
51. Ukuhlasela Kwabelungu KwaZulu	127
52. Ukuhlulwa Nokuchithwa KukaZulu	131
53. Ukubuyiselwa Kwenkosi Nokuchithwa Kwayo Ekhaya	133
54. Ukuphela Kwenkosi	136
55. Usefikile UDinuzulu	137
56. Uyehlulwa UZibhebhu	139
57. Izinxushunxushu ZikaZibhebhu	141
58. Abantwana Bayaboshwa	144
59. Ukuthethwa Kwecala	145
60. Selithethiwe Icala	147

61. Abantwana Bahlezi Esiqhingini	150
62. Ngacishe ngafa	154
63. Kubuyelwa Ekhaya	156
64. Amahemuhemu Amanga	158
65. Umbango NoBhambatha	159
65. Impi KaBhambatha	161
67. Ububoshwa KukaDinuzulu	163
68. Sekwedlule	165
69. Amanqampunqampu Okuphetha	166

QAPHELA

Lolu shicilelo lwencwadi ethi *Abantu Abamnyama* luwukuphindwa okwethembekile kodwa futhi okungayibuyisi njengoba injalo incwadi yasekuqaleni. Ayiguqulwanga indlela yokukhuluma yolimi lwesigodi njengokuthi: "phemesele" (phimisela), "ingati" (kanti), "lath' uba" (lathi ukuba). Nakuba kuzanywe ngakho konke ukugcina indlela uyokubhala yasekuqaleni ayeyilandela uFuze, zikhona izinguquko ezincane ezenziwe. Nendlela yokubhala amagama iguqulelwe endleleni yanamuhla, njengemisindo efana nethi: p, t, k eyenziwe yaba ngo-ph, th, kh lapho kunesidingo khona. Nezimpawu ezingasasebenzi zikhishiwe, njengophawu "-" ayeke alusebenzise, olungasasebenzi kwezinye izindawo, nokunye. Nezihloko zeminye imibhalo ziguquliwe: "Abantu Abamnyama, Lapa Bavela Ngakona" > "Abantu Abamnyama Lapha Bavela Ngakhona", "Izindaba zase Natal" > Izindaba ZaseNatal", "Ilanga lase Natal" > "Ilanga LaseNatal". Lokhu kwenzelwe ukuthi umfundi wanamuhla akwazi ukulandela ukubhala kukaFuze ngaphandle kokuphazamiseka. Ushicilelo lokuqala lwencwadi ethi *Abantu Abamnyama* olunjengoba yayikhishwe ekuqaleni, luyatholakala eKillie Campbell Africana Library eThekwini.

ISANDULELA
UMUNTU KAFI APHELE

Njengomlobi, uMagema Fuze (c. 1840–1922), wayengahlosanga ukushicilela incwadi eyodwa. Wayesebabhalele ontanga yakhe ebagqugquzela ukuthi mabazibandakanye babhale umqulu wencwadi ongokuvela nobuhlanga babantu abamnyama. Inhloso yakhe kwakuwukuthi makube nemiqulu yezincwadi equkethe izindaba zokuqhamuka nezokuhamba kwezizwe ezimnyama. Kuleyo nkathi izincwadi zazingashicilelwa emva kokucwaningwa nokubuyekezwa yizingoti. Izincwadi zazishicilelwa emva kokuba umbhali eseqokelele imali ethelwe abafundi nabaxhasi. Kwadlula iminyaka uFuze ezikhandla ecinga abaxhasi bencwadi yakhe. Le ncwadi oyiphethe esandleni sakho iyisincinyane sencwadi eyayihloswe umbhali. Ukuqala kwami ukuhlangana nencwadi kaFuze ngayibiza ngokuthi iyisidumazo. Kule minyaka embalwa eyedlule, sengigudlukile kulowo mbono sengiyibona incwadi kaMagema Fuze ingungunaphakade wesivivane. UFuze wayazi ukuthi usefike emaphethelweni empilo yakhe engasakwazi ukulinda imali yabaxhasi nabagqugquzeli, wavele wazidela wabhala ekuyiyona yodwa incwadi eyayifanele – incwajana elotshelwe inzalo yekusasa. Kwakuyisenzo sokuzidela nobudedengu ukuthi umbhali wesiZulu aziphosele futhi azintshingele ekusaseni lezibhalo ezazingenasiqiniseko. Noma kunjalo, wazidela wabhala. Yingakho-ke emva kwekhulu leminyaka, wena uphethe esandleni sakho amazwi akhe, uzilungiselela ukufunda umsebenzi wakhe ngale ndlela okwakufanele ufundwe ngayo ekhulwini leminyaka edlule. Kuyathokozisa futhi kufakana ixhala ukubhala isandulela sencwadi yombhali owayebheke phambili futhi eyisibonakude. Okuxegisa amadolo ikuthi kufanele nginikeze abafundi indlela yokuhlola okumumethwe incwadi, bese futhi ngibaphakela ngezincazelo zenhlalo yomphakathi owachumisa uMagema Fuzeowayewumbhali, umlobi wemibono wamaphephandaba, umgayi wamaphepha futhi nombhali wezincwadi okhuthele. Wakufeza konke lokhu ngesikhathi amakholwa ayecindezelwa exhashazwa imithetho eqatha eyayishaywa ohulumeni basesiLungwini nabasezweni elabunjwa abelungu ngonyaka ka-1910. Ebusheni bakhe, uMagema Fuze wayekhosele futhi efunda ngaphansi

ISANDULELA

kwesandla sikaJohn William Colenso (1814–1883) – isithunywa sokuqala nesokugcina sombhishobhi wasesiLungwini owayewumeluleki wakhe – waphinda waqhuba umsebenzi ngaphansi kwendokazaki kambhishobhi uHarriette Colenso (1847–1932). Ngenkathi uFuze eshicilela incwadi yakhe, uColenso omdala wayeseyisikhumbuzo sesikhathi esadlula sokuthunywa kwabafundisi bevangeli nokwakhiwa kwemizi yamakholwa, futhi amadodakazi akhe ayelwa ukulondoloza ifa lakhe ebelicinywa ngabomu isonto lamaSheshi aseNingizimu Afrika, okuyiwona adingisa ngendluzula uColenso esikhundleni sakhe. Kwakuyisikhathi esibucayi sokukhetha ukuba umbhali, ikakhulukazi ukuzinikela ekubhaleni incwadi ephicaphica ingqondo futhi enobuciko bemicabango njengalena eyagcina ngokulotshwa uFuze.

Umlando wencwadi awuqali nje ngaleyo nkathi umlobi enquma ukuhlala phansi nephepha nepeni alobe imibono nemicabango yakhe. Incwadi kaMagema Fuze ayehlukile; umlando wayo waqala kudala, phambi kokuba uFuze anqume ukuba umbhali. Ngenkathi kufika uJohn William Colenso esiLungwini ngonyaka ka-1855, umfanyana uMagema (owayeteketiswa ngelikaSkelemu) wayesezilungiselele esetshele abazali bakhe ukuthi kuzofika umlungu omkhulu ezomlanda. Lokhu kukhalipha nobungoma kusesiqalweni sencwadi *Abantu Abamnyama* lapho uFuze ebhala esho ukuthi uColenso wayethanda ukuthi abakholiweyo uma bebhabhathiswa, bakhethe amagama esiZulu, hhayi lawa esiHebheru asebhayibhelini. Lo mdlandla womuntu omusha wokufunda ngaphansi komphathi kunezizathu eziningi zomlando eziwuchazayo; kubonisa ukusabalala nokubakhona kwezikole eziningi ezasungulwa izithunywa zevangeli kwelaseKoloni nasesiLungwini. Kanjalo-ke iwundlu elinguMagema likhule lazi ukuthi ukufundiswa nobukholwa kuza emva kokushiywa kwabazali ekhaya nokuzinikela ezandleni zesithunywa sevangeli esiwumeluleki. Mhlawumbe ngingasho nokuthi lesi siqephu emlandweni wempilo kaFuze sibuhlungu ngoba siveza ukuthi washiya ikhaya, washiya abazali bakhe bokuzalwa, wamukelwa uyise omhlophe. Yize kwakunalezi zinhlungu, uFuze wabhala ngokuya kwakhe Ekukhanyeni nasesigodlwini saseBishopstowe ngamazwi anganakuthandabuza. Kungashiwo ukuthi impilo yakhe yokuba umbhali yaqala emva kokubhabhathiswa nokwethiwa kwakhe. Ngonyaka ka-1859 uColenso wavakashela kwaZulu eyobona inkosi eyayibusa, uMpande. Wanikeza izimfundamakhwela zamakholwa akhe imihlahlandlela yokuthi zibhale phansi zonke izigameko nezehlakalo ezenzeka endleleni yabo. *Incwadi Yamhla Umbhishopo Wase'Natal Ehambela*

Kwa-Zulu (1860) eyashicilelwa uColenso yaba igugu elingasoze labuna ezibhalweni zolimi lwesiZulu, futhi yafundwa iminyaka eminingi emva kokushicilelwa kwayo. Lokhu kuvela kokuqala kukaFuze encwadini eshicilelwe, kwakungekhona okukuqala ukuveza kwakhe ikhono lokugaya amaphepha. Ngonyaka ka-1859 futhi, uColenso wathumela uSir George Grey amakhasi encwanjana eyagaywa futhi yalotshwa uFuze eyabizwa ngokuthi "Amazwi Abantu". Lezi zinhlamvu ezaqokelelwa inkundlwane ewuFuze zibonisa indlebe eyase ijwayele ukulalelela uColenso owayelokhu ethuthuka ezifundweni zakhe zobuchwephese ngolimi lwesiZulu nokubhalwa kwezichazamazwi zalolu limi. Ijaha elinguFuze laqopha izingxoxo zansuku zonke kanye nalezo ezimqoka, ngalokho lakhombisa imikhuba yamakholwa aseBishopstowe. Kungashiwo-ke ukuthi *Incwadi* kanye nethi "Amazwi Abantu" kwakuyimithombo yentshisekelo eyenza ukuba uFuze omncane abe nogqozi lokuba umbhali.

Ukuba izifundo zolwazi oluthe xaxa zasEkukhanyeni zaqhubeka umlibe engabe uFuze waba ikholwa eliqavile emphakathini wamakholwa – ngabe waba ikholwa eliyisazi, elizizwa imibono, eliwungqondongqondo futhi elime kahle emalini. Izigameko, kodwa, zavimbela ukuqhubeka kwalemfundo. Akuzange kugcine kuphela ngokuvalwa kwesikole ngonyaka ka-1861, ngenxa yamahemuhemu ayethi uZulu uzohlasela esiLungwini; kepha, ngonyaka ka-1862, uJohn William Colenso washicilela isigxekamazwi kanye nesichasiselo sezebhayibheli esaphosa inselelo futhi savusa impikiswano phakathi kwezazi zemithetho yamasonto kanye nezazi zemibhalo eyingcwele. Incwadi ebizwa *The Pentateuch and Book of Joshua Critically Examined* (1862), yayiwumphumela womsebenzi wokuhumusha kanye nezingxoxo phakathi kukaColenso nezimfundamakhwela zakhe. Noma kwakungeyona inhloso yakhe ukuphekula izikhuni zezifundo zebhayibheli nezobushumayeli e-Afrika, incwadi kaColenso yenza ukuba amakholwa akhe abe ondabamlonyeni phesheya ngoba kuthiwa aseguqule umbhishobhi wasesiLungwini esikhundleni sokuba kube yiwo aguqukayo. Lokhu kushintshana kwezikhundla mhlawumbe kuyincazelo yamazwi aziswana futhi adumazayo aphoswa kuColenso ngemva kokushicilelwa kwencwadi. Njengalokhu uColenso wayezigayela mathupha ngomshini wakhe, kwakuyikhono likaMagema Fuze, njengomgayi wamaphepha, elakhiqiza incwadi *The Pentateuch* futhi nezimpendulo kulabo ababemgxeka. Kungashiwo-ke ukuthi lesi kwakuyisiqalo senkambo yezombusazwe yabo bobabili oColenso noFuze, futhi kwakuyivuthela elababhabhathisa ngomlilo.

ISANDULELA

Noma kukuphi lapho imicabango kaColenso yayiphambukela ngakhona, amakholwa akhe ayelandela budebuduzane. Izimpikiswano ngezemithetho yamasonto kanye nezezifundo zebhayibheli zaqala umbango phakathi kweqembu elabizwa ngokuthi yi-"Bishopstowe faction" nezakhamuzi zasesiLungwini kanye nohulumeni obusayo wamaNgisi. Kungekudala uColenso wazithola esegxile ngqi kwezombusazwe ngenxa yokwakha ubuhlobo nenkosi entsha yakwaZulu, uCetshwayo. Kusukela kulolu hambo lwakhe lwangonyaka ka-1859, uColenso wazijwayeza wafunda ngesimo sombuso wakwaZulu kanye nobuhlobo baso nohulumeni wasesiLungwini nanombuso weNdlovukazi yamaNgisi. Njengomondli wenkosana eyayidingisiwe, uMkhungo, owafika esigodlweni eBishopstowe engumbaleki osinde empini yaseNdondakusuka yangonyaka ka-1856 – lapho abafowabo uMbuyazi noCetshwayo balwa impi yokubanga ubukhosi eyabhubisa abaningi – uColenso wayesezinikele ngokweqile ukudlula abanye ekwakheni ubuhlobo nabasebukhosini ababubizwa uSuthu. Ukubekwa kwenkosi uCetshwayo esikhundleni ngonyaka ka-1873 kwasondelisisa isizwe sakwaZulu kanye nohulumeni wasesiLungwini ngoba uSomtsewu (Theophilus Shepstone) kwaba nguye owagcoba uCetshwayo. Kulezo nsuku, kwakungekho owayengaqagela ukuthi uSobantu (Colenso) noSomtsewu (Shepstone) bayogcina ngokubukana eziqwini zamehlo. Lokhu kuqhekeka kobungane, obaqala mhla uColenso efika ngonyaka ka-1855, kwalotshwa phansi izifundiswa zasEkukhanyeni. Ngesikhathi kubekwa uCetshwayo esikhundleni, esinye isibhelu sezombusazwe sasesivunguza. Inkinga kwakuyizenzo zenkosi yamaHlubi uLangalibalele owayesolwa ngokuthi uphindele emuva esivumelwaneni sokuthi uzophoqelela izinsizwa zamaHlubi ukuba zinikeze umantshi owayephethe uJohn Macfarlane izibhamu zazo ukuba zibhaliswe. Yathi ukuba imantshi imsole ngokuzikhukhumeza uLangalibalele, uSomtsewu wavele wathumela incwadi eyayibiza uLangalibalele ukuba avele komkhulu eMgungundlovu. Ngenxa yokungaveli kwakhe, uSomtsewu wayesethumela isigijimi ukuba siphinde sibikele uLangalibalele ukuthi ubiziwe emakhosini. Kwavela insolo yesibili eyikuthi uLangalibalele nezinsizwa zakhe bahlubula isithunywa sikaSomtsewu. Kwathi uma sekusobala ukuthi uSomtsewu wayengeke ancengeke noma uLangalibelele eseshweleza enikezela ngenhlawulo yamacala akhe, inkosi yamaHlubi yazama ukubaleka ngokuwela izintaba zoKhahlamba ukuyobhaca ebeSuthwini. Izigameko ezenza ukuthi uLangalibalele afulathele uhulumeni wasesiLungwini zisadingidwa nanamhlanje, kodwa okubalulekile ikuthi uColenso wathabatha loludaba wasukumekela uLangalibalele ngoba azi ukuthi le nkosi yenqatshelwe ummeli. Ngokwazi kwakhe ubulungiswa bamaNgisi, uColenso wayebona ukuthi uLangalibalele wayephethwe ngendlela enganabulungiswa ngoba wethweswa icala enkantolo yezempi eyabekwa uSomtsewu; kungakho-ke, uColenso wathumela amakholwa akhe ukuyocinga ubufakazi obunciphisa icala elalibekwe kuLangalibalele. Umbiko owabhalwa uColenso uyinkomba yomsebenzi wokubambisana weqembu lasEkukhanyeni. Akagcinanga kuphela ukuthela ngabandayo icala lokuvukela umbuso elethweswa ummangalelwa, kepha waphinde futhi wavezela amakhosi endlu ephakeme aseNgilandi ukuthi uSomtsewu wayengesiye usazikonke mayelana namasiko nemithetho yabantu. Ngenxa yesenzo sakhe sokubonisa izizathu ezehlukile ezenza ukuba uLangalibalele abaleke, uColenso wakhetha futhi ukuzifaka ezindabeni zombuso zabantu, ngalokho waholela amakholwa akhe kuzo lezi zimpikiswano.

Njengamanye amakhosi aphambana nentando yohulumeni wasesiLungwini, uLangalibele wazithola, ngisho esemelwe uColenso, eketulwa esikhundleni sakhe futhi ethunyelwa ekudingisweni. Kodwa lokhu akuzange kwathikameza uColenso emsebenzini wakhe wokumlwela. Okumqoka yikuthi uMagema Fuze wafaka isandla ngokuba omunye wabafakazi abafakwa embikweni kaColenso. UFuze wayengeyena nje umlobi, kepha wayewufakazi owabeka awakhe amazwi ayengavumelani nalawo akhulunywa uSomtsewu nezinduna zakhe benukubeza futhi behlambalaza isiqu nesimilo sikaLangalibalele. Udlelwane lukaSobantu noSomtsewu lwaqhekeka okokugcina, futhi leso siphetho sashayisana nezimpilo zamakholwa asEkukhanyeni. Ngenhla noThukela, ubukhosi bukaCetshwayo babumpintshwa amaBhunu wona ayelokhu eqhubeka nokulangazelela nokuthatha umhlaba, futhi nohulumeni wasesiLungwini naye wayebheke ngeso elibukhali umhlaba wakwaZulu nezikhwepha zentsha yakwaZulu. Ngonyaka ka-1878 kwavela izihemuhemu ezithi uCetshwayo ubulala amakholwa; nalapho, uMagema Fuze wathunywa uColenso ukuba ayohlola isimo. Ukuhambela kukaFuze kwaZulu kwagqamisa kwaveza amaxhala amaningi ayemayelana namandla nokuzimela kwezwe lakwaZulu. Lezi zingxoxo nezinduna nomphakathi zabhalwa phansi ngokunonophela zase zishicilelwa eNgilandi ngesihloko esithi "A Visit to King Ketshwayo" (1878). UColenso wagalela futhi ngemibono yakhe eyayiqonde ukuphikisana nalabo ababebhebhetha izindaba

ISANDULELA

ezingenaqiniso neziyinzwabethi, inhloso yakhe kwakuwukunikeza abafundi umbiko ogcwele ngesimo sasembusweni wakwaZulu. Nakulokho, kwaba ikholwa lakhe uMagema Fuze eladlala leyo ndima yokumela umbhishobhi. Amazwi abhalwa uFuze kanye nenkulumo yakhe nenkosi yakwaZulu avula ingqondo yakhe mayelana nekusasa lobukhosi bakwaZulu. Nakuba amazwi kaFuze ayifeza inhloso yawo yokunikeza umbiko oneqiniso ngobudlelwane bukaCetshwayo namakholwa, ahluleka ukuhlehlisa lokhu uColenso akubiza ngokuthi, "imibiko eyihaba." Eqinisweni, lo mbiko kungashiwo ukuthi wawuyisibikezelo, ikakhulukazi lesi siphetho sikaFuze esasithi lawa manga kwakuyizaba zokuhlasela izwe lakwaZulu. UCetshwayo wayesazobhekana nezilingo nezinsizi ezifana nalezi ezabekwa emahlombe kaLangalibalele.

Ukusukela ekuqaleni, ukubusa kukaCetshwayo njengenkosi yakwaZulu kwakubhekene nezithiyo – ukubusa okude kukayise okweminyaka engamashumi amathathu nambili kwakhuphula izinga; ngaleyo nkathi, ukuvelela kwakhe eseyinkosana kwagudluza zonke izimbangi ezazifisa isikhundla sobukhosi. Kuleyo nkathi lapho esebekwa njengenkosi, umbuso wakwaZulu wawusuvele usesimeni esibucayi. Inoma lolu qhekeko phakathi lwalungekho, izwe lakwaZulu lase licindezelwe amaBhunu ayesenhla nezwe, nabeLungu ababeveva ngaseningizimu. Lokhu kucindezelwa kwakuyisona isizathu esenza ukuba uCetshwayo aqhathe amaNgisi namaBhunu. Mhlawumbe lo mncintiswano wawuzoba nomphumela uma kungazange kuvele imbedimehlwana ebingalindelwe kaSihayo; amakhosikazi kaSihayo eqa umngcele wasesiLungwini kodwa avinjezelwa abulawa indodana kaSihayo. Yilesi saba esasilindwe amaNgisi ukuthi akwazi ukumngenela uCetshwayo; kungekudala kwaqala ukukhulunywa ngempi. Kwenzeka futhi; izwi likaColenso kwaba yilo kuphela elaliphikisana nocijimpi; washumayela esontweni exwayisa izakhamuzi zasesiLungwini ezabe sezilola imikhonto yokuhlasela kwaZulu. Ukuthokomala okuncinyane okwakusekhona phakathi kukaSobantu noSomtsewu kwaphela isigcino. Asikho isidingo sokuba kulandwe ngezigameko zempi yamaNgisi; okumqoka yikuthi iqembu lasEkukhanyeni langena futhi emshikashikeni wokubhala nokushicilela izincwadi nezincwajana ezazigxeka ukuphakwa kwempi.

Ukuhlakazwa kombuso wakwaZulu phakathi kweminyaka ka-1879 no-1887 kwalotshwa phansi ngokucophelela yilabo ababezwelana noCetshwayo. Ngokweyakhe indima, uColenso waqinisekisa ukuthi noma uCetshwayo wayesekudingisweni eKoloni, wayengaphuthwa izindaba zezigameko zasezweni lakhe. Kwathi lapho ubummeli bukaColenso buveza umphumela wokuthi wamenywa iNdlovukazi yamaNgisi ukuba bakhulume umlomo nomlomo, wazithola uCetshwayo esiwundabamlonyeni wezombusazwe ngokufika kwakhe kwelaseNgilandi. Nalapho futhi, umndeni wakwaColenso ubungakhathali, ulokhu uqhubeka nokukhulumela uSuthu ngendlela encomekayo. Okubalulekile kodwa ukuthi ngesikhathi uCetshwayo abuyiselwa ngaso kwaZulu, emva kokudingiswa nokuhambela kwakhe phesheya, wafica ukuthi sasesihlubuliwe isiqu sobukhosi bakhe. Inoma kuyisiqagelo, singasho ukuthi ubuhlungu nosizi lwenhliziyo, ngenxa yempi yesizwe kwaZulu, lwabangela ukukhothama kukaColenso ngenyanga kaMaquba ngonyaka ka-1883 futhi noCetshwayo ngenyanga yoLwezi ngonyaka ka-1884. Lokhu kushona kwamalanga amabili kwakusho ukuphela kombuso wakwaZulu ozimele, futhi nokuphela kwethonya nesithunzi sobukhosi wobubhishobhi wasesiLungwini. Okuyindida yikuthi kukuleso sikhathi lapho uFuze aqala khona ukuzimela ngezwi lakhe nemibono yakhe. Emva kokudlula kukaColenso emhlabeni, uFuze wayekhululekile esekwazi ukubheka emuva alande ngezigameko, zeminyaka engamashumi amathathu, ayezibonele mathupha futhi wayesekwazi ukuzifikela kwezakhe iziphetho.

Bekudingeka ukuba lesisandulela sinikeze osifundayo imininigwane ngomlando nezikhathi ezabumba umbhali uMagema Fuze, ngoba ngaphandle kwawo lomlando imibhalo yakhe eyashicilelwa emaphepheni ibingeke iqondakale. Ukufika esiphethelweni sokuthi uFuze wayengumxhasi wokulawulwa ngamakhosi kungenza ukuhlaziya imibono yakhe kubelula kakhulu. Kodwa akuthandabuzeki ukuthi emazwini akhe kuningi akusho okukhombisa ukuthi wayengabambelele futhi engathandi kuphela uSuthu nezikhulu zakhona, kodwa wayeyikhonzile iNdlovukazi uVictoria ngoba eyibona ubukhulu bayo. Lezi zifanekiso ezimbili zamandla, umbuso kanye nobukhosi zazigqama emibonweni yakhe ngezombusazwe. Waqala ukubhala nokushicilela imibono yakhe emaphephandabeni amabili *Ipepa Lo Hlanga* (1894–1904) kanye ne-*Inkanyiso Yase Natal* (1889–1896). Okungamangazi yikuthi la maphephandaba asungulwa izithunywa zevangeli, ezaziwagaya la maphepha emishinini eyayisetshenzwa ngamakholwa aqeqeshwe yizo lezi zithunywa. Kule minyaka ayebhala kuyo, uFuze wakukhuthalela ukuthumela izincwadi kula maphephandaba futhi engadinwa izimpikiswano ayeziphehla ngokushicilela imibono yakhe ngesimo sobukholwa sabantu. Ngonyaka ka-1901, uFuze nomunye umfundi wasEkukhanyeni, uMubi Nondenisa, babambisana bavuselela isikhumbuzo sikameluleki wabo ngokushicilela uhlelo lwezindatshana ezazingoSobantu nesikole sasEkukhanyeni. Lolu hlelo lwavela emakhasini ephephandaba *Ipepa Lo Hlanga*. Ukusungulwa kwephephandaba *Ilanga LaseNatal* (1903 kuze kube nanamhlanje) nguJohn Langalibalele Dube, kwavulela uFuze esinye isikhala lapho ayekwazi khona ukushicilela imibono yakhe. Kungashiwo ukuthi kule nkathi ayesebhala ngayo, uFuze wayeseqondise amazwi akhe esizukulwaneni esehlukile kulesi esasifunda amaphephandaba *Ipepa* ne-*Nkanyiso*. Kubafundi be-*Ilanga*, uFuze wayeyisazimlando ngaphezu kokuba umhlaziyi, ilokhu okwamenza ukuthi avelele ngokweqile kule ndima. Ngakho-ke, ngokwesibonelo, uFuze wabhala ngokugcwele ngenhlalo nesipiliyoni sakhe esiqhingini sase-St. Helena, lapho athunyelwa khona ngonyaka ka-1896 ukuyoba umfundisi nosiba lwenkosi yakwaZulu uDinuzulu owayedingisiwe. Izintshisekelo zakhe ngazo zonke izinto eziphathelene nobuZulu zabonakala lapho eqala ngonyaka ka-1915 ukushicilela ephephandabeni *Ilanga LaseNatal*, uhlelo lwezindatshana ezazinezihloko ezithi, "Abantu Nemikuba Yabo Bengaka Biko Abelungu", nokuthi "Sapumapi Tina? Ukuhlazulula Uhlanga". Ulwazi lwakhe ngezigameko zokushabalaliswa kombuso nobukhosi bakwaZulu, waluveza ezindatshaneni ezashicilelwa ephepheni *Ilanga* ngaphansi kwezihloko ezithi, "Isipeto sikaZulu" (1916), "Ukuhlasela KwaBelungu KwaZulu" (1919), futhi "Umuntu Kafi Apele" (1916–1922). Izindatshana nezincwadi zikaFuze kule minyaka, zazithinta izihloko eziningi eziphathelene nomlando nemikhuba yakwaZulu, umlando wezamasonto nowesimo sabantu abangamakholwa, ngezinye izikhashana wayebhala ngokwenzeka empilweni yakhe (njengalokhu kubulawa kwendondakazi yakhe umyeni wayo); kuzo zonke izikhathi, kwakugqama indlela ayekwazi ngayo ukusungula izimpikiswano nokuzizwa imibono kubafundi bakhe. Lezi zikhwishikhwishi zemibono zikhombisa ukuthi abafundi be-*Ilanga* babelibona iphephandaba kuyinkundla nebandla lapho ababekwazi khona ukuphosa imibono inoma iphambene neyabanye. Laba babambiqhaza bamakholwa kwakuyizo izethameli uMagema Fuze ayezibhalela nxa enxusa ukwexhaswa ekubhaleni incwadi engokuvela nobuhlanga bezizwe ezimnyama. Isipiliyoni ayesenaso uFuze sokushicilela imibono nezindatshana emaphephandabeni sasisho ukuthi abafundi basebazi abangakulindela encwadini uFuze ayehlose ukuba umlobi wayo; noma kunjalo, kubukeka engathi bamjabhisa ngenxa yokungabonisi umdlandla wokuxhasa incwadi yakhe. Ukucasuka kukaFuze kuyezwakala emazwini ezincwadi ayezibhalela iphephandaba; lawo mazwi agxekayo azwakala kahle uma umuntu ezifundela yena ngoba akhombisa ukuzimisela kwakhe nokuqonda ukuthi incwadi engabantu abamnyama yayidinga ubungcweti. Wagxeka ngalawamazwi:

> Iningi leli litule liqintile, libheke ukuba inncwadi lena izicindezele yona ngokwayo, ukuze liti libona ibe sei yisideku esipeleleyo, esizenzileyo.
> Kanti, bakiti, awuko nowodwa umsebenzi ozenzayo. Konke kwenziwa ng'abantu ngezandhla nangekanda. Seloku kwakunjalo nasendulo njengoba kuse njalo nanamuhla, abantu bayasebenza ngezandhla nangamatupana abo, basebenza imisebenzi eyakugcina ngokubukwa ng'abanye; bati bonke labo abayibukayo balinganise osongati ayenziwanga ngezandla. (Fuze, M.M., "Ngebhuku laBantu", *Ilanga LaseNatal*, 25 February 1921.)

Lawa mazwi agcizelela futhi aqinisa ukuqonda kukaFuze ngokubaluleka komsebenzi wombhali. Ngesikhathi ebhala lawa mazwi ngonyaka ka-1921, uFuze wayengazi ukuthi imali yokumxhasa iyovela kuphi. Noma kunjalo waqhubeka nomsebenzi wokubhalela amaphephandaba. Asingeke sazi ukuthi wathatha izinyanga noma iminyaka emingaki ukubhala le ncwadi agcina ngokuyithumela kubashicileli. Esikwaziyo yikuthi ziningi izahluko ezisencwadini ezazifana nezahluko zezindatshana ayesezishicilele emaphephandabeni. Kodwa, zikhona futhi izahluko ayengakaze abhale ngazo, ezazivela okukuqala encwandini. Singafanekisa ngemilando yamakhosi akwaZulu; uFuze wabhala okuningi ngombuso kaCetshwayo noDinuzulu ezinhlelweni zezindatshana ezashicilelwa emakhasini e-*Ilanga*, kodwa akazange abhale agxile ngombuso kaShaka noDingane. Kungakho-ke, encwadini *Abantu Abamnyama* kukhona izahluko lapho uFuze abuyela ezincwadini ezabhalwa nguJohn William Colenso ukuyocaphuna nokuboleka amazwi encwadi *Izindaba ZaseNatal*. Lokhu kukhombisa ukuthi uFuze wayengasebenzisi kuphela izinkumbulo zakhe kanye nomlando olandiswa ngomlomo, kepha wayenolwazi lwezincwadi ezasezibhalwe ngabelungu ngomlando wakwaZulu. Ngokwengeziwe, wayengafuni futhi ukucima izenzo zikameluleki wakhe uColenso ngokunikeza abafundi umfanekiso oyisiphosiso wokuthi ukubhalwa komlando

ISANDULELA

wakwaZulu kwakuqala ngaye. Phezu kwalo msebenzi wokubhala ngamakhosi, uFuze waphinde futhi wabhala ngamasiko nemikhuba yabantu. Nalolu lwazi ngamasiko lwaluke lwavela ezindatshaneni ayezibhala emaphephandabeni; umehluko kwakuwukuthi encwadini yakhe wayekhombisa ukufana kanye nokuhlukana kwamasiko phakathi kwabantu. Yilapho kubonakala khona ukuthi uFuze wayengaboni mehluko phakathi kwezwekazi le-Afrika kanye neningizimu-Afrika. Kuyena umlando wabo bonke abantu abamnyama kwakuwumlando we-Afrika yonkana. Yingalokho izahluko zakhe zokuqala zazingokuvela kwabantu abamnyama ophondweni lwe-Afrika nokusabalala kwabo. Le mibono kaFuze ngokubumbana kwezizwe zase-Afrika kwakuwumcabango owawusemusha. Noma kubonakala ukuthi uFuze wayefisa ukugxila ezintweni eziningi ezimayelana nabantu abamnyama wayazi ukuthi usephelelwe yisikhathi. Yingakho incwadi yayinezihloko eziningi ekungathi uFuze wayesebhala amazwibela azozonke izindatshana ayesezibhalile empilweni yakhe. Yingakho-ke kungashiwo ukuthi incwadi *Abantu Abamnyama* kwakuyisiqephu sokugcina ohlelweni lombhali owaqala ukubhala ebuncaneni. Ngalokho-ke, ukushicilelwa kwencwadi *Abantu Abamnyama Lapha Bavela Ngakhona* kwakuzofeza iphupho lakhe lokushicilela imiqulu ephathelene nokuvela nobuhlanga babantu abamnyama; ngaphezu kwalokho, wayengazi ukuthi incwadi yakhe yayizoba inqolobane efundwa yibo bonke labo abalangazelela ukwazi umlando wakwaZulu. Emva kwale minyaka eyikhulu esidlulile, amazwi akhe enkathalo nokudangala, ngokuswela abaxhasi, asezwakala eyisibonakaliso, hhayi ukufa kwethemba. Engabe uyazidla manje ebona amazwi akhe eshicilelwa futhi engathi kuyavunyelwana ukuthi wayehluzekile engqondweni futhi eyisibonakude.

Hlonipha Mokoena
WISER, iNyuvesi yaseWitwatersrand,
Johannesburg, 2021.

ABANTU ABAMNYAMA,

LAPA BAVELA NGAKONA.

EKA M. M. FUZE.

PRICE 5/6

ISISUSA

1. Njengokuba sazi sonke ukuthi "isisusa simnandi ngokuphindwa," kufanele ukuba nginilandise, ngisusele phansi ngalo muntu onizekela indaba elotshwe kule ncwadi ebizwa kuthiwa "Abantu Abamnyama", khona niyakumazi, nimqonde kahle nonke nina abafunda le ncwadi. Ngoba sonke phela namhlanje sithole inhlanhla nokwazana ngenxa yokusiza kwephepha lomntwana wenkosi yakwaNgcobo, uRev. J.L. Dube, indodana kaJames wenkosi, elisilunguza ndawaneni zonke kuleli lakithi e-Afrika.

2. Esifundeni sakwamaFuze kwaNgcobo kwakukhona umnumzana, obizwa kuthiwa nguMagwaza kaMatomela kaThoko, owabenabafazi abathile; wazala komkhulu amadodana amane, kwathi kowesibili wazala amahlanu, nakwabanye ababalandelayo wazala amadodana amathathu, sebebonke baba ishumi nababili. Kepha uMagwaza lowo wabakhe phansi kukaNgoza kaLudaba wakwaMajozi, induna kaSomtsewu kaSonzica (Mr Shepstone), owabuye waziwa ngoSir Theophilus Shepstone, K.C.M.G.), owabephathele izwe lase-England ezindabeni zabantu abamnyama kwelaseNatal.

3. Indodana yesithathu endlini enkulu kaMagwaza ibizo layo lali uMnawami, elama amadodana amabili amakhulu. Kwakukhona futhi umfowabo, uMlingane, owabe eyindodana enkulu endlini encane. Niyalazi kambeigama lokuthi "Mnawami" ukuthi lithini, nelokuthi "Mlingane", athi "wena othathe indodakazi yami, wena umntanakho owathathana nowami," omabili aphethe ntonye: mkhwenyana wami. Babeqanjwe ngokuqondaniswa kanjalo laba bobabili, kungathi uyise ekwazi okuyakugcina ngakubo. Babezelwe ngokulandelana okunje, ngoba uMnawami wazalwa ngelanga okwagcagca ngalo unina kaMlingane.

4. Kuthe-ke lapha uMnawami eseneminyaka eyisithupha kumbe eyinkotha (ngingeqinise kahle kulokho), waqala ukukhuluma amazwi angaqondekiyo kubazali bakhe, abaze bamangala uma bewezwa, ukuthi, ingane ikhulumani uma isho njalo. Wabe evama ukwenza

izinqolana, kanye nezinye izingane, ngamatshe lawa okhethe nangecene. Amazwi abe ekhulunywa nguMnawami lapha ekhuluma nezinye izikhundlwane wabe ethi, "Mina angiyikukhulela lapha ekhaya. Kuyakufika umlungu omkhulu oyinkosi, oyakufika lapha ephuma phesheya; nguye engiyakuya ngisebenze kuye, angibize ngegama lokuthi nginguSkelemu." Ewakhuluma njalonjalo lawo mazwi lapha ekhuluma nezinye izikhundlwane, abazali baza basale sebeliyeka elikaMnawami, basale sebembiza ngalo lelo nabo elikaSkelemu. Emva kwalokho lancipha elikaMnawami, kwachuma elikaSkelemu.

5. Kwaba njalo-ke. Kuhambe kwahamba wafika uSobantu ngo-1854, (The Right Rev. J.W. Colenso, D.D., L.L.D., Lord Bishop of Natal, 1853–1883), ephuma phesheya eze kubona elaseNatal athunywe kulo nguQueen Victoria ukuzakulibonisa abe nguMbhishobhi walo. Walihamba walizungeza lonke. Nango-ke uSomtsewu kaSonzica ethumela ememezela izwe lonke, kuwo onke amakhosi, ethi, kufike inkosi enkulu yabaFundisi, ethunywe nguKhwini ukuzawuphatha lo mhlaba. Ithi inkosi leyo makubuthwe zonke izingane ezisaqala ukukhumuka amazinyo, ziye kufunda esikoleni sayo esizakwakhiwa emzini wayo Ekukhanyeni. Lalunyelwa-ke lelo zwi kuwo onke amakhosi. Kodwa ngazwi linye anqaba onke, ethi izingane zawo zizawuthathwa zimukiswe ziyiswe phesheya.

6. Nango-ke uSomtsewu ethi uba abone ukuthi abantu banqabile ukuletha izingane ukuba ziyofundiswa njengokunxusa kukaSobantu, wahlanganisa izinduna zakhe kanye nabanumzana bonke abaphansi kwakhe oNgoza kaLudaba wakwaMajozi, noZashuke kaMbheswa wakwaNgubane, kanye nezikhulu zonke eziphansi kwabo. Kwathiwa izikhulu zonke mazikhiphe abantwana abakhulu bayofunda lapho Ekukhanyeni, kuyofunda abantwana abakhulu abayakuphatha imizi awoyise uma bengasekho.

7. Lath' uba lifinyelele lelo lizwi kubanumzana, uMagwaza engomunye wabo, washo-ke kuSkelemu wathi, "Namhlanje ufikile umlungu wakho omkhulu okade wabe umusho uthi uyeza. Kuzakuya wena kuye." Nembala wathatha yena uSkelemu onguMnawami kanye noMlingane kaMnawami, wabayisa ukuya kufunda esikoleni lapho Ekukhanyeni. Bayiswa lapho Ekukhanyeni uSkelemu engumfanyana oneminyaka kungathi iyi-12, ngokulinganisa kukaSobantu, noMlingane kungathi iyi-10 noma ngaphezulu kancane kulokho. Bafunda-ke kanye nabanye. Nango-ke uMlingane ebuya agule isifuba, wagoduka waya ekhaya, wasala njalo uSkelemu.

8. Kuleyo nkathi uSobantu wabe esemthathile uMnawami onguSkelemu kanye nabanye abafana wabanika umlungu wakhe (Mr Purcell) ophethe umcindezelo wakhe ukuba abafundise ukucosha ama-*type*. Umlungu lowo wabafundisa kahle. Kulapha-ke kuthe ngolunye usuku lwalowo nyaka kwafika uMagwaza Ekukhanyeni ehambele enkosini, ezobona nendodana yakhe. Kungathi lowo nyaka wawungu-1859. Wakhuluma-ke uSobantu noMagwaza ngalawamazwi, "Magwaza, ngithanda ukuba uSkelemu abhaphathiswe." "Nkosi, kuyini ukubhaphathiswa na?" kubuza uMagwaza kuSobantu. Waphendula uSobantu kuMagwaza wathi, "Ngithanda ukuba ayeke imikhuba emibi, alandele indlela yeNkosi Ephezulu." "Wo! nkosi," kuphendula uMagwaza, "kanti wena uthanda ukumenza ikholwa yini na?" Wavuma uSobantu. Wabe esethi uMagwaza, "Nkosi, ngiyesaba ukuba umntanami abe yikholwa: khona laphaya esikoleni sase-Ideni (Edendale) umntwana ka-..... owaya kufunda khona, osekuthi uma unina eye nakombona afumane engekho kuthiwa uhambile njalo, engasahlali ekhaya; ngiyesaba, nkosi, ukuba umntanami abe ikholwa, ngoba usezakudela mina nonina." Lapho-ke kaphendulanga zwi uSobantu, wasimze wathabatha incwadi yokukhuleka wayiphenya, wathi uSkelemu kafunde amazwi ezimemezelo, khona kuzakuzwa yena uyise. Nembala wawafunda-ke uSkelemu, waza wawathi qothu onkana. Uthe uba awafunde awaqede wathi uMagwaza, "Hawu, nkosi, kanti wena uthanda ukwenza umntanami ukuba azise mina nonina na, ayeke ukwenza imikhuba emibi yokweba nokuphinga na? Wo, nkosi, angisho lutho, ngiyavuma ukuba umenze lokho othanda ukukwenza kuye. Nami, uma ngiswele ingubo ngiyahamba ngiye kuyicela kuSomtsewu, afike anginike; kuthi uma ngifuna umfazi ngithathe izinkomo esibayeni, ngimlobole kuyise. Ngiyavuma, nkosi, menze lokho umntanami." Yaphela lapho-ke indaba.

9. Kuthe ngosuku Lokuvuka kwenkosi (*Easter*, 1859), uSobantu wathumela uWilliam Ngidi (owabehlala nenkosi eyinceku yayo) ukuya kubuza kuSkelemu, ukuthi, lokhu selufikile nje namuhla usuku lokuba abhaphathiswe, yena (uSkelemu) uthanda ukuba abizwe kuthiwe ngubani ibizo lakhe na? Kakhethe. Lapho-ke kwamhlwela nje uSkelemu, engazi ukuba uzawukhetha athini. Wamluleka uNgidi wathi kathathe i-*New Testament*, akhethe kulo ibizo elimfaneleyo. Wawaphenya-ke uSkelemu amabizo asencwadini. Wacabanga wakhetha emagameni amabili elikaPetros nelikaJohane. Wathi uba afike uNgidi, esezobuza ukuthi ukhethe elokuthini, wabesemtshela ukuthi ukhetha ibizo likaPetros.

ISISUSA

Walimukisa lelo uNgidi, waliyisa enkosini. Wafika walinqaba uSobantu, wathi kalifuni. Waphinda wafika futhi uNgidi, wathi, inkosi ayilivumi lelo, khetha elinye. Wabe esekhetha elikaJohane. Walimukisa futhi lelo uNgidi, waliyisa enkosini. Yafika yaliphika nalelo yathi kasale eseyeka, izakuzifunela yona ngokwayo ibizo elifanele uSkelemu. Ayithandi yona ukuba abantu babizwe ngamagama ezizwe abangawaziyo. Kwathi-ke emveni kokudla kwaseminini wafika futhi uWilliam Ngidi, esezomtshela ukuthi inkosi isimkhethele ibizo likaMagema, akasayikubizwa ngelikaSkelemu. UNgidi wamkhombisa incwadi enamabizo amaningi abantu lapha kulotshwe khona ibizo likaMagema.

Langena-ke isonto lantambama. Inkosi uSobantu wambhaphathisa uSkelemu ngebizo likaMagema. USkelemu waba nguMagema njengoba enguye nanamhlanje.

10. Kunjalo-ke ukuba khona kwalo muntu uMagema kaMagwaza Fuze wakwaNgcobo. Uqhuba le ncwadi nje, kade waqala ebuza kwabakubo, ethi, "Saphumaphi thina?" Kepha abantu abamtsheli kahle lapha saphuma khona. Kwaza kwathi ngenye inkathi kwavela uMncindo kaDangadu kaMnyani kaNgqamuza kaNotamela wakwaNgcobo, owathi, "Sadabuka emhlangeni eMvoti sonke thina bakwaNgcobo." Indaba enjalo, kambe, ifana nesithutha esinjengento engenanhloko engenanyawo. Ngifisa kakhulu ukuba abakithi baqonde ukuthi kakho umuntu owaqhamuka lapha enzansi ne-Afrika. Naye umfowethu kabuxoxi lobo buphukuphuku ngoba ephethe abantu bonke, uphethe ukuchitheka kwethu nje sodwa thina dlanzana lakwaNgcobo, esasixoshwa ngabakithi, indlunkulu uNyuswa.

Yimi onilobelayo,
Owakini onithandayo,
MAGEMA M. FUZE
14, William Street, Pietermaritzburg,
November, 1921.

INKONDLO

Kade kwasa nginxusa abantu bakithi ukuba sihlanganesibumbe incwadi yabantu abamnyama lapha bavela ngakhona. Kepha ukunxusa kwami kwaphenduka ize. Sekweqe iminyaka nezikhathi engakube le ncwadi seyaba ibhuku ukuba bavumile ukukwenza lokho. Sekuze kwathi ezinsukwini zokugcina kwaqhamuka umfo kaMr Nicholas Masuku ongasekho owabe akhe e-Edendale Mission Station, u-N.J.N. Masuku, oqinise wazibopha izandla nezinyawo, wathi, nonxa bengasavumanga bonke abanye bakithi ukubumba nokuqhuba le ncwadi, kodwa yena uyakuma ayiqhube ize iphele. Mina-ke ngiyasibabaza isibindi nobuqhawe balo muntu, ngithi: sikhulu isibindi nobuqhawe bakhe, ngoba yena uthi uyakuzama ukuba alwe naleyo mpi ebalekelwa ngabanye bakithi.

Nonxa ngingedwa kambe namuhla, ngiyacabanga ukuthi siyakuba baningi thina esifisa ukuba incwadi ephethe ABANTU ABAMNYAMA ibe khona ezikoleni zabantu, khona abazovela beyakuqonda, bazi ngalapha bavela ngakhona, ngoba namuhla zonke izingane zakithi aziqondi ukuthi zavela ngaphi na. Kungaba kuhle ukuba nonke nazi ukuthi ziningi izizwe zakithi esazishiya zakhile ngakhona lapho eNgonini (Suez Canal). Izizwe ezilapho ziningi kakhulu. Ngobubanzi nobukhulu bezwe laseAfrika, ngingahle ngisho ngiqinise ngithi lezo zizwe zakithi ezisakhile lapho zihlakaniphe kakhulu kunathi thina esilapha. Zona zambatha izingubo ezizalukela zona ngokwazo. Zifuye izimvu nezimbuzi; okuthi ngesikhathi kugundwe uboya obuzakwaluka izingubo zokulala nezokugqoka. Futhi bona labo bakithi balima ugampokwe, oyakuvunwa qede kwalukwe ngawo izingubo zokulala. Banamakhosi abo abaphetheyo njengathi thina esilapha. Banezikebhe zabo abawela ngazo kuleyo mifula yakhona emikhulu, iZambesi neCongo okwathunyelwa kuyo izikhundlwane eziningi zabantu bakithi ababethunjwa ngamaPutukezi nabanye abelungu ababi, ababevame ukuthengisa ngezikhundlwane zakithi bese bezenza iziqili. Kulokho ngiyambonga uQueen Victoria owavimbela lowo mkhuba omubi wobuthakathi.

Okubonakalisa ukuthi sonke sasikhona lapho eminyakeni eyizinkulungwane ezithile edlulileyo, yilokhu, ukuba nezalukazi namaxhegu akithi baningi abayizwileyo nabayibonileyo leyo mikhuba ukwenzeka kwayo. Lesi silwane esikhulu esibizwa ngeSiququmadevu akusiko ukubhula nokuqandela nje, yisilwane esikhulu esabonwa ngabantu bakithi baleyo nkathi umkhumbi othutha izikhundlwane zabantu ezazifunyanwa zibhukuda emfuleni. Njengokuba leyo mifula emibili mikhulu ngangoba ingewelwe muntu ngezinyawo ukuphela ngemikhumbi yodwa, amaPutukezi nabelungu ababi babesizakele ngalokho ukugila lawo manyala. Namhlanje baningi laba ababebiwa ngokuthunjwa okubi lokho, babalwa ngezigidi nangezinkulungwane kwelase-America, yibo labo okwatholakala ngabo ukuba kubekhona laba ababizwa ngokuthiwa amaSt. Helena, asebagcwalisa isiqhingana leso saseSt. Helena, okwathi ngokufikiswa kwabo laba abakithi base behlangana nabelungu khona lapho kuso lesosiqhingana, base bezala onhlobombili. Kwathi ngokwanda kwonhlobombili, sebezalana bodwa, baguqula umbala wabo bonke baba mhlophe mfe njengabelungu kalokhu.

Nakhona emuva lapho indlu emnyama seyachitheka yahlakazeka nezwe lonke lase-Afrika, ngoba kukhona izizwe ngezizwe ezicishe zikhulume ngalulimi lunye, nonxa lungaqondene ukuthi ngqo. Ngakho-ke ulimi lwabeSuthu, amaMpondo, amaSwazi, amaThonga, amaNdawo, abaTshweki nazo zonke izizwe ezisenhla ngasentshonalanga kwe-Afrika lucishe ukuba luzwane, alwahlukene kakhulu esimweni nasenkulumweni yalo nolwakwaZulu. Nabo laba abasakhe phesheya nanganeno komfula lowo omkhulu iZambesi ulimi lwabo alubalekelene kakhulu nalolu esikhuluma ngalo, ezinye izinhlamvu zihlangene ne, kuyabonakala ukuthi nonxa laba bantu bengakhile ndawonye bavela mthonjeni munye, akungabazeki ukuthi sasikade sikanye ekadeni.

Nginxanele ukunixoxela amazwi omngane kaSobantu omkhulu, uDr W.H. Bleek, owabe eyisazi esikhulu, evame ukuziqonda kakhulu izizwe ezingasentshonalanga kwe-Afrika, nokho zahlukene nje azahlukene kakhulu kwezinye izinhlamvu zamazwi.

"Ezwini abakwaZulu abaphethe ngalo uNkulunkulu, abase-Nyembane [Inhambane] bathi *Mulimgulu*; abaseKikamba nabaseKinika bathi *Mulungu*; abaseNhlonhlweni yaseDelgado bathi Mlungu; bathi *Mulungo* kumbe *Muluko* olimini lwabakwaMakwa; eSofala kuthiwa *Murungu*; kuthiwa *Murungu* kumbe *Morongi* eSena nasePete; kuthiwa *Mungu* kumaSuaheli; kuthiwa *Mongo* kumaPokomo."[1] (*First Steps in Zulu, Bishop Colenso*, p. 2).

---

1. KumaThonga kuthiwa *Nungungulu*.

Kungathi izizwe zonkana zakithi zilibiza ngalulimi lunye ibizo likaKhulukhulu onguNkulunkulu, azahlukene kakhulu.

Konje kuphi-ke kulezondawo enginibalela zona, inxa ngingasathe kule kwaMamangalahlwa na? Kungalokho ngiyaqinisa mina ngithi: munye umthombo wethu esabhoboka kuwo, nonxa sokwathi ngokushiyana kwethu okubanzi kangaka sahlukahlukana enkulumweni yethu.

Namhlanje kambe, ngezwi nangokuphikelela kukaMr N.J.N. Masuku, onxusa nangokukhala kimi izinyembezi ezimathonsi, ethi masiqhube le ndaba senze ibhuku ukuze izingane zethu ziqonde ngalapho savela ngakhona, nami ngivumile kuye, noma sengibuthakathaka kangaka, sengiweqile kude amashumi ayinkotha eminyaka, sengisondele emashumini ashiyagalombili. Kepha ngomusa kaBaba uNkulunkulu ngingahamba ngize ngifinyelele phambili lapha kuthanda khona owakwaMasuku. Ngalokho ngikhuleka kuye uSomandla, ngomusa wakhe omnene, ukuba avume ukuba kengiqhube le ncwadi engiyinxanelele ukuba ikhanyise abazovela nazo zonke izingane zakithi ezingazi lutho, njengokufisa kukaMasuku.

MAGEMA M. FUZE

AMANGEBEZA

Bandla lenkosi yakithi, nonke nina enifunda lencwadi yaBANTU ABAMNYAMA, ningamangali nijabhe lapha nibona nifunda incwadi engenanqindi, eqhuba izindaba ezingenanhloko, eningayikuze nabona nyaka, nyanga nalusuku lwezindaba ekhuluma ngazo. Kuyinkathazo enkulu nosizi ukuba kube yikhona siqala namuhla ukukhuluma lezizindaba esiziphetheyo, emva kwezinkulungwane zezinkulungwane zeminyaka abantu bekade baqala ukuba khona ezweni. Kuyinkathazo enkulu lokhu, madoda; kodwa nokho ngithemba okokuthi bonke abantu bayakuzifunela izikhathi okwenzeka ngazo lokho inxa sebefunde babona ezincwadini ezithile ezilotshwe kwezabelungu inxa bethe lapha befunda bahlangana nazo ngakumbe.

Nami namhlanje, madoda, ngithokoziswa ukuba sengiyiqalile ngayingena umkhono nesiphanga lendaba ekade ngayiqala ngiyincenga, ngithi mayenziwe. Ngoba sengibonile-ke, angisenalo uvalo. Niyazi nani ukuthi izintombi aziwahlabeleli amangebeza zingakaboni; zithi ziwabiza nje besezibonile. Ngako lokho-ke umuntu kayeke ukukhungatha izandla, ethi konje sisezakwenzani, lokhu sokwadlula nje. Qhabo! Akube yilowo azame ukuziqhubela ngokwakhe lokho akubonayo, afunisise izikhathi okwenzeka ngazo lezizindaba; khona kothi ezincwadini eziyakulandela lezi bese beqalile abayakuthanda ukuvusa lezi esizawuzicindezela namuhla sebebonile bazama ukwenza okukhulu okungaphezulu kwalokhu esikwenza namuhla; ngalokho bavuse abantwana bethu, baphaphame ebuthongweni lobu esikade sabulala, oselokhu babulelwe ngawobabamkhulu nawokhokho bethu, sathi sesiqala ukuphaphanyiswa yizizwe, sasesicabanga ukuthi sadabuka kanye nazo; sasesiyeka ukuhamba konke kwakithi namasu onke okuhlonipha kwakithi, saduma nokwezizwe; ngalokho sethuka sesifulathelwa Phezulu lapho sasivele ngakhona.

Mina-ke ngiyaniyala nonke, ngithi: yekani ubumbulu lobu, abusizi lutho. Qinisani ukuhamba ngokwakini. Akungathi ngoba nibona izizwe ezikhanyisiweyo nicabange nithi nani nizakuguquka zona, bese nishiya okwakini okulungileyo. Mhlawumbe nothi nigijimela lokho, nethuke senikhalakathela elindishobeni, umgodi ongenamkhawulo. Kasidalanga uMenzi ngobuphukuphuku, usidale ngokwazi. Akungabazeki ukuthi inxa simthanda, simkhonza, uyakusiphakamisa nathi njengezizwe zonke; kodwa inxa simeya, singamkhonzi, uyakusilahla kube phakade.

Njengokuba abanye bakithi bathi bekhuluma, bathande ukuphenya izahluko namavesi ezincwadi zezizwe, asebethi yizo eziphethe isiminya sokudalwa kwezulu nomhlaba nezinto zonke ezikhona, ezibonwayo nezingabonwayo, qalani namuhla kulena eyakini incwadi ukuyivakaza ngezahluko namavesi, nenzele abantwana benu. Ake niyeke ukuchumisa okwezizwe, ngenxa yokudukelwa eyakini yokuthunywa koNWABU neNTULO. Kodwa-ke ehhene! Nami ngivuma kahle kulokhu. Imbuzi ithi inye nje idonse umhlambi wezimvu iziyise ekuhlatshweni; kuthi nonxa zingamakhulukhulu angakanani zize ziphele zonke swaca zidonswa iyo leyo mbuzi inye. Ekudalweni kwezinto imvu yenziwe isithutha, iphakaphaka legwala, elithi lingethuthuswa intwana nje encinyanyana ligijime lizibulale ngokuthi thambo yaphuka. Inganti imbuzi, phezu kobuhlakani obukhulu enabo, nonxa ibona ingwe izigingqa phansi, igijima iye kuyo, imeme nezinye izimbuzi ezikunye nayo ziye engweni; zidliwe zonke nonxa ziziningi kangakanani.

Kuqapheleni-ke lokho engikhuluma ngakho. Baningi abakithi abadonselwa ekubulaweni bengaboni njengemvu, bayizindwendwe namaviyo amakhulu. Kepha mina namhlanje ngifisa ukuba kenifeze okwakini kuqala, anduba nigijimele okwezizwe.

Aniyikuze nagcina lutho nolulodwa ngobunhlalunhlalu benu lobu eniyibo. Hlanganani, nithandane njengezizwe ezikhanyisiweyo. Musani ukubukelana lapho omunye kudlalwa ngaye. Inxa nisafiselana okubi omunye komunye aniyikuze naba bantu balutho; kodwa niyakuba umquba wokuvundisa amasimu ezizwe ezihlakaniphileyo kuphela, nibe idliwa, idanga, into engaphele mkhuba walutho ezweni.

Lokhu sekuzakusa nje, lalelani nizwe. Nazo izintombi zihuba, zicela amangebeza kumkhwenyana. Zithini na? Zithi, "Walethe amangebeza: walethe!" Ngempela inxa umkhwenyana engasazinikanga aziyikuze zathula, ziyakumfundekela kuze kuse.

MAGEMA M. FUZE

Isahluko 1
ABANTU ABAMNYAMA, UKUVELA KWABO

Abangaphambili kwethu babesitshela ukuthi sonke thina bantu abamnyama savela enyakatho. Kuthi inxa sibuzisisa ukuthi inyakatho leyo ingaphi na, basikhombise enhla nezwe; kepha kuthi ngenxa yokungabi nancwadi eyashiywa kubo ngabangaphambili kwabo, basale sebekhomba nje yona inyakatho leyo, enhla nezwe esizwa kuthiwa kungaseNgosini yolwandle Lapho lwacishe lwahlangana khona (iSuez Canal). Kuthiwa kwathi ukuphuma kwabo kuleyo nsonge, bahlakazeka nezwe lonke, bagudla ulwandle baya ngasentshonalanga nangaseningizimu kwalo. Laba abaphuma baqonda ngasentshonalanga, ukubizwa kwabo, kuthiwa ngabaNtungwa; kanti laba abaphuma balugudla balubangisa ngaseningizimu kuthiwa ngabaNguni.

AbaNguni nabaNtungwa kabezwani kahle ukukhuluma, bezwana kancane, qha emazwini onke. AbaNguni yilaba abathi inkulumo yabo bayizikise phansi, babelapha abaNtungwa okwabo ukukhuluma bekuthathela phezulu, njengabelungu; uma bethi inkomo *(cow)*, abeSuthu bathi *khomo*; umuntu *(man) motho*; abantu *(people) batho*; amanzi *(water)*, *metsi*; indlela, *(way)*, *tsela*. AbaNguni bazikisa phansi, kepha abaNtungwa bathathela phezulu njengamaNgisi okwabo ukukhuluma. AmaBhaca, amaMpondo, amaSwazi, amaZulu, nezizwe zonke zabaNguni zikhuluma ulimi lunye, kakho kuzo u-"r" ukuphela "l", kepha abeSuthu nezizwe zonke ezingasentshonalanga nazo zikhuluma ulimi lunye oluphethe u-"h" ongekho neze kubaNguni ukuphela ngu-"l" yedwa. Kodwa amaThonga wona acaphuna kubeSuthu acaphune kumaLala futhi. Lapha ekhuleka ngokuthi, "Baba wethu osezulwini," athi, *"Tatana weru oke matulwini,"* inganti angeze asho umNguni ukuthi, *"weru"* inxa ethi, "wethu".

Lokhu kambe ngikwenzela ukunahlukanisela ukuma kwezilimi zabantu bakithi, nonxa ngingesiyo inyanga yokukhuluma lezi zilimi, ngenzela ukuba nibone nje.

Futhi kukhona ukwahlukana okubanzi emkhathini wabaNtungwa nabaNguni. Ngoba umNguni kananhloni zokuhamba enqunile kubantu, ngisho, nasezinganeni zakhe uqobo kesabi, nebheshwana lakhe leli elingemuva, nesinenyana sakhe esingaphambili wenzela ukuchitha amahloni kuphela, angiphethe kwona inxa bezihlalele emizini yabo, kwanele kubo inxa bebhince isinene lesi esingaphambili, kuningi lokho. Kepha abaNtungwa bayakwesaba kakhulu ukubona umuntu ehamba

1

nqunu, banamahloni nokumbuka. Kungalokho-ke kwathi enkathini yokuxoshwa kukaMzilikazi kaMashobana wakwaKhumalo kwaZulu exoshwa nguShaka, abeSuthu bathi kubantu bakhe "*Matebele*", bethi abakwaMzilikazi bahamba ze benqunile. Inganti thina sithi nawo amaKhumalo lawa ngabaNtungwa.

Isahluko 2
ABATHWA

Uhlobo olungaqondwa muntu ukuvela kwalo yilolu okuthiwa abaThwa, abantu abafushane abangangenganyana, nexhegu nesalukazi ungaze ubabone ngokukhahlela izimvi enhloko anduba ubone ukuthi woshi, mudala lo muntu! Kungalokho ukuba endulo umuntu ube eze ambone umuThwa eseseduze kuye; ambone qede athi kuye umuThwa, "Ungibhonabhone ngiphi na?" Lowo aphendule athi, "Ngikubhonabhone usekude le." Ajabule-ke umuThwa, ezwa ukuthi ubonwe esekude; abesethi, "Ncinci! Kanti nami ngimude! Ncinci! Kanti nami ngimude," esho esina. Ngoba phela inxa umuntu eke waphendula ngokuthi, "Ngikubhonabhone usukhona lapha," isiChwe sizakuthukuthela, ngoba sihamba nje sihlomile, siphethe izikhali zaso, imicibisholo enobuhlungu sizakumcibishela afele khona lapho.

Zizo ezafika kuqala kuleli zwe singakafiki thina. Kepha abangaphambili kithina basitshela ukuthi sithe sifika kuleli zwe kwasokwakhe zona; zingayakhile imizi enjengalena eyakhiwe ngabantu, zona zazihambe zakha amadlangalana amancinyanyana alingene ukuba kulale abantu ababili kumbe abathathu kuphela. Umsebenzi wabo kwakuwukuzingela izinyamazane ukuphela, ezinkulu nezincane, ikakhulu izinyoni lezi ezinkulu, amaseme nezinye, okwakuthi ingabulawa lapho enye, kuhlalwe kudliwe ize iphele anduba kumukwe kuleyo ndawo. Isiduli lesi sasendle yiwona muzi wesiChwe esimbiwayo kulalwe kuso.

Kepha ukuphela kwalaba bantu kuleli zwe baphelela phakathi kwethu ngokuthathana, basebebade abanye, nonxa abanye baba bafushane njalo njengabantu bonke abanye, kodwa kababe besaba yiziChwe njengakuqala. Nanamhlanje bakhona phakathi kwethu lapha abakwaMuthwa. Leso sibongo kambe sibiza bona labo baThwa engibashoyo. Kepha ulimi lwabo alwaziwa muntu ngoba luyaqoqoza njengokuthi, "*Qam! Qim! Qu-qu-qu!*" kakho ongalubambayo.

2

ABATHWA

Kuyisimangaliso esikhulu lokhu, ukuba sizwe kuthiwa bona babekhuluma nomuntu njengoba sikhuluma nje sonke, inganti thina asikuzwa ukuqoqoza kwabo lokho.

Laba bantu banemikhuba eminingi yokuhlakanipha neyobuqili neyobusela. Bayakwazi ukudundubala emaweni amakhulu njengezimfene, lapha kungekhwele muntu khona; bayakwazi ukuqhuba izinkomo namahhashi kuhambe emadwaleni nasemaweni awesabekayo. Bayakwazi nokuthunqisela abantu ngomuthi wabo wokulalisa, khona bezakuthumba kahle impahla yabo belele ubuthongo obukhulu obesabekayo. Ekadeni babakhile phansi koNdi ngasempumalanga kwalo, beyisizwe esikhulu, lapha babevame ukuloba khona imifanekiso yezinkomo namahhashi phezu kwamatshe oKhahlamba. Nabo kuthiwa babenamakhosi abo. Isibongo sabo kwakuthiwa ngabakwaNhlapho.

Nalokhu bengasekho nje lapha nganeno koNdi namuhla, baxoshwa yizimpi zabantu, ezazibahlupha ngokubahlasela, zibabulala, uma ziyekuthabatha impahla abayebileyo. Umuzi waseBergville ungakakhiwa, kwakukhona ukuhlupheka okukhulu kuHulumeni nakubantu bonke abakhe ngasempumalanga koNdi, ngenxa yalaba bantu. Ngithi mina, lo muzi wakhelwa khona lokho ukubheka laba bafo, wakhelwa ukuba ubonisele uHulumeni enhluphekweni nasebuseleni beziChwe. Okwahamba kwahamba kunjalo, kwathi ngo-1848 kwafika amaHlubi akwaMthimkhulu aphethwe nguLangalibalele, ebaleka kwelakwaZulu. Afika qede kuleli laseNatal uHulumeni wawabela ukuba akhe khona lapho phansi koNdi ngasempumalanga kwalo, enzela khona ukuvimbela baThwa ekuhlupheni izwe. Nguye uqobo uLangalibalele owabaxosha abaThwa, base bemuka nya kuleli baya ngalaphaya kwalo uNdi ngasentshonalanga, lapha sizwa kuthiwa bemukela khona ngakwelaseGerman West Africa.

AbaThwa abakwesabi ukukhithika kweqhwa; inxa likhithikile kuba yikhona bejabulayo, kube usuku lwabo abazawuthumba ngalo impahla yabantu. Bona abawezwa nakancane amakhaza, bafana neNkomo nenja nenyamazane okungangenwa ngamakhaza, ngoba nabo bayimilalandle, abawothi nomlilo njengathi.

Ezikhathini kusabusa amakhosi akwaZulu – uShaka, uDingane, noMpande kwakuvama ukuba ithi impi uma isekudeni ihlangane neziChwe, hhayi ukuba zibe ziningi, qha! Sisinye nonxa zizibili nje, impi yesabe ukukhuluma nomuThwa, kepha sona sikhulume nje nayo singayesabi nonxa iningi kangako. Kuthi inxa impi ingasihloniphanga isiChwe, sikhulume kabi nayo. Ngesinye isikhathi kwekaMpande

3

impi, omunye wamabutho wathi ekhuluma naso wasidelela, wathi, "Ngumuntu wani-ke yena lona ongakanana ongangengane!" Sase sithukuthela, samsongela sathi, "Nawe wothi ukuba ufike ekhaya uzale ongangami ngaka." Nembala lowo uthe uba afike ekhaya umkakhe wamitha, wazala umuntu ongangengane, uMagwaqa ibizo lakhe elinye uMlambo; owafika lapha kanye neZigqoza zikaMbuyazwe eNatal.

Isahluko 3

AMALAWU

Laba bantu futhi asikanye nabo, sahlukene nabo ekumeni kokudalwa kwemizimba. Ukudalwa kweLawu kwahlukene kakhulu nesimo somuntu. Khangela inhloko yabo nekhala namathundu obuso, ubheke ukumonqoka kwalo ezikhaleni zobuso ngasemehlweni, ubone ukuthi kuyafana yini lokho nokomuntu na?

Inhloko yeLawu ilukhuni kakhulu ifana neyemvu, yona ibulala inkunzi yenkomo ngenhloko yayo elukhuni. Noma selilwa nomuntu kuhle aqaphele lona ikhanda leli lalo lapha liliqondisa ngakhona, ngoba impela inxa engaqaphele kahle lizakumngqubuza ngalo aphele masinyane.

Endulo kwasendulo kungathi laba bantu babakhe enhla le ngaseGerman West Africa, lapho amaBhunu aya abathatha khona abayisa kwelaseKipi, ebayenga ngotshwala bakubo lobu obubizwa ngokuthi "ukologo"; babayenga bethi babayisa ezweni elihle kwaMooi Plaaz, lapha ethi umuntu inxa ethanda ubhatata abophele inqola, ithi lapha inyathele khona isondo layo kuphume isigaxa esikhulu esingangesidumbu somzimba womuntu. Pho, amaLawu esephuze kakhulu futhi ukologo ath' ukusuka, ath' ukusuka ezwana kakhulu namaBhunu, avuma ukushiya izwe lakubo ngokuyengwa kwawo ngamaBhunu. Ath' uba afike kwelasephikiphi aphenduka izigqili zamaBhunu, enathiswa kakhulu aze eqe indawo. Ukugcina, akhohlwa nya ulimi lwakubo, asale eseqonda lona olwamaBhunu kuphela. Abakubo abasala emuva abasezwani nabo lapha bekhuluma, sebeyingcozana abasaluqondayo ulimi lwakubo lokudabuka.

Inxa umuntu walolu hlobo umnika ukologo angakunika yonke impahla yakhe anayo. Lokhu kuwukologo nekhofi elibabayo, kuthene thuxa xolo lokho kokubili. Izwe lamaLawu kuthiwa lathengisa ukologo, lilikhulu lesabeka; kwathi ngobuxhwele lobu bamaLawu abelungu bazinge belithenga kancinyane kancinyane baze baliqeda lonke swaca.

Ukugcina abaninimhlaba bakhonza kubelungu bengasenayo indawo yokuhlala ngenxa yokunatha kwabo ukologo. Wena muntu xwaya ukunatha ukologo, uqonde ukuthi uyinyoka elumayo. Amakhosi anathayo kanye nabanumzana abafuyileyo abasenazo izibaya ngenxa yokunatha.

Yibo laba bantu kambe ithongo lakubo okwakuyile ntethe emadolodolo, ababeyikhonza bethe ngqi okoba kuyithongo labo elibasindisayo uma begula noma besosizini: njengathi njena thina Zulu esithemba obaba nomame nabo bonke abethu abangasekho, esithi yibo abaphethe amandla okusindisa, esithi bathe uba bafe baguquka izinyoka. Nabo-ke laba babethemba ngesiminya ukuthi isiThwalambiza siyabasindisa, besibiza ngokuthi uThixo. Lavela lapho-ke igama likaThixo osekuyilona limi phakathi kwezizwe zakithi. Kwathi ngokufika kwabafundisi bokuqala emaXhoseni babuza ukuthi bayibiza ngokuthi ingubani bona INKOSI enkulu eyadala iZulu noMhlaba naBantu nakho konke okukhona na? Pho, amaXhosa, ejwayele ukuzwela nokubonela ezizweni ezinye, abatshela okokuthi nguthixo ibizo lethongo lakubo, sebezwele kumaLawu. Nonke kambe niyawazi amaXhosa ukuthi ayazwela njalo wona emaganyeni ezizwe, Anela ukulizwa nje bese liba elawo. Kanti ngokuyisiminya, kwakungafanele ukuba athi uYISE wakho konke, owaziwa yibo bonke abakithi ukuthi nguMVELINQANGI, owadala izinto zonke, umhlaba nezulu, nakho konke okukhona, ahle abizwe ngenteshanyana encane engangesithwalambiza kangaka, inganti imbana nokuba mbana kangaka! Kepha njengokuba selavela phambili, kusobala ukuthi lohamba lihambe bagcine ngokulibona bonke ukuthi alifanele, anduba libhuntshe liphele; bese bembiza ngeliyilo uBaba osidalileyo, uNKULUNKULU wethu, uSOMANDLA, kuyekwe okokungazi lokho kwamaXhosa.

Isahluko 4

AMAHILIGWA

Laba bantu kuthiwa ukhokho wabo ngu-Adam Kok, iBhunu. Sikhulu isikhathi sokuvela kwabo, nabo kungathi bangamaLawu, kodwa bahlukile emaLawini, bayabonakala ukuthi banhlobombili: umuntu nomlungu, kabafani ngempela namaLawu, nonxa ubhekisisa ubuso babo ungazibonela nje ukuthi ngumlungu lona akusilo iLawu, kodwa uyinhlanganisela.

Angazi nonxa iBhunu leli layitholaphi intombi elazala kuyo iHiligwa; mina ngilinganisa ukuthi kwakuyintombi yeLawu, ngoba amanye amaHiligwa afana nawo uqobo amaLawu. Futhi nenkosi yawo u-Adam Kok[1] oke wafika lapha eMgungundlovu eminyakeni ephambili wabethi inxa esekhuluma ngolwakubo aluyeke olwamaBhunu lolu, akhulume ngalo oluqoqozayo, olungathi ngolwabaThwa uqobo. Ngithi mina, lezi nhlobo, abaThwa namaLawu namaHiligwa, ziwumndeni, ziyazalana, nonxa ngingekuchaze kahle lokho, kungathi amaHiligwa lawa kukoninalume lapha emaLawini, ngoba kungathi umthombo walaba bantu munye lapho uphuma khona, njengakithi thina baNguni sonke kanye nabaNtungwa, nonxa sesande kangakanana nje! Kodwa bonke laba, baThwa namaLawu kabakude kakhulu kithi, sikhona isifanekiso esikhulu esikhomba lokho: izinwele zabo eziseyizo ezethu – ekhona kwahlukanisa umhlungu nomuntu, inganti iHiligwa lona lingumlungu uqobo.

Isahluko 5
KUPHUNYWA ENGONINI (SUEZ CANAL) NJALO KUVELWAPHI?

Kakwaziwa muntu ukuthi kwathi kuphunywa engonini (Suez Canal) lapho kwakuvelwaphi, abanye balinganisa ukuthi songathi sasivela ngase-Egipiti. Bonke abangaphambili kwethu abasitsheli, abazange basitshele ndaba neyodwa lapho babekade bekhona. Inye kuphela indaba abasizekela yona, lapha bethi kwakukhona imifula emikhulu ezweni lakubo lapho babakhe khona, eyabe ingawelwa ngezinyawo ukuphela ngezikebhe zodwa: lapho zazithi inxa ziyekugeza emfuleni izikhundlwane kuqhamuke isilwane esikhulu ababesibiza ngokuthi "iSiququmadevu". Leso silwane kuthiwa sasisibi impela, ngoba kwakuthi kungafika sona emfuleni lapho begeza khona abantwana, sibawole bonkana bengazelele – hhayi ngokubadumela ngolunya, kodwa sibawole ngomusa, ngokubancenga nangokubapha ukudlana okumnanjana, sibapha njalo siyabahlekisa. (Kungathi sasibanika amabhisikidi, namakhekhe nawoswithi, okuthandwa kakhulu yizingane, noma kodwa ngingeqinise kakhulu ngalokho.) Kuthiwa kwakuthi nonxa

---

1. U-Adam Kok III.

ingane isikhala, ifuna ukugoduka, ithi, "Nginika ingubo yami leyo," iSiququmadevu, siphendule sithi, "Woza lapha uzoyithatha." Ifike qede ingane siyigwinye. (Inxa umuntu ezwayo kulapho isikebhe leso sesisuka sihamba.)

Leyo ndaba enkulu kangako sabe siyizekelwa ngabadala abangaphambili kwethu, ababeyizeka ebusuku sokulelwe, beyizeka kuthiwa yinganekwana; kwakungesiyo indaba yokuqanjwa nje, kwakuyindaba yesiminya, kuthiwa nokusho ayizekwa emini, iyayekwa kuze kuhlwe anduba izekwe, sekulelwe, funa umuntu omdala oyizekayo amile izimpondo enhloko njengenkomo uma eyizeka emini. Ngakho-ke sonke siyizwe ebusuku ixoxwa yizalukazi lapha sesilele.

Isahluko 6
UMLUNGU KUMUNTU

Nokho-ke niyazibonela namuhla ukuthi awubonange ubakhona umfula omkhulu owabe ungahle uhanjwe ngezikebhe kule lizwe, uhanjwe yileso silwane esikhulu kangakho, esasihambe sibutha izingane zabantu, sibagcwalise esiswini saso, bese simuka nabo. Kushiwo imikhumbi yamaPutukezi, nabanye abelungu ababi, eyabe ihambe izingela izingane zabantu ezigeza emfuleni, ukuba uzithuthe uyothengisa ngazo kwabanye abelungu, zenziwe izigqili, kutholwe imali ngazo. Lowo mkhuba omubi kambe waza wanqatshwa yinkosazana yamaNgisi enomusa uQueen Victoria, owamisa imikhumbi emikhulu yokulwa (*Men of War*), ukuba ikake ulwandle, ithi ingabona leyo mikhumbi ethwele izingane zabantu ibanjwe yaphucwe izingane lezo, ziyiswe ezindaweni ezithile ezimiswe nguye, zingathengisi.

Kungalokho-ke ukuba abaningi bakithi sebaza baligcwala elase-America, ngoba phela naye uKhwini uze wakubonela muva lokho, futhi iningi lezingane ezithunjwayo lezi, uthe evela ebukhosini wase ukade waqala ukwenziwa lowo mkhuba omubi.

Njengokuba imifula emikhulu esiyaziyo kuseZambesi naseCongo, nani-ke kucabangeni nizakukubona kube sobala ukuthi lezo ngane zazithathwa kuyo leyo mifula. Ngingahle nginixoxele ngabantu baseCongo engike ngababona eSt. Helena enkathini yokuboshwa kwabantwana benkosi yakwazulu. Mina ngababona ngo-1896–7, labo abakunye nabo laba ababethunjwa emfuleni waseCongo ekadeni oWilliams, noGeorge kanye noMbilimbili (likhona kodwa ibizo labelungu abambiza ngalo, selingikhohlile). Lawa madoda omane abanjwa lapho eCongo egeza eseyizinganyana ezingazi lutho, abanjwa qede, imikhumbi leyo yenkosikazi yabaphuca abelungu ababeziphangile lezi zinganyana; base beyiswa kuleso siqhingana saseSt. Helena ngezwi likaKhwini. Bahlala khona baza bakhula baba amadoda, lokhu namuhla sekungamaxhegu, banemizi yabo, ukuphela yena uMbilimbili lowo ongenamuzi, osalwaziyo nengcozana ulimi lwakithi, abanye laba abathathu abasalwazi, sebeqonda izinhlamvana nje ezithile. Yena uMbilimbili lowo wabehleze engixoxela izindaba zikaNqaba kaMbekwane Khumalo inkosi yakubo, owabeyisazi esikhulu esifana noChakijana Bogcololo.

Ngingezihluphe nokuzihlupha ngokunilandisa ngobuningi balaba bakithi abase-America namuhla, asebe yizinkulungwane ngezinkulungwane namuhla, ababethuthwa yiso iSiququmadevu leso, kuthengiswa ngabo benziwe izigqili zabelungu. Labo-ke kwathi ngokusebenza okukhulu kwawoyisemkhulu endulo baze bazikhulula ebugqilini babo, bathi bebazala abantwana babo laba basebekhululiwe, sebengabanumzana ngokwabo. Kepha bandile kakhulu, bafundisiwe futhi, bachumile kakhulu ngokwesabekayo, babalwa ngezinkulungwane nangezigidi kulelo lizwe abathunjwa qede kwathengiswa ngawoyise-mkulu khulo.

Akusiqali namuhla lokhu, kade kwasiqala, ukuba abelungu basifanise nezilwane zasendle, ngenxa yombala esanikwa wona nguNkulunkulu. Abanye abelungu kabasho ukuthi umuntu omnyama ngumuntu, bathi yisilwane, imfene, inja yabo abayinikwa nguSomandla ukuba ibasebenzele, ibazingelele izinyamazane, ibasebenzele imali, ukuze babe ngabantu boqobo abadalwe nguMenzi. O! Badukile!

Munye kuphela umuntu omhlophe owake wabakhona ezweni, owabe engathandi ukubandlulula omunye ngombala okuye, owabe azisa ukuthi bonke abantu, abanjani nabanjani, badalwe nguNkulunkulu kanyekanye, uQueen Victoria, owabe ekuqonda lokho.

Kepha baningi lapha ezweni abantu asebengonhlobombili, umlungu nomuntu. Kuthandeka kakhulu kubelungu abangebelungu balutho ukuthatha izintombi zakithi, bezibona zizinhle; beqa ngalokho umthetho owamiswayo ukuba lube yilololu hlobo luthathane lodwa njengokudalwa kwalo; kepha bona, abanye kubo, sebekweqile lokho, inganti bayayazi imithetho kaMenzi. Thina sifisa ukubona lokho okwenziwe ngabelungu bokuqala ababenikwe nguShaka izintombi zomndlunkulu, oMbulazi (uFynn), uWohlo (u-Ogle) nabanye, abahlale nabo abafazi babo babakhela imizi, kabaze babalahla. Babuye balahlelweni emveni kwesikhathi abafazi nabantwana babo?

Isahluko 7

AMALINGANISO

Kepha abanye bakithi asebejwayele ukufunda incwadi ecwebileyo yamaHebheru balinganisa bathi thina bantu abamnyama saphuma kwabakwa-Israele. Nanko umuhla omkhulu owaqhamuka ukushona kwenkosi yakhona uSolomon, uba kungene uRehoboam ebukhosini, mdla izizwe eziyishumi zimhlubuka zonke kusala ezibili kuphela, esakwaJuda nesakwaBhenjamin. Labo, bathi nonxa kuzwakala ukuthi lezi eziyishumi zabuye zazibekela amakhosi azo nje, nokho akuqondakali ukuthi zawabeka zonke, abathi kungahle kwenzeke ukuba kwathi ukuhlubuka kwazo lokho, abanye bahamba njalo badlulela phambili, ababe besafuna namakhosi okubabusa.

Kungumlinganiso nje lokho, akakho umuntu ongahle akusho akuqinise athi kwaba njalo ukuqhamuka kwethu. Kepha ukuhamba kwabantu abamnyama besuka ensongeni yolwandle lapho (iSuez Canal) kusitshengisa ukuthi songathi laba bantu babeyilokhu behamba njalo bebange phambili; kufana nosongathithi kwakukhona okubaxoshayo ngemuva okufuna ukubafica. Ngani na? Ngoba selokhu basuka ensongeni (eSuez Canal) lapho kwaba yilokhu bebamba njalo. Lokho kubonakala ngani na? Kubonakhala ngoba akukho lapha sakha sahlala khona, ukuphela saba yilokhu sihamba njalo. Wonke umuntu wakithi wazo zonke izinhlobo lezi esiyizo esengizibalile ungathi inxa umbuzisisa lapha aphuma ngakhona, akuyalele enyakatho, enhla nezwe, angaphindi akukhombise enye indawo. Ngisho umSuthu, umSwazi, umuThwa, iMpondo, umZulu, umsa, umNdawo, nazo zonke izizwe ezimnyama, nonxa songathi sokwahlukene ulimi lwethu namuhla.

Konje masivume yini-ke kulaba abathi sahlukana nabakwa Israele na? Konje nabo abakwa Israele laba babe mnyama bhuqe njengathi nje yini-ke na? Angisho mina ukuthi bonke babe mnyama, ngithi abanye babempofu njengamaSulumane njena; kodwa thina sahluke ngokuba sibe mnyama sonke, nakuba bekhona abampofana. Pho, nabo abakwa-Israele laba babenezinwele ezisongeneyo njengezethu njena yini-ke na?

Ukwahlukana komuntu omhlophe nomnyama kukhulu kakhulu. Ake ubheke izinwele zomuntu ubuye ubheke ezomlungu. Bheka ikhala

9

lomuntu nelomlungu nodebe lomuntu nolomlungu, namehlo abo ukuthi kuyafana yini na? Bunye ubufakazi obubonakhala busobala: abaThwa namaLawu babonakhala ukuthi badabuka kanye nathi, ngenxa yezinwele zabo ukufana kwazo nezethu, nokuqokothana kwazo, okukhanya kahle ngokusobala ukuthi sonke thina kanyekanye, ngokudalwa kwethu, sifuze uboya bemvu ezilwaneni, inganti umlungu ufuze imbuzi.

Kepha nonxa umuntu engathatha intombi yomlungu, nonxa umlungu ethatha eyomuntu, kungenzeke ukuba inzalo ifuze umuntu; qha! Izakufuza umlungu, lithi igazi lomuntu ligwinywe ngelomlungu, kuqhubeke kuqhubeke kuthi kuleyo nzalo baguquke bonke babe mhlophe qwa, buphele nya ubumnyama lobu. Okubonakala ngokusobala kimi ukuthi bonke abantu bayakugcina ngokuba mhlophe befane nabelungu njena umbala wabo ezinsukwini zokugcina, ngoba abelungu bakhaliphile ngesinene emantombazaneni abantu.

Ezincwadini ezindala zamaHebheru kuthiwa kwadalwa indoda yaba nye nomfazi waba munye. Inxa kungaba isiminya ukuthi indoda yaba nye nomfazi oyedwa, kungaqhama ukuthi kwaba yindoda nomfazi, abamnyama bobabili. Uma babe mhlophe, pho bavela ngaphi laba abamnyama nabampofu nabangamunwe, lokhu abamhlophe abaguquki ukuba babe mnyama? Encwadini kaGenesisi kuthiwa u-Adam wazala ku-Eva uKhayini no-Abel, Kepha omkhulu wabulala omncane ngomona. UKhayini waxoshelwa kwelaseNode. Wayitholaphi intombi eyamganayo, lokhu unina noyise babe abokuqala? (Genesis iv. 1–8.) Umuntu angezikhathaze kakhulu ngezincwadi ezindala zamaHebheru, azisiphethe ngalutho thina. Inxa lokho kungaba isiminya, yibaphi abadalwe kuqala kunabanye, omhlophe nomnyama, lokhu kukhona izinhlobo eziningi ezingafaniyo nje na? Abanye bamhlophe qwa, abanye bampofu, abanye babomvu, abanye bamnyama bhuqe. Kwenza ngani ukuba intuthwane yona ibenhlobo ningi na? Kukhona amahlwabusi amnyama bhuqe awadliwayo, neziphompolo ezilumayo ezimnyama bhuqe, kanye namatsheketshe, namaye; kukhona ubutumusha obubomvu obulumayo kanye nezinhlwabusuku ezibomvana ezimnandi kakhulu, nezinkulungwane, nengange yesiduli, inkosikazi yalokho nguQumbu. Konje khona lokho akusiyo yini into eyodwa kanyekanye ukubizwa kwayo na? Umuntu yena uzishaya into enkulu ngani, lokhu naye umilise okwazo zonke nje izilwane ezidalwe nguMenzi na?

Bheka lapha: ingebe siminya ngani yona indaba yokuthi umuntu owadalwa kuqala kwaba imfene, iyo okwahamba kwahamba isikhathi eside, izimfene zaguquka abantu abanjengathi njena? Emva kwalokho abantu bahlakazeka ebusweni bomhlaba. Nanti likhona kithi izwi lokuthi abakwaThusi yizimfene, okwathi ngokwenqena kwabo ukulima, bayakuhlala endle, base bephisela imiphini ezinqeni, yamila yaba imisila. Alikho yini futhi izwi lokuthi ezintabeni ezinde zaseSwitzehland kukhona izilwane zakhona ezifana nezalapha kithi izindangala, ezimhlophe zona, ezinoboya obude obuningi? Konje kungaba umhlola yini uma abelungu nabo bevele kulezi zilwane? Kakho umuntu ongaqinisa ngendoda yokuqala nomfazi wokuqala, okuthiwa wathathwa wenziwa ngobambo lwendoda. Inkulumo enjalo iyasidida!

Inkomo nezilwane zonke zinemilenze emibili nemikhono emibili, kufana ngakho konke nezitho zomuntu nenyoni, kwahluke ngokuhamba ngazo zonke izitho lezi ezine, inganti umuntu umi uthe thwi ubheke phezulu, uhamba ngemilenze emibili ukuphela; okunye konke kuyafana, ngamehlo nekhanda nomlomo namazinyo, akwahlukene ngalutho.

Nazo izimvu lezi nezimbuzi kuningi, kunezinhlobo ngezinhlobo, siyaziqabuka thina lezi zimvu ezifike nabelungu ezibizwa kuthiwa "isiklabhu", nezimbuzi lezi ezinkulu ezibizwa kuthiwa "amabhokwe", inganti kunye konke, kudalwe nguMenzi odale okusemazweni onke omhlaba, kakho omunye.

Isahluko 8

ABASALA EMUVA

Noma bahamba njalo abantu bebange ngasentshonalanga kwezwe, kodwa baningi kakhulu abasalela emuva, bayizizwe ngezizwe; namhlanje baningi abakhileyo phesheya nanganeno kweZambesi, banamakhosana abo abaphetheyo. Abanye sebavuma umbuso wamaNgisi, abanye bavuma owamaFrench, abanye owamaJalimane, inganti abanye baphansi kwamaPutukezi. Nakulezo ndawo iZwi leNkosi limi liyashunyayelwa. Bakhona abafundisi abaliqhubayo. Kepha ulimi lwalabo bantu alwahlukene kakhulu kolwethu, ezinye izinhlamvu zihlangene. Sokudlule iminyaka ethile engemide kakhulu kwakuthunywe khona u-Archdeacon Mackenzie walapha kithi eMlazi kwesaseNatal, ukuba ayekubonisa abaseZambesi abe nguMbhishobhi wakhona. Kodwa ukuhamba kwakhe akubanga nanhlanhla; kwathi, ngoba abantu bakhona besafana nezilwane zasendle, wawela kabuhlungu emfuleni lowo omkhulu waseZambesi, kulwiwa emfuleni,

11

kudutshulwana ngezibhamu khona phakathi emfuleni. Nokho waza wawela ngobungakho esekhona. Kahlalanga isikhathi esingakanani ngenxa yomkhuhlane omubi walelo zwe, washesha wagoduka kungakabi nsuku ngaki; okwasidabukisa sonke thina esimaziyo ubuntu bakhe.

Kubuye kwathi dukuduku emva kweminyaka ethile kwafika inkosazana (Miss Alice Werner) esephuma khona lapho eZambesi ekade efundisa khona, ephethe nezincwadi zakhona, esekwazi kancane nokukhuluma kwabo. Wasixoxela nezindaba zalabo bantu, nemisebenzi yabo emikhulu yokukhanyiswa, ngokuzalukela kwabo izingubo zokwambatha nezokubhinca; wasixoxela ukuthi bafuye kakhulu izimvu nezimbuzi, balima ugampokwe.

Isahluko 9
UKUHLAKAZEKA KWABANTU EZWENI

Ukuhlakazeka kwabantu lokhu ezweni lonke kubonakala ukuthi kwaya ngoba behambe befuna izindawo zokwakha. Kepha kwakuthi nonxa labo sebezitholile izindawo baphinde basuke badlulele phambili. Isizwe esikhulu-ke sikaMnguni seza saqonda lapha kushona khona ilanga, kodwa njengesikhonyane, safika sathiyeka elwandle. Nguye-ke lowo uMnguni owazala umXhosa (osongathi nguye owabe izibulo likaMnguni). Lesi sizwe sesinesikhathi eside sahlukene nabafowabo, esabashiya emuva.

Isizwe esidumileyo kwakungesakwaSibiya, okwakuthiwa ukubizwa kwalaba: "AbakwaSibiya ngankomo, abanye bebiya ngamahlahla." Lesi sizwe kuthiwa sathi ukufika kwaso lapha, sivela khona enyakatho lapho, safika sakha phakathi kweziMfolozi zombili, emhlophe nemnyama. Yiso esatheleka kwaZulu kuqala; kuthiwa kwaku isizwe esifuyileyo. Kungathi isibongo leso sokuthi: "Sibiya ngankomo abanye bebiya ngamahlahla," sivela lapho ekufuyeni.

Esinye isizwe esikade semuka, ngamaMpondo, esemuka sashiya laba bakwaMadango: uXulu ungabafowabo ngokuzalana, ngoba noXulu kuye inxa umuntu esembonga ngesithakazelo sakubo angathi: "Mpondonde Madango", abahlukene kakhulu nonxa nibona laba bakaFaku kaNgqungqushe sebekude kubo nje, kwaya ngokusalela kwalaba bakaMadango, bazalwa muntumunye, omkhulu nguMpondo.

Nanko-ke amaXasibe akwaNxele encike njalo wona kumaMpondo, ekanye nawo ngakho konke nangokuzalana, kabakude nabo, indaba enkulu yimibango kuphela phakathi kwabo, ngakho lokhu kokuba umndeni ungafakani lubhedu.

Ukuhlakazeka kwabantu lokhu phakathi kwezwe okunye kwenziwe ukungezwani nokungathandani; wathi omncane komunye, ebona engahlalisene kahle nomfowabo, wagxuma wayakuzifunela eyakhe indawo, lapha ezakuzihlalela azonwabele angahlukunyezwa muntu. Ngoba phela izwe labe libanzi kakhulu, bonke babeziyela lapho bethanda khona.

Isizwe esikhulu esasala emuva, ngesikaMakhasana kaTembe, lapha kukhona ubukhosi obukade bema. Futhi bona abasibo abantu bokulwa, abakuthandi ukuxabana. Mudala lowo muzi, kade wabakhona kulendawo okuyo, ngisho abantu bakaNoziyingili. Bona selokhu babe ngabantu bokuzihlalela ngokuthula nje. Kungalokho ukuba baze bathi ngokubona benxanelwe ngabanye abantu bebagxokogxa, basale sebeqoma ukufuna imithi yokuziphindisela kwababahluphayo; kwasokuvama ukuba kuthiwe, "AmaThonga ayathakatha, kawabantu balutho."

Kudebuduze nabakwaTembe nanka amaSwazi, ayisizwe esikhulu, esesaphuma namuhla izizwe eziningininingi eseziqede izwe elibanzi. Lapha kwaphuma khona abaMbo bakwaMkhize, nabo bephuma ngombango njalo. Naleso sakwaMkhize sesinezizwe eziningininingi namuhla. Sekuxubene-ke lapho eduze nalaba izizwana zamaThonga nezamaSwazi, nezezinhlobo ezinye. Isizwe esikhulu kwaku esakwaNxumalo, esidabulelene izizwe ezibili ezinkulu, esikaZwide kaLanga eyona nkosi yakhona enkulu kaNdwandwe kanye nomfowabo uSoshangana kaManukuza, bobabili laba bangamakhosi amakhulu anezizwe ezinkulu kakhulu.

Nampaya-ke ngenzansi abakwaMthethwa, inkosi yabo okwakunguJobe, owazala amadodana amabili oTana noGodongwana; okwathi ngokubanga kwabo umhlakuva owawumile enxiweni, uJobe wathukuthela, ebona ukuthi babanga nje bazawugcina ngokubulala yena; wabe esebavimbezela ngempi ekuseni; yambulala omkhulu uTana, kodwa waphunyuka uGodongwana, weqa wabanga kwelisentshonalanga. Wahlala lapho waza wezwa ukuthi kasekho uyise uJobe; wabuya esenguDingiswayo, wafika wathatha isikhundla sikayise, waba inkosi yakwaMthethwa.

Isizwe esikhulu sikaMalandela kwaku esikaQwabe ekanye nomfowabo uZulu kaNtombela, esivame ukuba nezifunda ezinkulu. Kunjalo kuzo zozibili. Kuthiwa kwathi ngenye inkathi uNozidiya

13

inkos'enkulu yakwaQwabe, ethanda ukulungisa umuzi wakhe, wahlaba inkabi enkulu, wabekelela izitho zenkomo zaba inqwaba enkulu. Wabiza amadodana akhe onke wathi makube yileyo ithathe isitho esifisayo. Kwasuka uMeyiwa wathatha umlenze omkhulu. Kwaso kuthiwa kuye, "Wena-ke usungumfokazana, weyisile ngokuthatha isitho esingaka." Emva kwakhe kwasuka uMsomi wathatha umhlubulo, kwathiwa kuye, "Wena-ke uyinkosi ngokuthatha le nyama." Naye uMsomi wazala uMbhedu, isokanqangi lakhe, wazala futhi uGasa (iqadi), anduba azale uSingila inkosana yakhe. USingila wazala uVumane, owazala uKude noMoyeni. AmaQwabe azala futhi laba bakwaMhlongo, ngisho laba bakwaZincuma.

Phela niboqonda ukuthi ngibala izizwe nje. Ningacabangi ukuthi niyakuzizwa zonke lapha, ngoba ezinye zizale ezinye ezincane, kuya nokuzalana kwabantu; kuthi kungadlula izizukulwana ezine kumbe ezinhlanu, abantu bese bebizwa ngomuntu omusha, ayekwe omdala.

Isahluko 10
KUSEYIBO ABAHLAKAZEKILEYO NJALO

Nanguya umuntu obizwa ngegama lokuthi nguBhede, umfo wakwaNgwenya, naye ehambe ezihlwathizela njengabanye bonke ephuma ngaseSwazini. Waqonda naye kwelisentshonalanga, lapha wafika wazitholela khona indawo phezu kwentaba nangaphansi kwayo, lapho wafika wazalela khona uMokhatshana, owazala uMoshweshwe. Kuleyo ndawo owafika wakha kuyo kuthiwa "KuseSihlabeni", (Thaba Bosiwu, okungukuthi "Intaba-busuku") enqabeni yakhe enkulu.

Nango-ke uMchunu efika phakathi kwamaThala omabili (elikhulu nelincane). Nguye owazala izizwe eziningi kuleyo ndawo. Wazala uLubhoko, owazala uMacingwane. Wazala uNdima owazala uLembede (isibongo okuthiwa kubo Bayeni). Yibo labo abakha babanga noMacingwane. Isihlahla sikaLembede, lapho watshalwa khona siseSikhaleni Sebomvu, emkhathini wawo omabili amaThala, elikhulu nelincane. Elikhulu lingenhla ngasenyakatho, elincane lingenzansi ngaseningizimu, okwakhe isikole saseChurch of South Africa kulo. Ngalaphaya kwesikole enhla naso kukhona inqwaba enkulu yamatshe lapho kwatshalwa khona uLubhoko. Babethe ngokulwa kwabo lokho wahlulwa uLembede, wabuthatha ubukhosi bukaMchunu uLubhoko.

Nanguya ngaseMhlathuze phezu kwawo uMboma, lapho watshalwa khona, eyisihlahla esikhulu. Yileyo inkosi yakwaSikhakhana. Lolu hlobo luvame ukuba yizazi zokwelapha, nasendulo abakwaSikhakhana babevame ukuba yizinyanga.

Nankaya amaChube akaDlaba inkosi yakwaShezi eNkandla, kanye nabakwaMajozi; lapha kwesuka khona amaChamane ewelela nganeno koThukela.

Nanka eduze amaNdlovu khona lapho eNkandla; inkosi yawo kwaku uNgema, owazala uLumula, uLumula wazala uZingelwayo owazala uMpongo uyise kaManzezulu. AmaNdlovu nawo abanga kakhulu noMacingwane. Kwathi ngenxa yokuba uMpongo enamandla amakhulu, enezingqungqulu ezimbili ayezithuma kuMacingwane ziyekulwa naye engakafiki yena uqobo lwakhe, wesuka naye uMacingwane wafuna eyakhe inyanga; eyalumba ingwe, yayithumela ukuba iyekudla uMpongo ebusuku elele. Yafika yakhwela phezu kwendlu elele uMpongo. Yehla phezulu yamudla elele ehlathini elikhulu kwaNomangce emzini wakhe. Kwasokuba ukuhlakazeka kwesizwe sakhe njalo. UMacingwane wabuthatha ubukhosi.

Nango-ke uTshisi inkosi yamaNxamalala efika evela khona le ngasenyakatho naye, ahlukana nabanye abaSuthu bakubo. Waza wazala uMatomela, uyise kaLugaju. Banda abantu.

Nampaya enhla nezwe abaseZibisini, abathola isibongo sokuthi, "Izimpisi ezimilomobomvu ngokuxhapha ingazi zabantu," ngenxa yokuba bengamaqhawe bonke. Inkosi yabo nguNomashingili kaBango. Yibo abehlisa uDingiswayo inkosi yakwaMthethwa ukuphenduka kwakhe esebuyela kwaMthethwa. Wehla njalo usegibele ehhashini elimhlophe aselinikwe ngabelungu.

Nanka amaNgcobo ehla nawo, ehamba imizila emikhulu, kanye nezizwana lezi eziningana ezimunxanye nawo. Kulapha bathola khona lesi sibongo sabo sokuthi "amaFuzafulele njengenyamazane". Ngoba kwakuthi endleleni, abantu sebekhathele, ithi noma inkosi seyimemezele ngayizolo ukuthi akuze kuvukwe kuhanjwe, bavume qede kuse sebefulela amadlangala abo becabanga ukuthi ababonwa, sebedinwe ukuhamba, bephuma kude, kukade kwaqalwa kuhanjwa.

Yilezi izizwe ezazi umunxa kaNgcobo omkhulu ukwehla kwabo besaphuma enyakatho. Niyazi kambe ukuthi uNgcobo uzalwa nguVumezitha, owahlukene nalaba bakwaTembe. Babemi kanje:

15

(i.) UNyuswa, indlunkulu yabo bonke:
(ii.) Iqadi lasendlunkulu:
(iii.) AbakwaMadliwa-iyeve (amaBhelesi):
(iv.) UNgongoma (umuzi kaNgcobo esizindeni):
(v.) UNomazocwana kaNdela:
(vi.) UMkheshane kaNgcobo, uShangase:
(vii.) UNgidi, uMnguni kaKhuzwayo:
(viii.) UNdelu, uBhulose:
(ix.) UNzama, uWosiyana:
(x.) AmaMfene:
(xi.) UCele, uNdosi:
(xi.) UGoba, kanye nazo zonke ezinye izizwe engingezikhumbule kahle. Akumangalisi laba ukubiza umuntu ngokuthi "Ngcobo" noma benezibongo ezinye namhlanje, ngenxa yokuba sebevame ukuthathana bodwa, uNyuswa usebathatha bonke, useyeka kuphela amaQadi odwa.

AmaNgwane amaseng'asileke njengethole, enenkosi yawo enkulu uMatiwane. Yiwo amaNgwane awabe enobukhosi obukhulu. Nguye uMatiwane kaMasumpa owalwa kakhulu noShaka isikhathi eside; okwaze kwathi ngokuphikelela kukaShaka, weqa uMatiwane, wadinga. Uthe esebuya ahlulekile, wathumela kuShaka wathi, "Igade idiniwe wena kaSenzangakhona, thola, sengahlulekile." Wavuma uShaka ukumthola; kodwa kuthe ngobubi babantu bakwaZulu, sebemfel' umona, bathi usefuna ubukhosi, ngalokho uShaka wambulala. Wabulawelwa odongeni olukhulu lapha wayiswa khona. Kwaso kuthiwa ukubizwa kwalelo "KwaMatiwane", nanamhlanje. Kwenzeka lokhu ngo-1812, emveni koba uMatiwane esezethulile wazinikela kuShaka.

Kudebuduze namaNgwane nanka amaZizi akwaSijadu, ephethwe yinkosi yawo enkulu uDweba, afika abeka khona ngalapha ngaseMtshezi. Le nkosi yabe inombuso obanzi. Kwathi, ngelinye ilanga mdla amaDlamini akwaNongcama kaMndlovu (ababakhelene naye) beye kulobola intombi yasemaZizini, bafika qede bazinge bebizana ngokuthakazelana nabakubo kanye nabo bonke balapho bende khona (emaZizini) ngokuthi "Dlamini", kwaza kwaba kuhle phakathi kwamaZizi. Bathe sebemuka uDweba wabe esekhipha isithole waya kusithenga lesi sibongo sokuthi "Dlamini". AmaZizi aba ngamaDlamini ngalelo langa lokhu kuze kube namhlanje.

Bheka lapha: Izindlu zikaDlamini ziningi kakhulu. Kukhona umuzi omkhulu (i) wasEkunene ongokaBhidla kaNgonyama, oyena mkhulu wabo; (ii) Emakhuzeni ongokaKhukhulela; (iii) Esiphahleni, ongokaMbazwana; (iv) Egugwini, ongokaFodo; (v) Enhlangwini, ongokaSidoyi; namanye amasekela akhona.

Ukwakhelana lokhu kwabantu babengakhelene kude. Nanka amaHlubi kaBhungane kaNsele khona lapha sekwakhe umuzi wamaBhunu wase-Utrecht namuhla, akhelene namaNgwane namaZizi kanye neNhlangwini (amaDlamini).

Nanka amaDunge eMoti, kuso isiza lesi senxiwa okwakhe kuso umuzi wabelungu obizwa kuthiwa uMgungundlovana(Greytown), abe akhe emaningi kakhulu eze awelela ngaphesheya koThukela, alidakaza lonke leliya laseMandlalathi, abathi ukubiza bona "keManghalatsi".

NamaNgcolosi kawakude nabo; kwakhiwe nje kuhanjwe kudedelwana imikhathi.Namhlanje izizwe zamaNgcolosi zibili, esikaNdlokolo kaNkungu nesomfowabo uHlangabeza. Lokho kwenzeka ngokubanga kwabo ubukhosana bukayise uNkungu, indodana kaMepho, kaNgwane, kaBhengu. Yileso isibongo asebebizwa ngaso namuhla, kuthiwa kubo: "Bhengu".

AmaBhengu mabili lapha ezweni, inxa ngibala labo abaziwa yimi: amaNgcolosi nengxenyana eyingcozana yabaseMbo kwaMkhize, laba bakaBhulu kaBhengu: oMvubu kaShongwe, noMahoyiza kaMlandu, inkosi yabo okwaku uMfecane kaMpalampala kaMatomela abahlulwa ngempi eyalwa kakhulu nabaMbo bakaKhabazele kaMavovo, kubangwa. Bahlulwa-ke abakayisemkhulu kaMfecane. KumaNgcolosi kukhona izifundana eziningana, aba kwaJali nabakwaPhetha.

Ngingebashiye ukubabala laba bakwaNzama (amaWosiyane) nonxa bewumunxa wamaNgcobo nje. Endulo babe isizwe esikhulwana nabo. Yibo laba okwathi emveni kweminyaka yokugcina, sekuqhamuke uShaka nje, abantu bonke sebedliwe izinkomo zabo, inkosi yamaWosiyana, uGcugcwa ibizo layo, wazuza umuthi wobuqili, ingabe wabe ewuzuze kubaThwa yini, angazi, naye wenza ubuqili bokuhambe ethumba izinkomo zabantu ngokuzeba ebusuku bengamboni. Okwahamba kwahamba waza wabanjwa. Okwathi uba ayiswe phambi kukaShaka ngesikhathi sasekuseni, wathi kuye uShaka, "Sakubona Gcugcwa!" Wavuma wathi, "Yebo, Ndabezitha ngibona wena." Waphinda futhi uShaka wathi, "Sakubona Gcugcwa!" Waza waphinda izikhathi ezintathu embingelela ngokunjalo, wase ethi uGcugcwa, "Yebo, nkosi; ubona mina nje nawe bayakukubona abanye ngomuso." Wase ethi

17

uShaka, "Mbambeni!" Savela lapho isaga sokuba nxa umuntu ebingelela omunye ngokujabula ethi "Sawubona Sibanibani," amphendule naye ngokuthokoza, athi, "Yebo, ubona mina nje bayakukubona nawe abanye ngomuso, washo uGcugcwa." Kushiwo ngoba naye uShaka wagcina ngokubulawa ngabafowabo, njengokusho kukaGcugcwa, kokuthi, "Bayakukubona nawe abanye ngomuso." Kwaso kuba isaga lokho kuze kube namhlanje.

Nasiya isizwe esikhulu kakhulu sikaMzilikazi kaMashobana, amaKhumalo, ekanye nezizwana ezimunxa wakhona, abakwaMabaso nabanye, amaNgwe.

Nangu khona eduze lapha uKhanyile, eyisizwe esikhulu naye; eyeme kakhulu kulaba bakwaZulu, ngawoPhunga noma kumbe oMageba kuleyo nkathi.

Nampa laba bakaMevana ababeziphethe ngokwabo, ngisho abakwaButhelezi, uMnyamana kaNgqengelele owabe uNdunankulu kaCetshwayo inkosi yokugcina yakwaZulu, uyise uNgqengelele wabe efike evela kuleso sizwe enkathini yokubusa kukaShaka. Yena uNgqengelele wafika kwaZulu engachambusile izindlebe. Ngokufika kukaNgqengelele wenziwa waba inceku yokulala nenkosi endlini, ukuba inkosi ithi inxa iphumesa isikhwehlela noma amathe, iphumesele kuNgqengelele. Kepha wabe nomfowabo uKoboyela, owazala uKlwana, indun'enkulu yempi esikhathini sikaDingane; obulewe nguMnyamana enkathini kaMpande. Naye uKlwana wabe ngumuntu omkhulu odumileyo, eyinduna enkulu yempi. Kuthe uba kungene uMpande ebukhosini, uMnyamana esephakeme naye, wabulala uKlwana, ethi udla ifa likayise uNgqengelele engesiye owakhe, kodwa engowomfowabo uKoboyela. Ngicabanga ngithi uyise kaNgqengelele nguShenge, owabefungwa nguMnyamana, kodwa ngingekuqinise lokho.

Nampa abakaManti, inkosenkulu yamaThuli, okuthiwa kwathi mdla bahlukana nabakwaLuthuli abasala emuva, yase ibabiza ithi inkosi yasemaThulini "Lutfuli lwaNgodzi", kwasokuba ukwahlukana kwabo njalo nalaba basemaThulini.

Nanka amaCele kaNdosi, izizwe njalo ezazitekeza zilalisa ulimi inxa zikhuluma.

Nanka amaNganga kaLushozi, eyisizwe esikhulu nawo ezibusela ngokwawo.

Ziningi nje izizwe ezafika zazakhela lapho zizithandela khona, ngoba nalaba bakwaDube ababakhe lapha eMhlathuze kanye nalaba bakwaSokhulu ababakhe enzansi nabo ngasolwandle, babezibusela, benamakhosi abo.

Nezinye nje izizwe ezinkulu nezincane engingazibalile lapha zazizibusela.

Njengokuba nanka amaZondi akaNondaba ayephethwe yinkosi yawo enkulu uDlaba asele izizwe eziningi namuhla: esikaMhlola nesikaBhambatha nesikaLaduma nesikaBhevu. Bonke laba endulo babehlangene bemuntu munye, kungekho lokhu esenibabona beyikho namuhla.

AmaNtambo akwaKhwela, inkosi yabo okwaku uNokwena, ashesha wona ukukhuphuka ukuya kwelingaseKipi. UNokwena nguyise kaMgwada.

Nanka futhi amaPhephetha, isizwe sikaMyeka esabe sijiyile naso njengezinye.

Isizwe esikhulu sikaMkhuphukeli, abaThembu, esesinezizwe eziningi namhlanje. Nalaphaya kwelaseKoloni kukhona amakhosana amane, kepha eyona nkosi yabo enkulu sebebonke, nguNgqamzana kaMganu, kaNodada, kaNgoza, kaMkhuphukeli, kaNyandeni, kaMvelase. Inkosi yalesi sizwe ayiwadli amasi, ayiyidli nenyama yenkomo. Ithi ukwenza iyihlafune nje ingayigwinyi iyikhiphe igwinye amanzi ayo odwa. Idla inyama yesibhudu neyenyamazane nje kuphela, nenyama yentendele. Ukubaleka kukaNgoza ebalekela uShaka wabe ehamba kanye noMacingwane owafela eNsikeni. Yena-ke (uNgoza) wafela emaMpondweni, ngoba wabe elwa nawo. Sahlakazeka lapho-ke isizwe sakhe. Inkosana yakhe (uNada) yaphindela kwelaseNatal, eCacane, ngaseMnambiti. Wafika wakha lapho, emkhathini kaPhakade noMatshana kaMondise.

AbaMbo laba sekuyisikhathi eside bahlukene namaLangeni. AmaSwazi nabaMbo bangamaSwazi. Bahlukana futhi namaShange akwaDumakude. Kungathi inkosi yaseMbo yathi ifuna ukubeka umntwana wayo omkhulu yahlaba inkabi enkulu, yabekelela inyama. Kungathi kusesikhathini sikaSibiside. Kulapho uShange wadumela umlenze. Kungalokho uMavovo yena wathatha insonyama. Wabuthatha ubukhosi. Inkosi yabo nguGubhela, owazala uKubone, owazala uMngebelezana, owazala uDlozela, owazala uSibiside, owazala uMavovo, owazala uKhabazele, owazala uGcwabe, owazala uZihlandlo, owazala uSiyingela, owazala uNgunezi, uyise kaTilongo noSikhukhukhu. NguZihlandlo kuphela owabe evunyelwe nguShaka ukwakha isigodlo, embiza ngokuthi ungumnawa wakhe, ewabulala onke amakhosi.

Isahluko 11
UKUHLALA KWEZIZWE EZWENI

Abantu bonke babehlezi ngokuzibusela, bengacwaswe lutho, ungekho umsindo nokuxabana phakathi kwabo. Noma ngibashiyile abanye ukubabala lapha akusiyo into enkulu lokho. Nginitshelile ngathi ezinye izizwe zaziqhamuka kwezinye ezinkulu. Kimi akulutho ukubala isizwana esinjengaleso sasemaKhabeleni kwaDlomo, esaza abantu basenza isaga ngenxa yobuncane baso. "Uthi umuntu munye, kukwaFabase yini?"

Ngingewabale nempela amaNgidi ngoba adabuke kwaNgcobo, asengamaNgcobo. NamaNdelu lawa akwaBhulose, namaCele lawa akwaNdosi, kanye namaMfene namaGoba, bonke laba base umunxa kaNgcobo bonkana.

Kodwa abakwaThusi laba bazimele ngokwabo. Abasendulo bayaqinisa bathe ngqi bathi laba bantu bakunye nezimfene ngempela, nazo izimfene lezi zazi abantu uqobo njengathi sonke. Kepha labo bakwaThusi kwathi ngokwenqena kwabo ukulima bemuka emakhaya bayakuhlala endle, badla imbewu abaphume beyakutshala ngayo. Nampo-ke sebephisela imiphini ngemuva, besaba ukuya emakhaya kubantu, balala endle. Ngalokho base bemila uboya njengezilwane.

Nabo laba bakwaSithole, inkosi yabo enkulu okwakuwuMbhadu kaNtshiba, isizwe sakhe sashesha ukufekela, kwachuma esenduna yakhe uJobe owasala emanxiweni lapha uNtshiba esuka eya kwenye indawo. Wasala emanxiweni uJobe, abantu bakwaSithole baza bavuma yena ukuthi uyinkosi yabo. Uthe esemzala uMondise basebemenza inkosi yabo uqobo. Naye uMondise uyamzala uMatshana akusabuzwa nokubuzwa ukuthi iyiphi inkosi yakoSithole. Kanti okuyisiminya inkosi yakwaSithole yomdabu nguMbhulungeni kaMbhadu kaNtshiba.

Ngingesizakale ngezibongwana lezi ezivela kwezinye: Msweli, Nala, Hlophe, Mgwaba, Seme, Camu, Masondo, Sokhela, Mlilo, Ntanzi, Duma, Maphanga, Muweli, Madondo, Zimu, Nzimande, Geza, Chagwe, Mathe, Luvuno, Nkabini, Mseleku, Mahlanjeni, Nhlanzini, Nyembe, Zungu, Mthalane, Majola, Manyoni, Masuku, Mzelemu, Nyawo, Thusini, Nyathela, Ximba (Mlaba), Sondezi, Mbatha, Thole, Nkomo, Nyathi, Nyawose, Gcwabaza, Bafazini, Nhlamvu, Mbuyazi, Lamula, Mbheje, Maduna, Magwaza, Lumbo, Sengqela, Mthwazi, Ngiba, Mpungose, Gazu, Gcabashe, Senzela, Mbambo, Meyiwa, Mbomvu (Ngubane), Ngcoya, Mbonambi, Ncobeni, Cebelikhulu, Nhlangothi, Mdluli, Njele, Manzi, Muncwabe, Nkala, Ndumo, Xaba,

Msimanga, Mzolo, Madlala (esibazi kahle ukuthi behla kubeSuthu), Zindela (abangabeSuthu futhi bakwaMalinga) abafika nje nabo behambe bezifunela ukwakha njengabantu bonke.

Zonke-ke izizwe lezi esengizibalile nengingakazibali bezakhile ngokuthandana zonkana, zingazondani. Kuthi nxa kuxabene esinye isizwe nesinye, abesilisa bahlome qede baye endaweni okuthiwe kuyakuhlanganwa kuyo, kuyiwe kuphethwe izihlangu nemikhonto eminingi, kuhlanganwe, kuphonswane ngemikhonto kuthiwe, "Hheyiye" umuntu eciba umkhonto. Athi angahlatshwa omunye, babaleke labaya abakubo. Nabo laba abahlabe omunye beme kalokhu, bangabaxoshi laba ababalekayo, kube sekuba ukugoduka kwabo njalo. Kuyasa ngangomuso sekuthunywa abantu bokuyakubakhalela. Yabe ingekho ingqushumbane phakathi kwabo.

Futhi ukulwa lokhu kwakungesiyo into evamileyo phakathi kwabantu, bekuqabuka kuvele, kungesiyo into yemihla. Imikhonto lena yabe iphathwa ibe yiphande esihlangwini sendoda, kungafani nokwanamuhla, lapha umuntu esephatha imikhonto emibili kube kuphela. Kulezo nsuku abantu babethandana. Kwakuthi noma omunye esezakufa angashiywa obala, kodwa abakubo bamhlenge aze afinyelele ekhaya.

Namhlanje inxa umuntu elimaze omunye ekulweni, uyamqedela afe nya, abuye amqaqe, afake umkhonto esiswini, kuphume zonke izitsha zomuntu ngaphakathi. Bathi inxa besho bathi lokho bakwenzela ukuba athi lo ogwaze omunye angaqumbi. Kepha indaba nje leyo.

INXA KUSHONE UMUNTU

Inxa kushone umuntu kwakubikelwa izihlobo nabantu abakhelene eduze. Kuyiwe kulowo muzi; amadoda embe igodi. Kuthi inxa ku umninimuzi kumbiwe esibayeni ngaphakathi. Igodi lenziwe indilinga lingelulwa bude. Limbiwe impela lishoniswe phansi. Kuthi inxa selilide ngokufaneleyo, kumbiwe enye ingosi eyona izakuhlala isidumbu somuntu. Sikhishwe-ke endlini yakhe enkulu lapho umnumzana egqashukele khona. Silethwe esibayeni ngohlaka, sesambeswe ngezingubo zakhe. Abantabakhe bonke beme khona lapho bekake iliba; umntanakhe omkhulu ephethe izikhali zikayise. Isidumbu sikhwezwe ngabantu ababili, omunye eme ngaphansi phakathi elibeni, omunye abe ngaphezulu anikeze lowo ongaphansi. (Lokhu phela kunjalo njalo, isidumbu siboshiwe, sahlaliswa ngezinqe njengongathi umuntu usezwa uzihlalele). Kuth' uba akhwezwe phansi, lo ophansi asisekele isidumbu ngamatshe aqalele phansi aze afinyelele phezulu ekhanda. Ongaphezulu lona usebenza ukunika lo ongaphansi amatshe njalo okusekela sona isidumbu. Uze uphele uthi nya lowo msebenzi. Emva kwalokho kubuyiselwe inhlabathi yonke. Anduba kuthi nxa sekuqediwe konke, kuzwakale isililo esikhulu. Emva kwalokho bemuke bonke bayekugeza emfuleni. Bafunelwe izintelezi zokugeza. Bageze qede, bagoduke baye ekhaya. Bese kufunwa inyanga ezakubafunela umlawu wokudla. Kuthi-ke ngangomuso kufunwe inyanga yokupheka amakhubalo. Kuhlatshwe inkomo kumbe ithole lokudla amakhubalo. Leyo nyama mayidliwe yonke iphele ngalelolanga. Kuhlalwe-ke kuzilwe izinsuku ezithile, kungahlatshelelwa kuze kuphele inyanga. Anduba kuthi emva kwezinyanga ezisithupha kwenziwe ukudla, utshwala obukhulu; kuhlatshwe inkomo nezimbuzi, kubuyiswe ofileyo, kuthethwe idlozi lakhe. Lapha-ke kujabule abantwana bakhe bonke. Ngalelo langa omkakhe bazikhethele (abasathanda ukwenda) kubafowabo kulabo abazakubangena bazalele umufi inzalo.

INXA KUSHONE INKOSI

Inxa kufe inkosi kuzawumenywa bonke abantu bayo, beze behlome izihlangu. Bahube amahubo amakhulu, bangasini kodwa. Kufanele ukuba isidumbu senkosi silale noma amalanga amathathu noma amane inxa bengakapheleli abantu besizwe sayo, noma kungaze kuphele isonto. Lokhu phela isidumbu sihlezi isikhathi esingako njalo, kuzinge kuhlatshwa izinkabi, isidumbu sisongwe ngezikhumba ukuze lingabikho iphunga elizwakala ukubola ekhaya nasendlini.

Bath' uba baphelele abantu bayo sikhwezwe-ke isidumbu kanye nempahla yayo yonke, sinqunywe isicoco, simbelwe kanye nesidumbu.

Kunjalo njalo amadodana onke ayo emi, enkulu iphethe izikhali zikayise; nabantu bonke bemi nezihlangu zabo bakake igodi.

Kunjalo, konke ukufa kuyafana. Okwenkosi kwahluka ngoba onke amadoda ayaphuca emakhanda njengabesifazana abafelwe ngumyeni wabo, ngenxa yokuba phela inkosi ingumyeni wawo onke amadoda ewafeleyo.

Anduba kuthi emva kwalokho kuphume inqina enkulu iyozingela izinyamazane. Kuthi inxa kukhona izitha ebezizondana naleyo nkosi ihlambo lelo liphume njengempi ehlasela kuleyo nkosi. Kodwa inxa kuyinkosi nje noma kumbe umnumzana, kuyakuzingelwa izinyamazana kuphela ingacatshangwa indaba yokuya kubulala abantu.

Kuzawuthi-ke emva kwezinyanga ezithile, kumenywe isizwe, kwenziwe isidlo esikhulu, kubuyiswe inkosi. Ngalowo muhla inyama lena iningi yahlula nezinja ezimbala, utshwala lobu buphiswe nasezindengezini zamanzi, kakho ophuzisa omunye lapho ekhaya; isidakwa lesi sesichwensa nje, asisayazi into esiyenzayo. Amakhosikazi avunule ayoconsa, azakukhetha abafanele ukuwangena. Ngalelo langa inkosi ibuyiselwa ekhaya.

Isahluko 12
IZIZWE EZAZINAMANDLA KUNEZINYE

Isizwe sikaMokhatshana kaBhede inkosi yakwaNgwenya, owafika le enhla waxosha abanye abaSuthu. Kepha uBhede yena wabengesiye umSuthu uqobo lwakhe, wabe engumuntu wakwaNgwenya njengabanye abantu, nobuSuthu lobu uze wabutholela muva eseyizele indodana uMokhatshana. Wathi uMokhatshana esezala uMoshweshwe wabe esengumSuthu uqobo. Saphendulwa-ke isibongo sakwaNgwenya kwathiwa, "Mogwena". Kwathi ngokwanda kukaMoshweshwe ekuhlakanipheni nasekufundiseni abantwana nabantu bakhe, waphakama waba inkos'enkulu kunezinye izizwe.

Isizwe sikaNgqungqushe inkosi yamaMpondo sabe sisikhulu impela kuleliya laseMthamvuna. Uthe uba ahlukane nabakubo bakwaMadango, wafika wanda kakhulu kulelo zwe, ekanye nezizwe eziningi ezazikunye naye amaXasibe akwaNxele nezinye. Uthe esemzala uFaku wabe eseba inkosi enkulu enamandla; kwasokuba khona namaMpondomisa nezinye izizwana eziphansi kwakhe.

Kukhona izizwe ezihlangeneyo osongathi zintathu namuhla: esakwaMakhoba nesakwaZungu nesakwaGwamanda. Nonxa kungathi zahlukene namuhla, qha! Azahlukene. Lapha kwaZungu kulapha kuzelwe khona unina kaCetshwayo, uNgqumbazi wokaMbhonde kaTshana. Inkosi yakhona kwaku uMfanawendlela kaThanga kaManzini kaTshana. Lesi sakwaMakhoba sabe singesikaJoko, uyise kaMangcengce indodana yakhe enkulu, nomfowabo uMagwaza. Lesi-ke sakwaGwamanda angisazeli mnumzana waso, ukuphela ngazi umfundisi omkhulu uJoseph Gwamanda owabe seMshwathi, eNew Hanover, owabuye wayakufundisa kwelakwaZulu, kanye noManzini, uyise kaNkofana, umnumzana omkhulu wakwaGwamanda.

Isizwe sikaNdungunya yilokhu safika sivela enyakatho sahlala ndawonye njalo, waza wazala nendodana yakhe uSobhuza. Kwathi noma esehlushwa ezinye izizwe wasizwa yimigede evame ezweni lakhe, ngalokho wazinqoba. Anda njalo amaSwazi azalana aba maningi. Kwaphuma kuwo abaMbo bakwaMkhize kanye nezinye izizwana zakhona.

Isizwe sikaMakhasana kaTembe kade sakha kuleyo ndawo esakhe kuyo nanamhlanje; sikhulu kakhulu, kade samisa kuleyo ndawo esise kuyo, abaxaxami bona.

Isizwe sikaMzilikazi kaMashobana (amaKhumalo) sabe sisikhulu kakhulu, sinamandla futhi ekulweni. Inkosi yakhona kanye nezinye izinhlobo zakhona ayiwadli amasi, njengeyasemaHlutshini neyasemaNgweni neyakwaMabaso. AmaKhumalo abe emaningi enamandla kakhulu; kwathi nangamdla sekuqhamuke uShaka, enyakazisa izizwe zonke, amaKhumalo emuka ngempi enkulu ukuyakwakha le enyakatho lapha sekuthiwa kukwaBulawayo. Lelo bizo ngelomuzi kaMzilikazi omkhulu. Nalapha emuva (kwelakwaZulu) uShaka wasala wawakha umuzi omkhulu wawubiza ngalo lelo lokuthi kukwaGibixhegu, okwagcina ngokubizwa kuthiwe kukwaBulawayo.

Isizwe sakwaNxumalo sabe sisikhulu sinamakhosana akhona amaningi. Inkosi yakhona enkulu uZwide kaLanga kaNdwandwe kwathi nonxa sekuvele uShaka owashakaza izizwe zonke, walwa kakhulu naye. UZwide wabe enomfowabo, uSoshangana kaManukuza, okwathi uba bachithwe kwelakubo wemuka naye wayakwakha kwelisenzansi, wakhelana namaPutukezi. Namhlanje labo sebebizwa kuthiwa amaShangane, ngenxa yokuba bengabantu bakaSoshangana. Kwasala uSothondose kaMalusi yedwa emuva.

Isizwe sasemaNgwaneni, abakwaLuhlongwana, sasinamandla impela. Kwathi nonxa sekuvele uShaka, uMatiwane kaMasumpa walwa kakhulu naye. Nguye owathi uba achithwe ekhaya, wahamba ezula nezwe. Waza wathi ukugcina wabuyela kwaZulu engasahambi nempi; wathi uba afike enkosini wathi, "Igade idiniwe, wena kaSenzangakhona, thola, sengingowakho." Noma wabuye wabulawa uMatiwane kwaya ngobugcwelegcwele babantu bakwaZulu.

Ezinye izizwe zivama ukuvela kwezinye njengokuba amaBomvu lawa akwaNgubane avele kumaNgwane. Ake ubheke lapha: uNomafu wazala uNgwane, wathi uNgwane wazala uNgcukumane. UNgcukumane wazala uMyaluza, uMyaluza wazala uNgogo, uNgogo wazala uNgubane. UNgubane wazala uNomaphikela, uyise kaMbomvu owazala uNyonemnyama, owazala uNdlovu, owazala uMatomela, uyise kaNzombane, owazala uSomahhashi, uyise kaMawele, owazala uNyoniyezwe.

Sekuyizizwe eziningi, amaNgwane, amaBomvu, nesikaSibhunge kaHhomoyi kanye nesikaNjengabantu kaSobuza eseziqhamuka kuNzombane. Isizwe sakwaMthethwa sabe sisikhulu kakhulu. Inkosi yakhona uDingiswayo kaJobe wabe enamandla amakhulu. Kodwa nokho wabulawa nguZwide ehambele nje kuye ngobuhle. Yiso leso isisusa sokuxabana kukaShaka noZwide, ngoba phela uShaka wabe ekhulele kuDingiswayo, wamondla. Indodana yakhe uSomveli weqa naye ngayo leyo nkathi yokulwa kukaShaka noZwide inkosi yakwaNdwandwe.

Isizwe sasemaHlutshini sabe sinamandla amakhulu esikhathini sikaMthimkhulu. Yiwo amaHlubi awelekelela uShaka kuleyo mpi enkulu kaZwide.

Isizwe sasemaChunwini sabe sinamandla amakhulu enkathini kaMacingwane. Nguye owalwa noShaka impi enkulu. Ukugcina wabaleka uMacingwane waya kwelaseKoloni, lapho wafela khona, eNsikeni.

Isizwe esikhulu sikaNozidiya kaQwabe kaMalandela esikunye nesikaZulu kaNtombela kaMalandela sabe sisikhulu impela. Inkosi yakhona enkulu uPhakathwayo kaKhondlo wabe edumile eyinkosi enkulu. Kepha kwathi uba kuvele uShaka kaSenzangakhona, kaJama, kaNdaba, kaPhunga, kaMageba, kaNkosinkulu, kaZulu, kaNtombela, kaMalandela ongumfowabo ngokuzalana, kabe esaba nawo amandla okulwa noShaka uPhakathwayo, ngoba kuthiwa wabe emeyisa inxa ekhuluma ngaye, ethi, "Eya! Yini yona leyo, igamathandukwana: elithi lidla beliphethe ingxwembe ngesandla, umcaba ngesinye, kusondele inja liyishaye ngekhanda!" Laba bantu bazalwa nguMalandela bobabili. Omkhulu nguQwabe; kodwa uZulu ungumfowabo omncane. Naye uSenzangakhona wabe ezwana noPhakathwayo, bengaxabani ngalutho.

Lezi zizwe esengizibalile zazinamandla kunazo zonke, nakuba zazingazibusi ezinye izizwe zomhlaba; kodwa zabe zaziwa umhlaba wonke ukuthi zikhona, zinamandla.

Isahluko 13
ISICOCO NENKEHLI KWAKUNGAZIWA

Isicoco lesi endodeni nenkehli lena kowesifazana, kwakungenziwa. Indoda yabe izihambela nekhanda layo elingenaso isicoco. Nabesifazana babengenazo izinkehli lezi emakhanda. Kodwa abesifazana babebhuda ngebomvu emakhanda njengalokhu okwenziwa amaBhaca, zingamiswa izinwele lezi, ziyekwe nje, kufane impela nokwenza kwamaBhaca. Isicoco lesi siqhamuke uba kuvele uShaka, owaguqula abantu wabenza amabutho, nabesifazana nabo wabenza amabutho. Wanqumisela ukuba indoda ingaganwa engakayijubi, nowesifazana angalokothi endele endodeni engajutshiwe.

Mina angisho ukuthi uShaka waziqambela ngokwakhe ukuba athunge amadoda izicoco, ngithi wakutshengiswa lokho nguNkulunkulu. Nawe akhe ubheke ikhanda lendoda ukuba limi kanjani na. Umfana uyakukhula umbhekile nawe, izinwele zakhe zizinhle zimnyama khace; wothi uba aqeda amashumi amahlanu eminyaka yobudala bakhe, ubone eseqala ukuvungaza enhloko. Kumbe engakaqali nokuqala ukuba nezimvu umbone eseqothuka lapha ngemuva esiphundu, abe eseba yimpandla, kuthi nya nolulodwa unwele kuleyo ndawo, kube impucule nje. Kwathi-ke uba abone lokho uShaka, evuswa nguNkulunkulu, wathi makuthungwe isicoco kuleyo ndawo eqala ukuba yimpandla, ukuze umuntu abukeke kahle, abonwe futhi ukuthi usekhulile. Waqhamuka lapho-ke lo mkhuba owabe ukade ungekho ngaphambili. Nonke-ke niyakubona ukuthuneka komuntu ongenaso isicoco, kafani nalowo onesicoco obukeka kahle, ojiyileyo. Angisho ukuthi ibukeka kahle ingengelezana yendojeyana empungana, bonke abantu bayibiza ngokuthi yimpandlana nje. Siyakubona nakho lokhu esesikubona kubelungu, abangathungiyo, kodwa nabo basizwa yisigqoko abasithwala emakhanda, ukuba kabakwenzi lokho ngakubukeka kabi nakubo lokho ngokudlulileyo, kubathunisa.

Isahluko 14

UKUSOKA

Kwakusokwa. Umuntu ongasokile ubengabizwa ngendoda, wabebizwa kuthiwa "ngumfana" nje, noma seku umuntu omdala kangakanani, bekuthiwa lowo ulivathavatha lomfazi nje, "igwala", elesaba umkhonto lokhu engayanga edwaleni.

Bekuthi ngesikhathi esifaneleyo phakathi kwezifunda ngezifunda, kubuthane intangana iye kusoka, labo nalabo ezindaweni zangakubo ezisaneleyo.

Bebengayi abesifazana abasha kubafana abasokileyo, ukuphela bekuya izalukazi zodwa ukubayisela ukudla. Inyama lena ibe ingantuleki kubafana abasokileyo, bebevama ukuhlaba amatholana aseqinile, bangawahlabi amankonyana ancelayo.

Nawo-ke lowo mkhuba wanqunywa nguShaka phakathi kwabantu, wakunqumisela kwaphela nya ukusoka, wamisa umkhuba wokuba intangana yonke ibuthane ngezifunda zakubo iyekukleza emakhandeni akubo; khona kuzakuthiwa labo asebebuthene kulowo muzi wakhe omkhulu "ibutho lasekuthinithini".

Nezintombi-ke nazo mazibuthwe zibe ibutho; khona ziyakuhlala ngokubopheka nazo, zingendeli nakoyedwa umuntu wenkosi engavunyelwe ngumniniyo.

Bonke labo ababeganga beqe umthetho babebulawa. Kodwa lalingekho icala inxa isoka nesixebe bezihlanganele ngokusoma kungeso ukuthathana, bekubukwa nje kukuhle lokho.

UKUTHOMBA KOMFANA

Kuthe uba uShaka akunqumisele ukusoka, kwema umkhuba wokuthomba komfana okunjenga lokhu: Inxa umfana ethombile kuyakusa izinkomo zingasabonakali esibayeni, umfana lowo ezebile wazithatha zonke lapha kuthatha ukusa, washiya amankonyana odwa akhulekwa ezindlini. Azikhiphe zonke izinkomo engabonwa muntu, aziqhube aziyise emadlelweni asekudeni. Bayaqala bevuka bonke ekhaya lapho, nya nayinye inkomo esibayeni, sokukhala amankonyana odwa ezindlini ekhalela onina. Abadala bonke babone ngalokho ukuthi usibanibani uthombile, lapha sebebuza kubafanyana ukuthi ngubani ongekho na? Uyakumuka nazo othombileyo aze azibuyise emini enkulu kumbe ntambama. Ngokufika kwakhe ekhaya umfana nezinkomo athule du angakhulumi nakoyedwa umuntu. Emva kwalokho kusondele kuye labo abathanda ukumenza ukuba akhulume nokuba ahleke; qha! Uyakuthula nya angakhulumi, angahleki futhi nakoyedwa.

Lapho-ke uyise womfana abize inyanga izomelapha, imuphe nokudla okuxutshwe nemithi. Angawaphuzi amanzi abandayo, ukuphela afudumeleyo. Ngoba kuthi inxa omile, kuthathwe igeja leli, likhunyulwe emphinini, bese lishiswa eziko lize libe bomvu, lifakwe emanzini abandayo, afudumale, anduba awaphuze-ke. Ahlale njalo engakhulumi, aze uyise amnike imbuzi, ihlatshwe, agunde ikhanda. Emva kwalokho akhulume-ke nabantu njengakuqala, uyise esemnike umkhonto wokuthi useyindoda namuhla.

Ukuthula lokho komfana othombileyo kwenzelwa ukuba umuntu angonakali, abe yilokhu ekhuluma njalo. Kufana nomuntu ofelweyo othulayo; sithi thina kumuntu okhuluma njalo "wonakala", "wadlebeleka", "wazidla". Bayaqinisa abadala bathi inxa umuntu ekhuluma kakhulu, efelwe, kabe esakuyeka, uba yilokhu esampompoza nje, angabe esathula njengabanye abantu. Nalokhu kokungaphuzi amanzi abandayo, bayaqinisa futhi abadala bathi umuntu kasayikuyeka ukuphuza kakhulu amanzi uma ewaphuze eqanda inganti ufelwe noma ethombile. Leyo mikhuba seyayekwa namuhla, abantu kabasebantu balutho.

UKUTHOMBA KWENTOMBAZANA

Okwentombazana kubonakala ngokuzwakala izintombi zihambe zihlabelela amagama ezithombiso.

Amagama ezithombiso lawa mabi kakhulu ayanuka, akhuluma konke okungekhulunywe muntu olungileyo, ukuphela angakhulunywa ngumuntu omubi ongahloniphhiyo. Kepha lawo magama enzelwe ukuyala, ukuba amantombazane la athombileyo nawangakathombi ezwe, aqonde ukuthi ukwenza lawo manyala kubi kakhulu, akuyenzi ntombi lutho leyo eyenza le mikhuba.

Ukuthombisa lokho kwenzelwe ukuba izintombi zazane; kuthi intombazana eseyaka yazala ingahlangani nalezi ezingabonange zonakala, idumale ngalokho inxa ibona ihamba yodwa ingahlangani nezinye.

Kungalokho inxa umuntu ethuke intombi yomuntu ngokuthi ingumfazi akusentombi yalutho, bekuthukuthela izintombi zonke zaleso sigodi, zimuke ziyohlaba inkabi kubo, zizigeze ngomswani wayo. Kungabi cala lalutho lokho. Kubikwe lokho kumnumzana. Abesekhetha indlu yokuthombisela umntanakhe. Emva kwalokho athumele izigijimi zokuyakumema izintombi zemizi eyakhelene naye, abikele nezihlobo ezikude neziseduze, ukuthi indodakazi yakhe ithombile, kufanele ukuba amantombazana azoyithombisa.

Ingeniswe-ke intombazana endlini ekhethwe nguyise nonina. Izintombi zonke ziyekukha incapha emfuleni, ziyingenise kuleyo ndlu ekhethiweyo, bese zakha indlwana laphaya enhla nendlu, ziyakhe ngezingubo, lapha kuzakuhlala khona umamgonqo. Kwakhiwe ingungu ngesikhumba okuzakuthi ngenkathi yakusihlwa izintombi ziyishaye ikhale idume njengesigubhu samasotsha abelungu. Bese zihlabelela zihuba wona amahubo ezithombiso lawa. Kusuke izinsizwa zakwesinye isigodi zimeme ezinye, kuyiwe emgonqweni kuyoqonyiswa. Izinsizwa lezo zifike njengabayeni kulowo muzi okuthonjiswe kuwo. Zifike sekwaziwa ekhaya lapho. Zibikwe kumnumzana. Zizakukhipha kuqala into ezizoqomisa ngayo kulowo muzi, umkhonto. Ukubizwa kwalokho kuthiwa "ugelo".

Kuth' uba kwenziwe konke lokho, zichwaye-ke izinsizwa endlini, izintombi nabasekhaya lapho bebukela. Emva kwalokho ziqome izintombi. Makuthi ngomkhuba owabe wenziwa kushiywe omunye ozakubizwa kuthiwe "iyobo"; kuhlekiswe ngaye lowo enziwe isithutha. Kube kuthe ngaphambili kungakaqonyiswa, izintombi sezizakuqoma, zikhiphe enye insizwa phakathi kwazo zithi mayihambe iyekubika ekhaya ukuthi ishiye ziqoma. Lowo-ke akudlalwa ngaye njengalona oshiywa ziqoma, okuthiwa kuye "iyobo".

Izakuhlala intombi emgonqweni kuze kuphele inyanga kwenziwa yona leyo migidi. Kuthi mdla iphumayo emgonqweni zihlangane zonke izintombi okoba seyizakwemula. Uyise ayihlabise imbuzi ebizwa ngokuthi "eyomhlonyane", nenkomo ebizwa ngokuthi "eyokwemula". Zisine izintombi ngalelo langa, kubuthene abantu njengasekhethweni. Bese zabela abantu ababutheneyo utshwala nenyama. Kuthi emva kwalokho kuhlakazekwe kuhanjwe; sekuphangalele lokho.

Isahluko 15
UKUGANWA NOKUGANA

Bekuthi inxa insizwa ithanda intombi kaSibanibani kepha yesaba ukutshela uyise, ikhulume nomunye ozwana noyise kube nguye oya kuye ayomtshela ukuthi indodana yakhe iyayithanda intombi kaSibanibani ifuna ukuba izogana kuye. Enye indoda ivume kahle kumbe ingavumi. Nokho-ke intombi leyo isuke ekhaya kubo iyogana kulowo muzi. Ivunule ngesidwaba sayo sikanokusho. Ithathe intombazana eyimpeleki yayo.

Mayiphume lapha kuthi makuthi ziba ukuhlwa, ifike kuswalala. Mayingene esangweni ngakwesokhohlo, ilandelwa yimpeleki yayo, ikhuphuke iyekuma enhla, ilinganisane nendlu engasenhla. Ithi uba ifike lapho, ime phuhle, ibese ifola, ibambelele ngezandla zombili emadolweni ayo. Lapho-ke ma bathi uba bayibone abalapho ekhaya, bahlabe imikhosi yokujabula, bethi, "Hi-hi-hi! wahlatshwa, ntombi!" Kube sokuzwakala umsindo nokuxokozela lapho ekhaya.

Ithi uba ibuzwe ukuthi ize kubani, imusho. Ngokuvunywa kwayo ngumnumzana, ingeniswe endlini enikwa ukuba ingene kuyo. Ihlale-ke endlini lapho, bobabili nempeleki yayo. Kuthi ngesikhathi bafike abalowo muzi – amantombazana nabafana bahlale nayo. Kufike ukudla, kudle intombazana leyo eyimpeleki, ezogana lena ingadli yona. Izawulala ingadlanga. Ivuke qede iye emfuleni iyogeza. Kuthi inxa inezihlobo zayo lapho ziyiyisele ukudla khona lapho emfuleni. Ngokubuyela kwayo ekhaya lapho igane khona, izawufika ingene ngayo ingalo engene ngayo ukufika kwayo kusihlwa – yokhohlo. lzawuthi uba ifike ime lapho ifike yema khona izolo kusihlwa; bafike abesifazana bayembathise lapho (lokhu phela selokhu kwayizolo ihamba nje ayambethe lutho, ibhince isidwaba esinqeni kuphela). Kuthi uba bayambathise, iqale ukugubuzela kalokhu, imboze ikhanda ngayo leyo ngubo abayembese ngayo yalapho ekhaya. Emva kwalokho ingene kuyo leyo lndlu efike yangeniswa kuyo kusihlwa. Bese inikwa ukudla. Ikubuke nje ingakunaki. Ize inikwe imbuzi.

Leyo-ke kuthiwa ukubizwa kwayo "indlakudla". Kepha ayizukuyihlaba, koza kufike izintombi zakubo esezibiziwe anduba ihlatshwe yizo, ngoba phela nempela yona ingeze yayidla inyama yasebulanda, yoze inikwe ukuyidla emva seyagcagca, isingumfazi wakhona.

Ngalokho kunikwa ingubo ukuba iyimboze ekhanda, seku ukuyihloniphisa njalo lokho. Emva kwalokho ayisayikuphinda ihambe ingagubuzele ikhanda, ayisayikuphinda futhi ihambe emabaleni ezindlu, isiyakuhamba emva kwezindlu, ingahambi ngaphambili njengabantu bonke.

Lokhu phela kuthe uba ifike njalo ngalolo lusuku, kwathi kusa umnumzana wabe esethuma umuntu wokuyakubikela uyise, ozakufika athi kuyise, "Funela neno belu, wena waseKuthinithini," esho isibongo sakubo. Athi uba ahlale phansi asho-ke kuyise ukuthi ngizobika ngenkomo ethize, (emnyama, ebomvu noma enjani).

Kuzakuthi ngokuvuma kukayise wentombi, avume-ke ukuthi uyayivuma leyo nkomo, kodwa kuhle ukuba alethe izinkomo ezithile nezithile, ukuze avume ukumnika, amendise. Agoduke lowo othunyiweyo ayobika lawo mazwi kuyise wendoda eganiweyo.

Ngezinsukwana, zifike izintombi ezizokudla izimbuzi, indlakudla nezinye, njengemikhuba eyenziwayo. Kwenziwe konke lokho. Emva kwalokho intombi iphelezelwe iye kubo. Ihambe nabayeni (besilisa nabesifazana). Bathi uba bafike kubo wentombi, (lokhu phela utshwala lobu benziwe buningi kakhulu), basho-ke besemi phandle bathi, "Yethi, mngane, wena wasekuthinithini! Sifika nezinkomo ezithile" (bezibala ngemibala yazo). "Size kucela isihlobo esihle, kepha sifuna ukuba usinikeze umntanakho, usendise." Banikwe indlu abazawungena kuyona. Bahlatshiswe izimbuzi ezithile, nenye yentombi leyo ebe iye kugana. Wo! Utshwala-ke abusabuzwa muntu lapho ngobuningi babo; nenyama lena ibe nkulu. Kudliwe kuthiwe theke.

Bagoduke-ke emva kwalokho abayeni, sebephethe izwi likayise wentombi. Athi inxa evumile, kulungiselwe umgcagco kalokhu.

Kuthi mdla sekuza umthimba kuthunywe isigozolo (ibizo lomhlaleli), siyonxusa ukuba uyise avume ukuba umakoti azogida. Athi inxa evuma uyise asho ukuthi makuyocwiliswa imithombo. Kuthi uba lufike usuku lokumila kwemithombo, ahambe umhlaleli ayekusho ukuthi imithombo isimilile. Lapho-ke uyise abize imikhonto yabafana nowakhe wokukhipha indodakazi yakhe. Kunjalo njalo sebezile abakowakhe ukuzakuphuca umakoti ukuba athunge inkehli, bamthunge ngento njalo ekhokhwa ngumyeni, kuyise.

Ngelinye ilanga luphume udwendwe, uyise eseqale ngokunika indodakazi imbuzi yomncamo, ezakuhlatshwa, idliwe ngumakoti ngalo lelo langa aphuma ngalo.

Uzwani-ke! Sifike futhi isigozolo sesizekukhipha udwendwe. Ngalelo langa umhlaleli lowa kasahlekiswa muntu lapho ekhaya, sebemshaya umthakathi, ngoba ezekuthumba umntwana; sekuthi ngenye inkathi balinge ukumthuka nokumshaya. Alukhiphe-ke udwendwe. Abe esenikwa icansi lakhe abe ehlala kulo; aze anikwe imbuzi futhi esigcawini, imbuzi eyakufika nomthimba mdla kugcagcwayo. Umthimba awuphumi inyanga ifile, uphuma inyanga ithwese seku izinsukwana. Umthimba uphume nenyama yenkomo okuthiwa "eyezibhoma", ehlatshwa kubo wentombi eyakuhambe iphonswa kuyo yonke imizi eyakhelene nowakomyeni; ngoba phela umthimba uyavinjelwa kuyo yonke imizi odlula kuyo. Umthimba ufike ngehubo kusihlwa kungakalalwa. Pho, bonke abantu balowo muzi bahlezi kabalele ngalowo muhla, kanye nemizana yonke eyakhelene nowakomyeni. Uthi uba ufike, uvinjelwe esangweni. Lapho-ke umthimba uphonse zona izibhoma lezo kanye nokunye okufunwayo.

Ungene-ke umthimba lapho ekhaya. Kubekhona umsindo omkhulu wokwenama nokujabula okukhulu. Ube sewungeniswa endlini umthimba; unikwe imbuzi ebizwa kuthiwa "isiwukulu", nembuzi ebizwa ngokuthi "eyomnyango". Lapho-ke kudliwe utshwala nenyama. Kuze kuse kungalelwe; ngoba izintombi ziyahlabelela zicela imbuzi yamangebeza kumyeni.

Isahluko 16
KUYASINWA NAMUHLA

Kuse-ke kusasa. Umthimba uphume ekuseni ngovivi uyekuhlala esihlahleni. Udle, uphuze lapho, ufunde namagama okuzawugidwa ngawo, ezintombi nawabesilisa. Kuthunywe abokuya kuwubiza Lapho esihlahleni lapho ungenise khona. Ukhuphuke-ke uze ekhaya. Zisine izintombi, ziqale ngenkondlo. Emva kwalokho kungene umakoti. Esaqalile ukugida, kusukume uyise akhuleke, ekhulekela umntanakhe, ebonga oyise nawoyisemkhulu, ecelela isikhundla esihle umntanakhe; asho nezinkomo zakhe eziseleyo, okufanele ukuba umkhwenyana ahlale eziqonda, aze amnike zona ngesinye isikhathi. Emva kwalokho kusukume abakomyeni, basuke qede esigcawini lapho bemuke bayekuvunula ekhaya.

Lize-ke kalokhu ikhetho, lize kuthule umoya, lihambe lenza imikhuba yalo, seliphethe amahawu alo, abantu bevunule beshilo. Bafike khona esigcawini lapho bekusinela izintombi khona. Bakhethe-ke nabo, kube kuhle. Akhuleke noyise wendoda. Asukume-ke uyise womyeni akhuleke, abonge okuhle okwenziwe ngumlingane wakhe ovume ukumnika umntanakhe. Abonge awoyise nawoyisemkhulu. Abonge impahla leyo anikwe yona efike nomalokazana wakhe, nezinkomo "zokubeka", noma inye kumbe zimbili. Emva kwalokho kunqamuke konke lokho. Umlobokazi abize bonke abafanele ukwabelwa izimpahla afike nazo: izingubo namacansi nezithebe nemishanelo; nengubo kayise wendoda nekanina, kanye nokwabo bonke abafanele ukwabelwa: amakhosazana nabafowabo bomyeni, njengemingci yakhona eyenziwayo. Kuhlakazekwe.

Ngangomuso izintombi zizakuhlaba umbhubuzo (inkomo ecola umlobokazi). Zizakuzikhethela zona ngokwazo, kuthi inxa imbi yondile ziyiyeke, ziqome enhle ekhulupheleyo. Ihlatshwe-ke leyo. Inxa umuntu eyihlabe qede kayaze yafa, kuyicala lokho, umkhonto lowo obe uyihlaba ngowakomakoti, kufanele uhlengwe ngento; kuthi kungaphinda kube njalo, uhlengwe nalowo, noma munye, mibili, mihlanu noma ishumi. Ihlatshwa njalo leyo nkomo yezintombi, ziyahlabelela zithi, "Mayivuke! E-e! Mayivuke!" okoba zifisa ukuba ingawi, ize iphinde ihlatshwe futhi, khona umyeni ezawukhokha okuningi amahlawulo okugwazwa kwenkomo ingawi.

Ithi uba iwe inkomo, ihlale isikhathi eside ingahlinziwe. Kuze kungene zona izintombi esibayeni anduba bangene abayihlinzayo. Ohlinzayo kaqaphele ukuba angayibhobosi umswani, ngoba inxa eke wakwenza lokho kuzakuba icala elikhulu ezintombini elifanele ukuhlawulwa, noma kumbe kungaze kukhokhwe enye inkomo esikhundleni saleyo, ihlatshwe nayo. Kufanele ukuba umlobokazi aphume endlini ayoyibhobosa inxa isihlinziwe. Emva kwalokho abayihlinzayo bayikhiphe izitho yonke baziyise endlini. Kuleyo nkathi abe eseklelile umakoti esibayeni kanye nezintombi besina. Inkomo leyo uyibhobose ngowakomyeni umese akusiwo owakhe. Yilolo-ke usuku lokwaba kwakhe impahla. Lapho-ke izintombi zithathe umlenze ziwuyise esibayeni ebandla, liwose. Yiwo lowo-ke "umbhubuzo". Emva kwalokho athelwe ngenyongo umakoti. Uzawuthi athelwe, izintombi ziphangelane esibayeni ziyoshaya abesilisa abadla inyama esibayeni.

Umlobokazi uzawunxusa abesifazana balowo muzi ukuba bamhlole ukuthi imbala useyiyo yini intombi epheleleyo engakoniwa ndoda na? Nanti igama lokunxusa abesifazana ukuba bamhlole. "Ngiyanimema, bafazi bakowami! Hhoya! Ewuyeye! Hhoya!" Nembala abesifazana bamhlole, kube kuhle inxa bemfunyanisa akhe esaphelele ubuntombi. Yilo lelo-ke ilanga lokumenza umfazi. Kepha kayikuvuma kumyeni wakhe engalwile ngamandla, aze amahlule ngokumphoqa ngawo onke amandla anawo; ngoba inxa umyeni engenawo amandla uzakwahlulwa, inxa umakoti enamandla kunomyeni, kuzawuze kube ngamanye amalanga. Inxa umakoti ahluliwe kuzakuzwa abantu bonke lapho ekhaya inxa esekhala, ehlabelela igama elokuthi, "Ngehla nobulembu! Awuboni yini ukuthi ngehla nobulembu? O, mayihhoya!" Bese kuhlabelela izintombi zonke zakubo ebezisele kwabakubo abagodukileyo, ezisalele khona lokho.

Bekuthe khona ngayizolo wathelwa ngenyongo yaleyo nkomo yokubhubuza, okukhomba ukuthi seku umfazi ogcweleyo wakulowo muzi; ngoba phela kungenzeke ukuba intombi nje ithelwe ngenyongo ingendele lapho, kungaba icala elikhulu elilingene ukuhlawulwa ngembuzi enkulu kumbe ngenkomo.

Emva kwalokho-ke umakoti seku umfazi wakulowo muzi njengabafazi bonke. Uzawuvuka ekuseni ayokukha amanzi emfuleni, akhelele leyo naleyo indlu yalowo muzi. Agayele leyo naleyo ndlu ukudla. Uzawuvuka ekuseni kakhulu kusemnyama ashanele amabala alapho ekhaya; enze konke okufanele ukusetshenzwa ngowesifazana endlini kwakhe. Nonxa likhona ichatha (ilawu) alala kulo nomyeni wakhe, uvuka ekuseni qede angabuyeli ukuyakuhlala kulo, ukuphela uhlala kwabomyeni, aphekele khona, adlele khona; kuze kuphele unyaka ehlala kwabo njalo. Esibayeni laphaya kangeni, uthuma ingane iyomthathela ubulongwe inxa ezawusinda endlini. Kayi ngasesililini sikayise nonxa kukhona into ayifunayo, uthuma ingane imthathele lokho; nokusinda kuleyo ndawo ehlala uyise uthuma intombazana yakhona imsindele lapho. Inxa uyise wendoda engasekho nonxa nga unina, kasondeli nempela eduze kwamaliba awoninazala. Kuzawuhlala kunjalo aze abe isalukazi esingasapoteli, anduba avunyelwe ukuba angene esibayeni, umuzi sekungowakhe kuleyo nkathi.

Kungenzeke ukuba umlobokazi alibize ibizo likayise wendoda nelikanina, nonxa besekhona nonxa bengasekho. Isifungo sokugcina kwabesifazana ngesokuthi, "Omamezala!" Nonxa ku umfazi omubi ngokungakanani angeze abafunga oninazala eqamba amanga; kodwa angazifunga ezinye izifungo. Umfazi ofunga awoninazala eqamba amanga waziwa ngabantu bonke ukuthi mubi, akusiye umuntu walutho, udlulwa nayinja ngobubi. Noyise nonina wendoda kalibizi igama lomlobokazi.

Kuzawuthi uba umlobokazi agcagce kuphelele, abafana balapho ekhaya besuke bayozingela izinyamazane, kufunwe isicwayo sikamakoti. Makubulawe impunzi lena, ingabulawa kabi, isikhumba sayo masingadlikizeki ngamanxeba amaningi. Sibethelwe kahle, sishukwe, sibe isicwayo somlobokazi; sihlotshiswe, ngamaqhosha lapha emiphethweni yaso nasemilenzeni nasemikhonweni yesikhumba.

Uzawuthi mdla ezibulayo kuyobikwa kubo ukuthi ubelethe ngoba phela leyo ngane kuse ngeyakubo; yiyo ekhanyisa ukuthi le ntombazana ifike inhle ingenasishishi, ifike inhle imsulwa. Bathokoze-ke nawoyise nonina bayo. Ngemva kwalokho-ke akusesilo icala labo nonxa ezala kahle noba kabi umntwana wabo. Ngoba ngempela inxa umntwana wabo ethe esazibula wafelwa, kuzakuba icala labo lokho lokuba bamfunele izinyanga zokumgeqa, aze azale abantwana abemayo njengabantu bonke.

Inxa kungaqabuka kwenzeka ukuba owesifazana, noba musha noba isalukazi, ethuke esebize igama likaninazala, uyise wendoda kumbe unina ngokudakwa kumbe ngobubhukudwane bokungaqondi, uzakuya kubo ahlawule ngenkomo enkulu.

Isahluko 17
UKUGWETSHWA KWENGANE

Owesifazana uzawubeletha qede ahlale endlini kuze kuphele izinsuku ezithile ehlezi endlini engaphumi. Kuze kuwe inkaba yengane. Kuthi inxa kuyintombazana ahlale engaphumeli phandle amalanga ayisithupha, kodwa inxa kungumfana amalanga ayinkotha. Emva kwalokho ashise izibi. Ukushisa izibi kushiwo ukuba owesifazana athathe izibi lezo abezandlele phansi ukubeletha kwakhe, azithukuse; akushiwo ukuzishisa ngomlilo. Kodwa aphume endlini yakwakhe uqobo lwakhe, angaphumi nayo ingane ukuya phandle nokuya kwezinye izindlu, kuze kudlule izinsuku eziningana. Anduba kuthi ngokuqina kancane kwengane, inxa esebona nabantu sebevame ukungena kwakhe lapho kukhona yona ingane, ayigqabe ngomlotha ebusweni; emva kwalokho akwazi nokuphumela nayo phandle nokuya nayo kwezinye izindlu.

Makube njalo kuze kuphele inyanga yesithathu ebelethe, anduba aphuce ikhanda. Makuthi emva kwalokho lapha ingane seyiqala ukukhulakhula, nonxa ku eyomfana nonxa ku eyentombazana, makufunwe umuntu ohlakaniphileyo ekwaziyo ukugweba, athathe umhlahle ayigwebe ngemuva ngaphansi, yophe kakhulu. Okomfana kwenziwa ngokunye akufani nokwentombazana. Ugwetshwa ngalolu suku uyakuphinda futhi agwetshwe esekhulile.

Bayaqinisa bonke abadala bathi umntwana angebe muntu walutho esekhulile, engagwetshwanga, angaba ngumuntu oshiswa ligazi, othanda ukuhambe ezihloma nje, aphenduke unondindwa nesifebe, eshiswa igazi eliningi kuye elingabonange likhishwe kuye. Ngalokho kwabe kungumthetho omkhulu lokho ukuba izingane zigwetshwe, funa umntwana aze abe isibheva.

Inxa unina wengane engakaphuci, uyise kanakho ukuyithatha ngezandla zakhe ingane yakhe leyo, kusweleke ukuba kuze kuphele lezo nyanga ezintathu anduba uyise ayiphathe ayidlalise.

Bekuba inhlanhla enkulu inxa kuphuma impi, kwethukwe kubeletha umfazi womuntu ophumayo. Ubesuka ayekungena kuleyo ndlu okubelethwe kuyo esevunule ehlome izikhali zakhe zonke. Angene qede abize ingane leyo, omunye ayithathe ngezandla zakhe, kodwa omunye ayibone nje ngamehlo, abesesuka njalo ehamba. Ngoba phela ngomthetho wakithi owaziwayo abesilisa kabangeni endlini yomdlezane ingakawi inkaba. Ngalokho kuthiwa kuyintelezi enkulu ukuba indoda iphume kwamdlezane iya empini, ngoba iyakuba namasithesithe ezitheni; bakubonga kakhulu lokho abantu.

Isahluko 18
UKUPHUMA KWEMPI

Inxa kuphuma impi, abesilisa bonke bazakubuthana bachelwe ngentelezi yenyanga. Inxa sebecheliwe bangabe besayakulala ezindlini zawomkabo; owenza lokho uzakuba ubulala intelezi yenyanga. Ngalokho ufanele ukufa nokufa, ngoba ubulala impi yonke yenkosi uyithela ngamanyala.[1]

Amakhosikazi amadoda aphumileyo azawuhloma iphunganhloli emakhanda, avunule ngalo imihla ngemihla, kuthi okwabo lokhu ukubhinca baphendulele izivatho, ijwabu libuyele ngaphezulu, umswendo wengubo uye ngaphansi. Ukuhamba kwabo lokhu kube okokukhabuzela kokuhamba ngamandla. Nalapha beyekugeza emfuleni bakhe bawavike kuqala amanzi, angasheshi ukufika emzimbeni. Okwabo lokhu ukulala kube okokuthi qubalala, bangalali njengokwemihla, basheshe ukuvuka.

Nawo amadoda abo enza yona leyo mikhuba eyenziwa ngawomkabo emakhaya; angiwaphethe lawa ahlabeneyo, asegwaze abantu: kawayidli inyama engaphakathi; izinyanga lezi zelapha ziqinise, funa umuntu obuleleyo abe nequngu, kumbe omunye aphenduke uhlanya ngempela. Kunjalo njalo ahlome ona iphunganhloli lelo elithwelwe ngawomkabo emakhaya. Ukuphela bona laba aba izingwazi (izinxweleha), badla inyama engaphandle kuphela, hhayi eyangaphakathi.

Amacansi abo emakhaya laphaya kanye nemicamelo yabo kuboshiwe kwemiswa kahle, akulalisiwe phansi. Awukho nomsindo wokuxabana emakhaya, kukhulunywa kahle nje ngokuthandana nokuhlekisana. Noma abesifazana bengathandani, kodwa bazawuke bakuyeke lokho kulezo nsuku, kekuze kubuye yona impi, anduba bakuvuse lokho kwenza kwabo.

Lokhu phela bonke abasele lapho empini (abafileyo) ababikwa, kuyathulwa nje kuze kubuye impi yonke, anduba kushiwo ukuthi, "Obani nobani basala empini," kuthi uba kuzwakhale lokho kube yikhona kusuka isililo esikhulu emakhaya abo. Bathi bonke abagwazileyo kube yikhona kuqiniswa kufunwa izinyanga zokubelapha, eziza kuholelwa yinkosi.

---

1. II Samuel 8: 13.

Isahluko 19
IZIZWE ZABANTUNGWA

Njengokuba sengasho phambili ngathi: "Labo abaphuma baqonda ngasentshonalanga," begudla ulwandle, "ukubizwa kwabo kuthiwa ngabaNtungwa," ngikhuluma ngezizwe zabeSuthu; ziningi kakhulu nazo njengoba nibone lezi zabaNguni. Kepha abaNtungwa banengqondo kakhulu kunabaNguni: lokho kubonakaliswa yimikhuba lena engizakunixoxela yona.

(i) AbaNtungwa bayathandana, bayezwana, akuvamile ukuba kube khona phakathi kwabo, nobunhlalunhlalu lobu obuphakathi kwabaNguni.

(ii) AbaNtungwa okwabo ukubhinca kwahlukile, akufani nokubhinca kwabaNguni, abahamba nqunu; abanganakile nonxa ingane yabo ibona amanya abo.

(iii) Izikhali zabo inxa kulwiwa babaza amawisa amakhulu, okuzawufakwa kuwo izimbulungu zamatshe; khona eyakuthi uba agalele ngalo kugamuke lokho, kuchobozeke, bese kufa ngayo leyo nkathi. Banembemba efana nensawula yabelungu, elungiselwe ukuba kuthi lapha igalele khona, ishaye kwenekeke.

(iv) Inxa kuthukuthele omunye kubo ngesici oniwe ngaso esingalungile, bathukuthela bonke, bayavunana, abafani nabaNguni abajabulela ukuthi, "Iya! Kuhle abulawe, khona ngizawuthola impahla yakhe, kumbe umfazi wakhe, inxa esefile." Bona bazwelana ubuhlungu njengabelungu, bafana noMoses owazwela owakwa-Israele ubuhlungu, waza wabulala owase-Egipite, nokuba wabe ondliwe yinkosazana kaFaro, enjengomntwana wenkosi e-Egipite.

(v) Izizwe zabo zivame ukuthandana nokuzwana, azifani nezabaNguni, okuba yilowo azifunela ubukhulu.

(vi) Izintombi zabeSuthu azisomi njengezabaNguni. EzabaNtungwa zihlala zize zende zingakwazi lokho. Kungalokho ukuba ezabaNguni zivama ukumithela emakhaya, zenze okwakungenziwa ekadeni, zeqe umthetho wemvelo. Endulo intombi yomNguni yabe iyakusoma, kanye ngenyanga; ihlale ize ibone ukuthi ayitholanga ngozi yini na. Anduba iphinde, inxa kusafuneka lokho. Kepha zabe zihlolwa ngawonina nyanga zonke; eyonakeleyo ibonwe masinyane. Kwakungafani nokwanamuhla lapha zonke izintombi zabaNguni sezi abafazi.

Izizwe zabaNtungwa ziningi kakhulu, zinamakhosi ngamakhosi njengazo lezi zabaNguni. Kodwa amakhosi abo kawafani nakancane nalawa abaNguni. Bona bahlangene, bayezwana, kabafani nabaNguni.

Izwe lase-Afrika likhulu, libanzi, ngoba sonke thina esisenzansi lapha kufana nokuthi siselwandle nje; inganti izizwe ezisenyakatho yasentshonalanga zinezwe elikhulu kakhulu kunaleli esikulo.

Njengokuba namhlanje ngisafuna ukuphenya ukuma kwazo zonke izizwe zabaNtungwa, ngifanele ukuba kangiyeke ukuqhuba izizwe eziyingcosana engizaziyo, kengiqhube yona indaba yabaNguni le engiyaziyo; ukuze ngithi ngiyisukela nje, bese ngike ngakhathula zona izindaba zabaNguni; khona ezabaNtungwa zongena emva kokuba sengikhathule lezi engizaziyo.

Isahluko 20

OWAZISELELA NGOBUKHOSI OBUYAKUVELA ENZALWENI YAKHE

Sengilandile ukuthi uMalandela wazala uNtombela, uNtombela wazala uZulu, uZulu wazala uNkosinkulu, uNkosinkulu wazala uMageba, uMageba wazala uPhunga, uPhunga wazala uNdaba. Uthe-ke esengumfana uNdaba owalusa izinkomo kanye nabanye ababe intanga yakhe, waziselela ngokuhaya ihubo lakhe, ekanye nentanga yakhe, elokuthi:

"UNdaba uyinkosi,
Ohho! O!"

Kepha ihubo lelo selabuye laguqulwa lahutshwangokuthi:

"Hha! Oye!
Jijiji! Ajiji!"

Sezayekwa zonke izinhlamvu zokuhlatshelelwa kwalo. Laqanjwa nguNdaba esengumfana owalusayo, aziselela ukuthi kuyakuvela enzalweni yakhe lowo oyakubusa izizwe zonke lezi eziningi.

Yena-ke uNdaba wazala uJama, uJama wazala uSenzangakhona, uSenzangakhona wazala uShaka, noDingane, noMpande, nabanye abafowabo abaningi. Ukuvela kukaShaka kunje:

Uyise uSenzangakhona wabe alusa izinkomo kanye nabafana aba intanga yakhe, njengomkhuba owabe wenziwa kuleyo nkathi, wokuba abafana bonke abantanganye bahlangane baye kusoka ngezigodi ngezigodi zasemakubo. Naye-ke uSenzangakhona wabe nendawo yakhe abe ejwayele ukuhlala kuyo nabafana besigodi sakubo, lapho kwakuyiswa khona ukudla okuphuma emakhaya akubo; kukhona isihlahla sabo ababehlala kuso, badlele kuso.

Kuthe ngolunye usuku kwadlula indoda yaseLangeni kwesikaMakhedama kaMgabhi inkosi yaseLangeni, ivela kuthekela. Umntwana nebandlana lakhe labafana babedla. Nendoda leyo yabe seyilambile. Wathi uba ayibone umntwana ukuthi ilambile wayibiza. Yafika qede yakhuleka kumntwana. Wabe esebuza lapho ivela khona nalapha kusekhaya kubo. Yamtshela ukuthi ngeyakoMbengi weNguga. Wabe esethi mayiphiwe ukudla.

Yaphiwa-ke yadla yasutha. Esihlahleni lapho akuntulwa kudla; okunye kuvela emakhaya; inyama iningi, ngoba kuzinge kuhlatshwa amathole lawa aseqinile, kudliwe wona.

Isahluko 21
UKUZALWA KUKASHAKA

Ithe uba iqede ukudla indoda leyo yabamba indlela eyaziyo, yaya yafika kubo. Yafika qede ekhaya yayithi qinsi indaba ezintombini nakubo bonke abantu, ibatshela ukuthi ifike ngalapha kumntwana wenkosi yakwaZulu, lapha ifike yasinda khona, isilambile; wayipha ukudla, yadla yasutha; umuntu omuhle kakhulu, umntwana wenkosi ngempela. Zithe ukuba zikuzwe lokho izintombi zangenwa ukumthanda lowo mntwana onomusa, ophanayo, osize umuntu wakubo esezakufa yindlala. Yase ithi inkosazana yazo, uNandi, "Kunjani ukuba kesihambe nawe" (isho kuleyo ndoda), "uyosikhombisa lowo mntwana wenkosi yakwaZulu olungileyo na?" Yavuma indoda. Nazo-ke izintombi zaseNguga zihamba kanye naleyo ndoda; zaya zafinyelela kuleso sihlahla. Nansoke indoda ihambe iyakuhlala eduze kwesihlahla leso esihlezi umntwana nabafana. Bazibona-ke izintombi lezo. Zase zibizwa. Zathi uba zifike, kwathiwa mazime laphaya. Zabuzwa-ke ukuthi zivela ngaphi, ziyaphi na? Kwasokuphendula yona inkosazana yazo, uNandi, wathi uzobona umntwana wenkosi. Kwabuzwa-ke ukuthi ufunani kuye na? Wathi uzombona, uyamthanda, uthanda ukuba asome naye. Kwasokuthiwa izintombi mazisondele zonke. Zasondela-ke, zema zaklela. Wambonake naye umntwana uNandi, inkosazana kaMbengi weNguga. Nembalake baza bathola ukuhlangana khona lapho, njengokufisa kwenkosazana. Uzwani-ke, sahlala khona lapho isisu kunkosazana.

Kufihlwe kwafihlwa ukuthi inkosazana imithi, baza baqala ukubona abaningi ukuthi ayiphelele inkosazana. Kwathi lapha kubuza abanye ukuthi inani, kwathiwa "ineshati," uhlobo lomzimba omubi. Kwathunyelwa kwaZulu kalokhu kulabo bangasenhla. Nango-ke esebuza uMudli kaJama, ebuza kumfowabo uSenzangakhona, ukuthi uyayazi yini le ndaba, ukuthi inkosazana uNandi kaMbengi weNgugu unesisu ngaye na? Kungathi uSenzangakhona waqala wangathi angaphika, enziwa ngamahloni okwesaba umnewabo; kodwa wabuye wavuma.

Kwaba njalo-ke: kwaqhubeka izinsuku waza wabeletha uNandi, wazala umfana, uShaka, khona kubo eLangeni. Yahlala-ke ingane ekhaya konina; yaphathwa kahle. Yondliwa yaza yakhula. Kuthe uba ikhule ingane, lapha seyiqala ukwalusa izinkomo nomntwana wenkosi yaseLangeni, yavama ukumhlupha lapha bethi benza izinkomo ngamatshe lawa abuthwa ngabafana abawacosha phansi, bawenze izinkomo zabo; amanye abawenza izinkunzi, amanye izinkabi, ama eyizinkomazi namathole. Bazinge bethi lapha sebephethe izinkunzi zabo zamatshe, umntwana wenkosazana (uShaka) avame ukuhlupha umntwana wenkosi ngokubulala inkunzi yakhe, (lokhu phela baziphethe ngezandla bayazilwisa). Kuhambe kwahamba benza lokho waza wenyela umntwana kaMbengi weNguga, wawubika lo mkhuba obuhlungu owenziwa ngumntwana kadadewabo. Kwaso kuba buhlungu kubo bonke abaseNguga, ukubona umntwana wenkosazana enyelisa umntwana wenkosi, emhlupha. Kuthe uba akuzwe lokho unina kaNandi kwamhlaba naye, inxa esezwa abantu bonke lapho ekhaya bekhuluma besola ingane eyazalwa ngumntanakhe, bethi inemikhuba emibi; wabona ukuthi bazakuyibulala. Nanguya esuka ehamba nengane yomntanakhe, emuka nayo eyiyisa kubo. Bake bezwakala nakuyise kwaZulu. Waza noyise wambeka esalukazini esamzalayo esingunina.

Kulapha uShaka wahlala waza wakhula elapho, waba insizwa, iqhawe likaDingiswayo elalimhlabanela. Ubuqhawe bakhe baduma izwe lonke, lwathi udumo lobuqhawe bakhe bezwakhala nakuyise kwaZulu. Waza noyise wathanda ukumbona umntanakhe oliqhawe.

Isahluko 22
UKUHAMBELA KUKASENZANGAKHONA KWAMTHETHWA

Inkosi uSenzangakhona kaJama wahambela kwaMthethwa enkosini yakhona uDingiswayo kaJobe. Kungathi kwakukhona enhliziyweni yakhe ukufisa ukubona umntanakhe oselokhu wazalwa engabonange embona. Wathatha izinceku zakhe nomndlunkulu, ethi uyakuqomisa khona, nonxa kodwa abe ehambela ukuyakubona indodana yakhe okwakungaqhanyisiwe.

Wathi uba afike khona kwabakuhle nje kuMbengi weNguga uba kufike uSenzangakhona, uyise kaShaka iqhawe lakhe elikhulu; ikakhulu ngoba ehambele kuye ezombona.

Wahlala uSenzangakhona izinsuku ezithile eNguga kujatshulwa kakhulu nakhona ngenxa yokuba kufike inkosi yakwaZulu. Kepha umsebenzi omkhulu owabe owenziwa lapho eNguga kulezo nsuku kwaku owokufuna izinyanga zokuba zimthonye uyise, elekwe yindodana ngesithunzi, khona ezakufa, kungene uShaka ebukhosini. Kwakuthi nonxa ehambile eyekugeza nezintombi nezinceku, kusale kwelashwa lapha ekhaya. Ngalokho uhlale wahlala khona, waqala ukuzwa umzimba wakhe ukuba buhlungu. Kwabe kuthe ngolunye usuku ebuya emfuleni, uShaka wacela umkhonto kuyise; kanti uwucela nje lowo mkhonto usewuzwile ukuthi ngokaNomkhwayimba oyinkosana kaSenzangakhona. Uthe esekhona lapho wabe esewuzwile umzimba wakhe ukuthi awusemnandi. Ngelinye ilanga, uSenzangakhona ebuya kugeza emfuleni, wangena kuye uShaka endlini, wacela wona lowo mkhonto abe esewuzwile ukuthi ngokaNomkhwayimba; wathi kuyise, "Ngiphe lo mkhonto, baba." "Akusiwo owami, mntanami," kuphendula uyise, "ngowomfowenu uNomkhwayimba." Wabuya waphumela phandle esibayeni, lapho wabephuma khona, bedla umshwili kanye nezinye izinsizwa. Akubanga kusaba ngakanani ukuhlala kwenkosi, seyizwe umzimba ungathokozile. Kwasokuba ukuvalelisa kwayo njalo seyibuyela ekhaya kwaZulu. Ukufa kwayiqinisa njalo yaza yafinyelela ekhaya.

Kanti kuzakuthi emva kwakhe, nendodana ilandele nayo, seyimuka kwaMthethwa seyiya kubo kwaZulu. Naye uShaka wanela ukusuka nje eseya kwaZulu, nango-ke uDingiswayo ephuma naye ekhaya esehambela kuZwide inkosi yakwaNdwandwe, ehamba nehelana lezinceku zakhe njengokwenza kwabo. Uhamba njalo naye uthi uyakuqomisa njengokwenza kukaSenzangakhona owabe eya kuqomisa kwaMthethwa. Nango-ke uZwide efike embulala (1818).

Kulapho-ke lapha kwasuka khona udwishi lwemikhuba emibi eyabanga izimpi eziningi ezingabonange zibe zisaphela.

Isahluko 23
UKUFA KUKASENZANGAKHONA NOKUHLOMA KUKASHAKA

Uthe uShaka esaqala ukufika ekhaya, lafika izwi lomkhosi lokuthi uyise uDingiswayo kasekho ubulewe nguZwide (ngo-1818). Wabelapho ethe esafika ekhaya, wabulala umfowabo uNomkhwayimba. kwathi lokhu inkosi yabe igula, yanela ukuzwa ukuthi, "Ifikile indodana yakho uShaka, isibulele umfowabo uNomkhwayimba," ngalowo mbiko inkosi yabethwa uvalo, yase iyaphela njalo (1818).

Nango-ke uShaka esehlomisa uZulu noMthethwa namaHlubi, ethukuthelele ukubulawa kukayise uDingiswayo. Kwasala sokufana nokukhipha ihlambo likayise uSenzangakhona lokho. Yaphuma-ke impi yaqonda kwaNdwandwe. Kepha uZwide wabe enamandla kakhulu, esabeka kunamanye amakhosi; ngalokho wathi eyiyisa phambili uShaka, wabe ethanda ukuhola yona eyakwaNdwandwe ukuba ize neno; ngalokho wathi ekwenza konke lokho, wabe enza isu lokumhola uZwide, ukuba eze azongena phakathi kwezwe lakwaZulu. Eqondeni ngalokho na? Eqonde ukuba esazi ukuthi impi yakwaNdwandwe ayiziqhubi izinkomo inxa ihlasela, iphatha imithwalo yamabele kuphela; kuhle ake abahluphe abafo kebaze baphelelwe ukudla, balambe. Kungalokho-ke ukuba wayiyisa qede wabuye wayihlehlisa eyakhe.

Wamletha-ke uNdwandwe umfo kaLanga owabe enempi ebukhali kakhulu. Lokhu phela uyiletha njalo isuka lapha ngakwaNongoma, lapha sekwakhe inkantolo namuhla, nangalaphaya kwayo, eMagudu, lonke lelo okwakuyizwe likaZwide kaLanga inkosi enkulu yakwaNxumalo. Iza ngakuleli lamaHlabathi, lapho elakwaZulu lalikhona. Yenake uShaka uthanda ukuyiletha ngalapha eMhlathuze, ukuba izolwela kwelaseNkandla, ngaseNsuze, kwelibi kakhulu elimigoxigoxi. Wabe esememezele emizini yonke yangakwaZulu ukuba kususwe ukudla, kushiswe ngomlilo, kuthuthwe kumukwe emakhaya.

Wayiletha-ke umfo kaLanga, wayiletha yagcwala lonke elakwaZulu laseMahlabathini. Wathi uba ayibone umfo kaSenzangakhona, wayilungisa eyakhe, wayisondeza ngasezindaweni ezilukhunyana. Wathi inxa esezakuyiqhatha wakhwela phezu kwentatshana ebizwa kuthiwa "uKhomo" eseduze naseSibhudeni. Wakhwela lapho kwaKhomo, wayiqhatha-ke, eyibuka.

Yadumelana-ke lapho kwanuka, uthuli lwaqonda phezulu. Pho! Lokhu uNdwandwe wabe enamandla kakhulu, khona lokho pho ukwenzelaphi? UZulu usethukuthele ucishwa ngamanzi, usephenduke ukufa wonke. Lokhu phela kuthe ingakabambani wayimisela umthetho wokuthi makulahlwe amaphande emikhonto lawa, abe yilowo aphathe isinqindi sokugwaza kanye nomkhonto owodwa wokuciba lapha impi isizakuhlangana. Kasekho ophethe imikhonto emithathu nemine, njengokuba kwakukade kwenziwa. (Niyabezwa nani oMxakazaphande, yibo labo ababebulala abanye ngokuciba, hhayi ngokugwaza.)

Niyabazi-ke nani laba bakwaMthimkhulu, ukuthi ngalapho bebambe ngakhona kababe besakhumuka, baya phambili njalo bona. Pho, uZulu lapho waba uganiwe. Yalwa kwaza kwahlwa iphathene, kukubi nje. Kwaze kwaba izinsuku ilwa ngokwesabekayo. Kuhambe kwahamba kukubi kungathandeki, wabona kalokhu uShaka ukuthi usevame ukuyenza kabi ekaZwide, nokuthi seyilambile ayisakutholi ndawo ukudla, sekuphele nya konke okwabo abebekuphethe, wenza elinye icebo kalokhu; wathuma amaviyo athile, wathi mawahambe aqonde emzini omkhulu ohlezi yena uZwide uqobo, aye ngempi; kuze kuthi inxa labo sebebona ukuthi umuzi wenkosi awusekude, baze bahube ihubo lakhona elikhulu lempi; khona bengayikuxwaywa, baze bangene ekhaya, bambambe uZwide.

Kulapha kwahlabana khona lapho oNomdidwa wangemihla kaSojiyisa (uMaphitha) iqhawe elikhulu, nawoMvundlana kaMenziwa wakwaBiyela, uNdonga zeLangwe ngibe ngiyazibiza, ziyesabela. Owancishwa ishoba nguDlungwana woMbelebele, waza waya waliphiwa nguMacingwane waseNgonyameni! O! Wahlabana-ke lapho uZulu; kwabonakhala ukuthi bayamcima uNdwandwe kalokhu.

Isahluko 24

UKUNQOTSHWA KUKANDWANDWE

Kanti lawaya maviyo aphakwe kwathiwa mawaqonde emzimkhulu kaZwide, enza njengakho lokho athunywe ngakho. Nembala bathi uba basondele ngakomkhulu wakwaNdwandwe bahuba lona elikhulu lakhona lempi, kwezwakhala ukuthi bamchithile uZulu. Kwasokuba ukuphuma kwabesifazana njalo bakhona, asebehlaba imikhosi yokuba benqobile. Ngalokho izitha zaza zasondezelana nabo. Pho-ke uZulu kaMdlamfe! Bathi bethuka babezwa nje ukuthi, "Ngadla!" "Maye ngenkomo kababa!" Bayaqala bethuka, bekhala, sebebaningi abawileyo. Uthe uba ezwe lokho uZwide, weqa, wafohla umuzi ngenhla, wabaleka.

Kwaba kuthe ngezinsuku impi isalwa, uSomveli kaDingiswayo wacela kumfowabo uShaka ukuba ake ayekubona abantwana ngasekhaya. Wavuma uShaka. Wemuka kwaza kwaba isikhathi, izinsuku eziningi. Waqala ukukhononda kalokhu uShaka, wabalokhu esede ethi, "Hhayi umfowethu! Umfowethu lo unjani!" Base bezwa abanye ukuthi uShaka usefuna ukumbulala. (Inganti phela nempi lena elwayo ilwela ukuphindisela ukubulawa kukayise uDingiswayo.) Weqa-ke uSomveli ngakhona ekhaya lapho, wabalekela isilwane esiwumfowabo, esesizakumbulala. Kwasala kwabakwabo bokuzalwa uMbiya uyise kaMlandela, nabo bonke laba ababesempini.[1]

Hhawu! Yabe iyayibhedula njalo. Soku ukuchitheka kwesizwe sakwaNdwandwe njalo lokho. Babopha abaningi bemuka, baqonda enhla le nezwe. kwathi kusendleleni wabuya uSomaphunga, wabuyela kwaZulu. Lapha efike wazalela khona inkosana yakhe uMgojana nabafowabo oMankulumane noHlokolo, nabanye.

Kepha akubanga kusavuma njalo kuShaka ukuba abeke phansi isihlangu, kwaba yilokhu esehlasela ezinye izizwe njalo, efuna ukuzinqoba, zibe phansi kwakhe. Ngalokho kwasweleka ukuba ezwe onke amakhosi anamandla awahlasele.[2]

Induna yakhe enkulu kwakuwuNgomane kaMqomboli wakwaMthethwa; encane kunguMdlaka kaNcidi wakwaLanga. Inceku kuwuMxhamama kaNtendeka waseziBisini kwaMahlase, kanye nezinye izinduna ezinkulu nezincane. Owabe isenabelo sezinyawo zakhe kwakuwuNgqengelele wakwaButhelezi, owafika evela kubo eyisicuthe engachambusile okwakuthi nonxa inkosi ikhwehlela iphumesele kuye, inxa ilele yenabele kuye.

---

1. UMlandela wazala uSokwetshatha. Nguye owabendisele inkosazana yakwaMonase, uBathonyile, wakwaboMbuyazwe.
2. Zivele lapho izibongo zikaShaka zokuthi: Isidlukuladlwedlwe, siyadla, sibeke isihlangu emadolweni.

Wabusa-ke, wabungena ubukhosi uShaka obabaziselelwe nguyisemkhulu udaba, ukuthi, buyakuba khona kwaZulu. Wakuhlosake lokhu ukuba awahlasele onke lawa amakhosi angamvumiyo; kodwa kuthi lawo amvumayo awayeke, abuse ngawo.

Bemuka bonke abakwaNxumalo, kwasala uSothondose kaMalusi ongowakhona. Kwemuka uSoshangana kaZikode kaManukuza kaNdwandwe, umfowabo kaZwide, ngokwelamana kwawoyisemkhulu. Yena uSoshangana wabanga le kwelingaseNyembane, eliphethwe ngamaPutukezi namuhla. Kwaba ubuyaluyalu nje ebantwini. Baqala bonke ukuvusa amadlebe bethi, "Namhlanje kuvele inkosi enjani na?" Wazidla indawo yonke.

Isahluko 25
UKUHLASELWA KWAMANGWANE

Akubanga kusaba sikhathi esingakanani uShaka wahlasela enkosini enkulu yamaNgwane uMatiwane kaMasumpa, efuna ukumnqoba abe ngaphansi kwakhe. Kepha uMatiwane kavumanga ukubuswa nguShaka. Yalwake impi enkulu. AmaNgwane lawo abe enamandla amakhulu. Impi yalwa isikhathi eside, kwaza kwathi, ngoba uShaka wabe eseqambe umkhuba omusha owabe ungaziwa ngabantu bonke, wokuphatha isinqindi sibesinye sokugwaza amahlanze, nomkhonto ube munye zwi wokuciba lapha impi isizawuhlangana, wahlulwa uMatiwane, wandinda nezwe ebaleka.

Kepha kwathi ukugcina waphindela khona kwaZulu, wayakucela umusa enkosini, wathi, "Igade idiniwe wena kaSenzangakhona, ngithole." Awu! Kwaba kuhle nje lokho enkosini, yavuma. Kepha kuhambe kwahamba kwavela izimfamona zakwaZulu zamotha, zathi, usafuna bona ubukhosi njalo, bemqambela. Wabe uthola ukujeziswa njalo ngalokho. Waqhutshwa wayiswa odongeni olukhulu, bambulalela lapho owenkosi yamaNgwane, engone lutho noluncu, ukuphela ukuba kubonwa inkosi isikhuluma kahle naye. "Soza sife siphele sigxaza amanzi thina bakwaZulu!"

Lwase luduma-ke lolo ludonga, kwabe kusabulawa umuntu wayiswa khona, kushiwo nokushiwo kuthiwe, "Muyiseni kwaMatiwane." Nanamhlanje lusaziwa lolo ludonga; noDingane futhi waphonsa amaBhunu amaningi kulo.

UMphambani, inkosi yamaKhambule, amaNcube, abafekethiswa ngokuthi "amaZilankatha", wathi uba abone ukuthi isilwane esiwuShaka sivukile, wabutha abantu bakhe, wahamba weza ngaseningizimu. Wahamba wahamba waza wafinyelela ngalapha eMngeni, ngaseMpolweni. Waxoxa-ke nabantu bakhe, wabalandisa onke amasu okulwa empini; wabalandisa okokuthi impi isibadinile, abasayithandi. Emva kokukhuluma nabantu bakhe, wavunula ngemvunulo yonke yakhe yempi, wahloma isihlangu sakhe, wathi, "Ake nginitshengise ukulwiwa kwempi ukuthi kwenziwa njani." Washo eziphonsa kwesikhulu isiziba. Emuva kwesuka abaningi, benza wona lowo mhlola nabo. Kwasokusuka abasengqondo babavimbela bonke ababalandelayo abayakuziphonsa esizibeni. AmaKhambule agcwele eSwazini, amanye akhuphukile aya ngaseKoloni, ahlakazekile ezweni lonke.

Isahluko 26

UKUHLASELWA KUKAMACINGWANE

Ngoba kwazi abantu bonke ukuthi uMacingwane kaLubhoko waseNgonyameni wabe isilwane esibi esasibulala nabantwana baso, ebulala bonk'abantu, engancengi muntu; enamandla futhi nasekunqobeni ezinye izizwe. Kepha kwathi uba kuvele uShaka waqala ukuthiyeka, lokhu wabekade elwa noSenzangakhona, amxoshe, kucitshwana ngemikhonto, kuthiwe, "Hhoyiye!" kubuye kuyekwane. Kwathi-ke uba kuqhamuka uShaka kwaba ngokunye, akwaze kwafana nalokho kokuqakuzana.

UMacingwane wab'enamandla ngempela. Nguye owachitha umuzi wakwaNdlovu, uMpongo kaZingelwayo; wachitha uLembede kaNdima wakwaBayeni, bebanga. Sekuhambe kwahamba-ke namuhla kwafika inkunzi enye elivukana, ngoba endala lena ingebe isahlangabezana nevukana.

Waxabana-ke uMacingwane noShaka. Balwa impi enkulu eyesabekayo. Okwaze kwathi ekugcineni wahlulwa nya uMacingwane, wanqotshwa okokuphela.

Kuleyo nkathi base befikile abelungu etThekwini, oMessrs. Fynn (uMbuyazwe weTheku), noWohlo (u-Ogle), noPopham (uFebane kaMjoji), noCayine (uyise kaNanise); ababefike ngendlela yokuhweba, futhi uMbuyazwe lowo wabe esefikile kwaZulu, ehambele enkosini.

UKUHLASELWA KUKAMACINGWANE

Nakuleyo mpi njalo nguye okwathi lapha uShaka esexosha uMacingwane, wahamba kunye naye, waya wafika le emaMpondweni, ehamba kanye noZulu. Lapha uShaka wafika wamshiya khona nenye impi, waba nguye umbonisi walelo zwe, njengoHulumeni wakhona. Mdla sekuthi esebuya, basebemqambe izibongo zokuthi, "UMbuyazwe weTheku, uJojo ovela emaMpondweni." Kodwa uShaka wafika wathiyeka emaMpondweni. Wahlehla nyovane, washiya umngcele wezwe lamaMpondo, wamisa khona; waguquka nempi enkulu washiya yena uMbuyazwe weTheku enguHulumeni walelo zwe (1828). Wakha wahlala izinyanga ezithile, ekhonzile enkosini. Wab'ekhona nangenkathi yokushona kukaNandi unina kaShaka, ekhonzile njalo (1826).

Abelungu laba uShaka wabanika izintombi zomndlunkulu zaba amakhosikazi abo. Bazala kubo abantwana abaningi, asebe izizwe ngezizwe namhlanje. Kodwa nokho lezo zizwe zisabizwa ngazo njalo izibongo zawoyise. Bahluke ngokuba mhlophe inganti bamnyama ukuphela.

Isilwane leso esiwuMacingwane, esasibulala kakhulu abantu kanye nabantwana baso, sakwazi ukufa kalokhu ukuthi kubuhlungu, sabaleka saza saya kufinyelela le ensikeni, kwaMamangalahlwa, sibalekela ukufa, sixoshwa nguShaka. Kungathi wabe esekhohliwe ukuthi kade wayeqeda abanye kunye nezingane zakhe.[1]

UShaka wab'enamabutho amaningi. AmaWombe (ontanga yakhe), iSiklebhe, uKhokhothi, uMbelebele namanye amaningi engingewaqede.

Nanti ihubo lakhe inxa sekuzakubulawa amagwala:

"Hho! Hho!
Khethan' amagwala!"

Onke-ke amagwala abulawe kabi inxa sekuhutshwa lelo; abanjwe umuntu, aphakanyiswe ikhwapha, abe esehlatshwa njengembuzi, kuthiwe kuye, "Ake uwuzwe, nanko umkhonto owubalekelayo!"

---

1. UMacingwane kaLubhoho wabe enolunya olusabekayo. Wabulala uNdabezimbi noMqayana amadodana akhe, kanye nabanye abaningi: ebabulalela ukuthi uyabona ukuthi bazawuthi uba babe amadoda, babange naye. Nalona owabe ethathe uMaSijula unina kaZimema, wabe eyakumbulala naye ukuba uMacingwane wabe esabusa ekhaya, yingokuba wabe esezula ezintabeni, ebalekela uShaka.

Izizwe zanyakaza zonke, kwezwakala ukuthi ifikile ingqwele namuhla. Kwabe lapho sebembonga bemhhawuza, bethi:

> "Ilembe eleqa amanye amalembe ngokukhalipha,
> UNodumehlezi kaMenzi.
> Isixhokolo esingamatshe aseNkandla,
> Aphephela izindlovu uba liphendule.
> UDlungwana womBelebele,
> Kwaze kwas' amanxuluma esibikelana.
> UShaka ngiyesab' ukuthi nguShaka;
> UShaka kwakuyinkosi yaseMashobeni.
> Isidlukula dlwedlwe. Siyadla, sidlondlobele,
> Sibeke isihlangu emadolweni."

Yebo phela nami ngingeziqede, funa kuphele iphepha lonke yizo.

Washo-ke kalokhu, esebagwiyela, echwaya, wathi, "Zulu, mabahambe, bofel' endleleni. Kuqubul'izulu nomhlabathi. O! O!" Kwezwakala ukuthi kusho indlamadoda.

Isahluko 27
UKUCHITHEKA KUKAQWABE

Angizwa sixabo esikhulu kangakanani, ngizwa ukuchitheka nje, kokuba uShaka wabe edlongophele phezu kwezwe. Kodwa okwaziwayo ngokokuthi uSenzangakhona wabe efana neduna nje kuQwabe, engaphansi kukaQwabe. Yikho lokho okwenza ukuba kwezwakale izwi lokweyisa uShaka eyiswa nguPhakathwayo, elokuthi kuShaka, "Iya! Ini yona igamathandukwana, elithi livuba liphathe ingxwembe ngalapha, umcaba ngalapha: kusondele inja, liyishaye ngekhanda!" Lokho kuthiwa uPhakathwayo wakusho ngoba emdelela uShaka, emethuka. Kodwa siyazi kahle ukuthi inxa kusalwiwa, kucitshwana, nasesisindweni somuzi, wabe engaphansi kukaQwabe uZulu, babengalingani.

Kuthiwa wathi uba ayiphake lapho umfo kaSenzangakhona, mdla eseyiqondisa kuPhakathwayo, wabeka izwi elokuthi, "Nize ningambulali; anombamba nimlethe lapha kimi." Kepha kwathi ngobukhosi obukhulu kangakaya obabu kuPhakathwayo, banela ukumfica nje abakwaZulu wabethwa luvalo, wafa, bengakamphathi nokumphatha ngezandla.

Izwe lonke lazamazama kalokhu, lesaba uShaka. Yiso leso-ke isikhathi sokubaleka kukaNqetho umfowabo kaPhakathwayo, esekhuphuka eqonda kwelisentshonalanga, mdla ehamba enza izivivane eziyizinqwaba zamatshe, okungadluli muntu noyedwa kuzo engalicoshanga phansi itshe waphonsa kuleyo nqwaba nanamhlanje. Abaningi kabazi ukuthi lezo zinqwaba zaqalwa ngubani. Ngiyabatshela-ke namuhla ukuthi zaqaliswa nguNqetho lowo inkosi yakwaQwabe, ebalekela uShaka. Odlula esivivaneni lapho, kambe, kuthiwa kacoshe itshana libe linye, aliphumesele ngamathe, aliphonse khona, anduba adlule ahambe. Ucela inhlanhla ngalokho kwenza. (Kungathithi kuwumkhuba wamaHebheru lowo).

Kuleyo nkathi kwanyakaza abantu abaningi, bebaleka. Kodwa abanye bahlala nje, babhekisa amakhanda phansi, kwaba lukhuni ukushiya izindawo zabo. Bathi abangenasibindi babaleka.

Nango-ke uSonyangwe kaKhalimeshe wakwaZulu, ebutha isifunda sakhe, ebaleka phakathi kobusuku eyakungena ehlathini elikhulu, Ongoye. Wahlala ecashile lapho kanye nabantu bakhe. Kwanqunyiselwa ukuba ungalingi ubaswe umlilo; ihlatshwe qede inkomo ifukuthwe igevwe, ingaphekwa, ingosiwa. Ngoba inxa kuke kwabaswa umlilo funa babonwe ngabakwaZulu, bababulale. Ngalokho bavama ukuhamba ebusuku, kuthi emini bacashe. Baze baluwela uThukela nayo yonke eminye imifula, baza bafinyelela kwaKhwela (e-Otto's Bluff), lapha bake bafika bahlalahlala khona iminyakana engemingaki. Umfula uMngeni lo babewubiza ngegama lokuthi "uMsonganyathi". Anduba badlulele eMzimkhulu, lapho besakhe khona nanamhlanje. Ukubizwa kwabo kwaso kuthiwa "amaBhaca", ngoba babhacele abakubo kwaZulu. Nanamhlanje iyigugu elikhulu kowakwaBhaca inyama eluhlaza engosiwe, engaphekiwe: bathi imnandi idlula eyosiweyo nephekiweyo. Inxa ungalifukuthisanga iBhaca, ulipha inyama evuthiweyo yodwa, ungaba ulincishile.

Kakho noyedwa owancibilikayo ngalezo nsuku zokuhlaluka kukaNodumehlezi. Izibongo zakhe kambe ababembonga ngazo inxa egwiya, iqhaw' elikhulu likaSenzangakhona, owabonwa nguyisemkhulu uNdaba ukuthi uyakumzala oyakuba yinkosi engaphezu kwamanye.

Nanti ihubo likaShaka, lokuthi:

"Waqedaqeda izizwe:
Uyakuhlaselaphi na?
Hhe! Hhe! Eya E-e!
Wahlul' abafo:
Wahlul' izizwe."

Isahluko 28
UKUCHITHEKA KUKAMZILIKAZI

Bonke bayazi ukuthi uMzilikazi kaMashobana wabe enamandla kakhulu. Kepha kwathi mzuku esesungulwa nguShaka kwaphela konke lokho, yamudla inyoni edla ezinye. Kodwa-ke wathi uyalwa yena. Kuthe noma esebaleka, wamphelezela ngayo impi waya wamfikisa kude.

Bekuthi inxa esephakathi komkhumbi wakhe, eyithetha, luthi lungawa phansi uphaphe lwakhe lwendwa olusuka emqheleni wakhe ekhanda, lungasuka emqheleni lume phansi lutshikize asho-ke athi, "Sengimphethe, mabandla kaMjokwane kaNdaba:

> 'USalakutshelwa, uSalakunyenyezelwa.
> UBhidi limathetha ngezinyembezi,
> ElinjengelikaPhiko waseBulawini.
> Inyathi ehambe isengama amazibuko;
> Enjengomzingeli wakuMamfekana.
> Ozithebe zihle uMjokwane;
> Ezidliwa ngamancasakhazi.
> Owadla umfazi umkaSukuzwayo;
> Wadla uSukuzwayo nendodana,
> Wadl' uMabebetha koNokhokhela;
> Wadla uMsikazi kwoNdimoshe,
> Ingabe ubeyokwenzani kwaMasamlilo,
> Laph'imihlambi yabantu iselayo?
> Owadl' imfe zimbili, kwaSondombana,
> Ikhambi laphuma lilinye.
> UMashwabada kaMaqanda noNsele,
> Owashwabadela izindlubu zakwaMudli namakhasi.
> Obengayi bandla, obengayi maduneni;
> UbenjengoVimba wakuMangwekazi.'"

Ubethi inxa esebonga uyise esho njalo uShaka, impi yonke yakhe ingenwe luhlevane, bavevezele abantu, sebethukuthele osongathi bangayibona isikhona lapha impi, balwe, bafe kanye. Emva kokubonga kwakhe asho lona elikhulu likayisemkhulu, elokuthi, "UNdaba uyinkosi lo!" Lapho-ke babile nje abantu, sebefe ukuthukuthela. Kwesinye isikhathi baqabuke sokuqhamuka yona inyandezulu phakathi kwabo. Lapho-ke impi yonke ishaye izihlangu, ikhuleke ithi, "Bayethe!" Ngoba phela inxa uZulu eke wahlabelela lelo, lihloma noma libalele, ngisho nanamhlanje.

UZulu wamphelezela uMzilikazi waza waya wamfikisa kwelinganeno kwelaseMashona. Wabuya kude impela. Kanti lapho uMzilikazi wafika wathola khona izinqaba zokuphephela. Wabuyela emuva uZulu (1826).

Isahluko 29
UKUCHITHEKA KUKANOMAGAGA

UNomagaga kaNsele, inkosi, yaseMakhuzeni, owazala uMiniso, uMiniso owazala uKhukhulela, uyise kaMsikofili, wabe akhe ngalapha entshonalanga koMzinyathi, lapha sekwakhe khona umuzi wasePomeroy namhlanje, eduze kwezintatshana ezingakhona, eMngeni. Lapha bathi abaseMakhuzeni bezihlalele nje bengazi bethuka befikelwa luyaba lwempi ngenkathi yasekuseni. Yona ngokwayo impi yayiqonde ukubafica ekuseni ngovivi; kodwa kwathi ngokudukelwa yindlela, bengayazi, baduka, baza basizwa yiqhude lenkukhu, elakhala sokuzakusa, elona labaqondisa lapho umuzt omkhulu waseMakhuzeni wakhe ngakhona. Nazo-ke, niyazizwa izibongo zikaShaka, zokuthi: "Owaya ngomnyama kuNomagaga, lafik' iqhude lamvimbela."

Kushiwo ngoba iqhude labavusa, bazakubulawa bengazi lutho, besalele.

Yabafikela kabi abantu impi ekuseni, bebengayazi. Nokho alwa amaKhuze phezu kwalokho. Yababulala kakhulu abantu. Kulapho kwalimala khona uKhukhulela esengumntwana.

Lapha bekufuywe khona inkomo kambe, umuntu ubeba uzikholisile kwabakwaZulu. Kunjengokuba kube kuthi ungafuya kakhulu, uqanjelwe nangowakwenu amanga, enzel' ukuba ubulawe, khona ezawusala adle abantwana bakho. Akuthande kalokhu, akwazise ukuthi ungowakwabo.

Yileso-ke isisusa sokuba izinkukhu zibulawe ngabantu bonke, ngenxa yokuba ziletha impi. Abantu babezifuyile nje kakhulu, beyibiza ngokuthi "inswempe", "inkwalindanyana". Ukuthi "inkukhu" lokhu kusuke emkhubeni wayo lapha ibiza amazinyane ayo, neqhude libiza ezinye, lithi, "Kuku, kuku," basebesho-ke abantu ukuthi inkukhu, ngoba kusho yona.

Kepha angazi ukuthi abakithi laba babeyifunyenephi inkukhu, futhi lezo ezazifuywe ngabantu akusizo lezi esizibona namuhla; zazizincane kakhulu lezo, zifuyelwa ukuhlabela izingane eziphethwe umkhuhlane.

Ithi ingane ingakhwelwa umkhuhlane ihlatshelwe yona, iphunge umhluzi wayo, kube ngcono. Lokhu nakhu sengibona nanamuhla kufika abelungu kuleli, benza khona lokho okwakwenziwa ngabakithi mandulo.

Pho! Angisho lutho, madoda, zonke izinto ziyafana, nabantu bonke bayafana. Endulo abantu bakithi babepheka ngamaseko amathathu, nampa nabelungu befika namabhodwe akubo anamasondo amathathu. Okuthathu kuqinile kuthe ngqi, kunjengokuthi, "UYise, neNdodana, noMoya Ocwebileyo." Isigxobo sokuqala siyabethelwa siqine, Kepha kuthi uba kufike esobubili siqinise esokuqala; lesi-ke esesithathu siqinisa esobubili, bese siqina siba umankonkonko lesi esaphambili, sesiqiniswa yilesi sesibili nesesithathu. Nakofakazi becala kunjalo: inxa owokuqala ekhumula izwi eliqinisileyo lizawuqiniswa ngowobubili, athi owesithathu abhijelele, besokuma kuqina kuthi nko.

Isahluko 30
UKUQINA KOMBUSO KWAZULU

Kwaba njalo-ke ukuhlaluka kukaShaka kuleli elisenzansi ne-Afrika. Kafikanga ebhekiwe, kodwa wafika engazelelwe; wafikela phezu koMbuso ongemkhulu wakwaZulu, ongaphansi kweminingi emikhulu kunawo. Yena wafika wawuvusa owakubo, waba ngaphezu kwayo yonke imibuso eyabe imikhulu; bathi labo ababenamandla phezu kukayise nawoyisemkhulu, wabehlisa wabayisa phansi. Lokho-ke kwaba umhlola omkhulu nje owesabekayo. Kantike yilo lelo-ke izwi elikhulu elaselitshelwe uyisemkhulu uNdaba, ukuthi, nguye oyakuba yinkos'enkulu yedwa, ngoba kuyakuhlaluka enzalweni yakhe oyakubusa izwe lonke elisenzansi ne-Afrika.

Munye qhwaba uMbuso angazange ewuphazamise uShaka, owaseMbo kuphela; wabethi uZihlandlo ngumnawa wakhe; nguye kuphela owamvumela ukwakha isigodlo, azibusele ngokuthanda kwakhe, ngoba engumnawa wakhe. Ngalokho bonke abantu bezizwe ezinye bavama ukutholwa eMbo.

UZihlandlo noSambela umfowabo babethandana kakhulu; noZihlandlo emazisa kakhulu uSambela, emenza oyinkosi enkulu kunaye, nakuba uSambela lowo elama uZihlandlo emhlana kunina munye nakuyise wabo uGcwabe kaKhabazele kaMavovo, abantwana beSwazi elikhulu. Bona babethandana phansi naphezulu, bahlukene ngamakhanda kuwukuphela.

Ngakho-ke, inxa umuntu ezwa, ebuka ukuhlaluka kukaShaka, angesho ukuthi wazalwa nguSenzangakhona noNandi nje, engabukisisa ukuthi wabe isehlo esehla phezulu, esafika lapha ngamabomu ukuba kuzohlanganiswa izwe libe linye, liyeke ukuba amanhlalunhlalu lokhu, libuswe muntu munye, kungabi ukuba abe yilowo azenzele akuthandayo. Lawa mazwi engiwakhulumayo afakazelwa yindaba yokuba uNandi engabonanga eba yinkosikazi kaSenzangakhona, nokuthi wanela ukumitha nokuba amzale kaze ahlala naye njengenkosikazi nengane yayo, ukuphela ukuba abe ngumntwana kaninakhulu yedwa. Noyise futhi kabonange ehlala naye, waba ngumntwana wawoyise abanye abangamzalanga; lokhu eze wathi uyise mdla esemkhumbule umntanakhe, kwaba usuku lokuba eseyakuzithathela ukufa, inganti ube engakasondeli esangweni lokufa. Ake nibheke ukulangazela kukaNandi, elangazelele ukuhlangana noSenzangakhona, engabonange embona ngeso. Bhekani ukuhlangana kwabo kokuba bahlangane qede kube sokuphela ngokuhlala kwesisu kuNandi sikaShaka! Abaphindanga bahlale ndawonye, kwaphelela khona lapho esihlahleni. Ngithemba ukuthi nengane ebhibhidla amazinyo iyakukubona ukuthi, lokhu kwakuyisenzo somkhuba owenzelwa ukuba kuhlaluke umnini waleli zwe lase-Afrika.

    Mina ngokwami angisho ukuthi uZwide uzenzele ngokwakhe ukuba abulale uDingiswayo; ngithi, uZwide, eyinkosi enkulu enamandla amakhulu kangaka, waqhutshwa inhliziyo yokuba kuvele lokhu, wambulala-ke uDingiswayo engenalo nelincane icala, enzela ukuba kulimale yena khona kuzawuhlaluka lobu bunye. Wathi-ke, ethemba amandla akhe amakhulu, wazilimaza ji, engazi ukuthi onke amandla omuntu anawo aqhamuka kuMunye wonke, hhayi ababili, nguNkulunkulu kuphela. Kwenzeka lokho ngo-1820.

Isahluko 31
UKWENDA NOKUFA KUKANANDI

UNandi, eyinkosazana kaMbengi weNguga, inkos' enkulu yaseLangeni, wanela ukubona ingane yakhe isikhulile, ehlezi ekhaya kubo eyintombi, wahamba waya kwendela kuGendeyana isikhulu sakwaQwabe, lapha wafika wazala khona uNomcoba inkosazana, noNgwadi umnewabo, emzini wakwaWambaza. Kakucabanganga ukuyakwendela kuSenzangakhona, lapho esazala umfana khona.

Wahlala-ke kuGendeyana lapho endile; kwaza kwathi lapha uShaka eseyinkosi kwaZulu, unina wabuyela kundodana, ehamba noNomcoba; kodwa uNgwadi wasala wakha umuzi wakwaWambaza njalo, waba ngumnumzana nje ophethe lowo muzi, noma engasekho uyise.

Inkosi uShaka phela wab'engenawo amakhosikazi yena njengoyise, wabe nomndlunkulu kuphela, engafuni ukuzala, funa amadodana akhe aze abange naye ambulale engakabufezi ubukhosi bakhe. Wabe enza lokho okwakwenziwa yinkosi yakwaMthethwa, mdla ibulala oTana noGodongwana (owabuya waba nguDingiswayo); nanjengalokho okwakwenziwa yinkosi yasemaChunwini, uMacingwane, owabulala uMqayana noNdabezimbi, nabanye, engithi basinda ngokulambisa. Ngalokho-ke indaba esiyizwa iqinile ngeyokuthi, kwathi ukuba angazali njalo, nokho yaba khona intombi yakwaCele eyamzalayo umfana. Kepha lowo mntwana wazinge efihlwa njalo ukuba angabonwa yinkosi, ngoba izakumbulala. Kuhambe kwahamba uNandi emfihla njalo umntwana, waza wabonwa. Kepha uNandi wameqisa umntwana lowo kanye nonina intombi yakwaCele. Kwathi ngokuthukuthela kukaShaka, ukuba unina amfihlele ingane benoMaCele, wamgwaza ngomkhonto unina, kodwa kazashesha ukufa uNandi. Emva kwalokho esemgwazile waphinda kwaba buhlungu kundodana, isibona okubi ekwenzileyo, yazikhalela kakhulu. Kwasokufihlwa lokho ukuthi inkosi igwaze unina ngenxa yokuba imfunyanise edlalisa ingane ezelwe nguMaCele, umndlunkulu.

Kepha uMbuyazwe weTheku (Mr Fynn) uyakuphika lokho, uyaqinisa ngempela, uthi, inkosikazi yabe igula ihuda igazi. Asazi-ke lapho ukuthi yikuphi okuyisiminya. Kodwa umuntu angangabaza, mhlawumbe, athi, konje umlungu lona abakwaZulu babengahle bamtshele isifuba sakubo khona kwakwenzekile lokho na? Mina ngibona ukuthi wamgwaza ngempela.

Ezintombini zomndlunkulu bekuthi ese isoleka ngasenkosini ukuthi nga inesisu, inikwe uMpande, kuthiwe kamzalele, yena ezalayo. Kunjalo-ke ukuba uMonase, inkosikazi enkulu kuMpande, unina kaMbuyazwe noMantantashiya, noMkhungo noBathonyile, wabe ngumndlunkulu kaShaka naye; kwathi ngesici esithile esingaqondakali, inkosi yamabela yena umfowabo ukuba ayizalele. Yikho lokho okwasusa umbango wawoCetshwayo noMbuyazwe.

Kwakuthe ukugana kukaNgqumbazi wakokaMbhonde wakwaZungu, inkosi (uShaka) yathumela kuTshana, yayakucelela umnawa wayo uMpande, ukuba athathe le ntombi. Kwathi ngokuvuma komnewabo lowo, uShaka wakhipha izinkomo walobolela umfowabo uMpande. Nansoke, niyayizwa indlela yokuthathwa kukaMonase inkosazana yakwaNxumalo, ukuthi wabe isixebe sikaShaka, Kepha wagcina ngokumabela umnawa wakhe uMpande; wazala kuye uMbuyazwe noMantantashiya noBathonyile kanye noMkhungo. Kuthe uba bakhule nje abantwana laba, oCetshwayo wakokaMbhonde, noMBuyazwe wakokaMntungwa, waqala uyise ukukhuluma ziningi, wadla amazwi akhe kalokhu, waqala ukuveza amazwi abekade engekho, okuthi, inxa ekhuluma nabantu, "NguMbuyazwe omkhulu, amzele kunkosikazi yomnewabo uShaka." Kwabe lapho uZulu engakuvumi lokho. Njengokuba namaBhunu, ewona ambekayo, azi uCetshwayo, owanqunywa indlebe ngamaBhunu amenza uphawu, ngoba phela kwathi mdla uMpande ebuyela ekhaya kwaZulu (ekade eqile kwaZulu ebalekele uDingana, ngo-1830), mdla esephelezelwa ngamaBhunu, athi kuhle awakhombise oyinkosana yakhe phakathi kwabantwana bakhe bonke. Ngalokho uMpande wawakhombisa uCetshwayo; abe esemsika idlebe amenza uphawu. Kepha inkosi yabe seyikhohliwe yilokho konke, seyithi kubo bonke abayiphendulayo, beyiphikisa, ithi, "Anazi yini ukuthi uCetshwayo ngimzele, uyise umuntu nje? Aniqondi yini ukuthi umuzi lo ngokaShaka na? Qha! NguMbuyazwe inkosi, ongokaShaka."

Kepha abanye bakwaZulu bayakuphika konke lokho kukhuluma kwenkosi, bathi, inkosi yabe ingaqinisile nakukho lokho, kokuthi inkosi nguMbuyazwe, yena engokaShaka. Bathi inkosi yabe ithanda ukuba laba esebe amadoda baxabane babulalane, kumbe kungasala uMthonga, yena engowakwaNomantshali, yena eyabe imthanda kakhulu. Ngoba kwakuthi ngenye inkathi, ngamdla inkosi ithanda ukukhuluma, isho nje kwabanye, ithi, inkosi nguMthonga, eyamzala isiyinkosi; abasibo abangaba amakhosi laba ebazele isengumuntu, ingakayidli imithi yobukhosi.

Isahluko 32

AMAKHOSAZANA KAJAMA

Inkosazana enkulu kaJama nguMkabayi, oyena emkhulu kunawo onke, alandelwe nguMawa noMmama. Kungathi laba bokugcina babe amawele. Kepha uMkabayi lo nguye omkhulu kunabo bonke, noSenzangakhona esemncane wake waphathelwa nguye uMkabayi umuzi wakwaZulu, uyena nkosi kwaZulu kunoSenzangakhona.

Umuzi wakhe kuseBaqulusini, umuzi wenkosazana. Kwathi noma uSenzangakhona esekhulile, esemnikile ukuba aziphathele, nokho kwaba nguye udadewabo lowo owabede emluleka ezindabeni eziningi zomuzi wakwaZulu. Kepha uMkabayi wabe evame ukuba nolaka, ebulala futhi kubantu. Nanamhlanje umuzi waseBaqulusini usemi khona, namakhosi akwaZulu abusa ngawo, awubekela izinduna zokuwuphatha.

Unyana wabo uMawa nguye osekade wawela kusabusa uMpande, wawelela lapha esiLungwini ngesici esithile esingaqondakali; wawela nabanye abathile bakwaZulu. Indun' enkulu kwakuwuMangena kaNokuphatha wasemaNkwanyaneni, owabenesifunda sakhe kwaZulu. Wemuka qede uMangena abakwaZulu bamhaya igama lokuthi:

> "Sizwa beth' uMangena uthwel' imbizayamanzi.
> Bamshaya ngesiswephu esiswini,
> Wagaqa laza lashon' ilanga.
> Zinkomo! Eya! Hhe!
> Azibuthan' izwe lonke, useshilo."

Wafika wakha lapha eMvoti uMangena; inkosana yakhe kwaku uBobiyana, owabe ebuthwe Ekukhanyeni ukufika kukaSobantu ngo-1856, thunywe nguKhwini phesheya ukuzakubonisa izwe laseNatal, abe nguMbhishobhi wakhona.

UMangena, kambe, wabe ngomunye wabanumzana bakwaZulu ababaleka beza lapha esiLungwini ngezindaba zabo ezithile ezingayolile eMbusweni. Ngoba baningi ababethi befika lapha babe besola, bethi, "Bengibulawa, ngingone lutho noluncane," kanti umuntu lona ukhuluma lokho njalo, ubeyisigangi esibi esigila imikhuba emibi; omunye kanti uthi, "Bekuthiwa ngiyathakatha nje," nembala beku umthakathi wezigodo ngoqobo. Anele ukufika ahlale lapha, sithi singakabi side isikhathi efikile, aqale ukuyenza imikhuba emibi axoshelwe yona. Akusizo zonke izikhulu, akusibo bonke abanumzana, akusibo bonke abantukazana, ababebaleka bezawubulawa bengenacala; lokhu sesiyakwazi namuhla, ukuthi, bonke labo babexoshwa yimikhuba yabo emibi ngempela.

Phakathi kwezikhulu ezazifika lapha zithi ziphunyuke zibulawa, aziziningi ezafika lapha zingenasici. OSogweba kaMasekwana kaMenyelwa wakwaNtuli, umfowabo kaMbuzo, (owasala yena akhile kwaZulu ngalaphaya kwelaseQhudeni). Uze wafela khona lapho eQhudeni yena uMbuzo. Kodwa umnewabo oyena eyinkosi kaMenyelwa, uSogweba, washiya ubukhosi bakhe kwaZulu, eyinduna kaThulwana (intanga kaCetshwayo). Kuleyo nkathi kambe wabe ungakaveli umbango omkhulu wabantwana (1856).

Siyabazi nje oDikida kaMgabatshe, naMazunge kaMthezuka wakwaKhumalo; nawoMadamu wakwaNtuli nawoKhayana kaZiweweni wakwaMkhize. Kodwa asikwazi abakubalekele kwaZulu.

Isahluko 33
UKUFA KUKANANDI

Ezindabeni zonke zakwaZulu ayikho eyaka yabambi, yankulu kunalena yokufa kwenkosikazi unina kaShaka. Kuthiwa kwath'uba ibikelwe inkosi ukuthi seyigodukile indlovukazi, yaphuma endlini nesihlangu sayo, seyivunule; yaphuma qede yema phandle, yasimisa phansi isihlangu sayo. Yema yathula yathi nya; kwehla imvula yezinyembezi kwaba ukuphela. Kuthule kwathula inkosi yezwakala kalokhu, yadazuluka ngezwi elikhulu, yathi, "Maye ngomame!" Wo! Kwezwakala isililo esikhulu kubantu bonke lapho ekhaya, bekhala, bethi, "Maye ngomame!" abanye bethi, "Maye, babo!" basho kwazamazama umuzi wonke. Kwakhalwa kwaza kwasa kwathi ngangomuso kwaba esikhulu isililo, abantu befika bevela ezindaweni zonke abeza esililweni.Nangalelo kwalilwa kwaza kwahlwa. Bheka-ke izwe likhulu kangakaya! Kube yilokhu kuse phansi abantu befika belila, kuze kusize yona inkosi ukuba ike yenza ikhefu lokumemezela itshela izinduna, ukuthi, abantu ake bathule baphumule kancane. Nembala-ke kuke kungathi kuthi lothololo isililo ngesikhashanyana; kubuye kuvuswe yimingenela yezifunda ezifikayo, abantu befika belila bememeza; bathi la sebephelelwe yizinyembezi, bathele ugwayi emehlweni. Ngoba kwakukhona izinhloli ezihambe zibheka abangaphumi izinyembezi, babulawe labo.

Kwema lokho, kwaza kwadlula izinyanga, kulilwa njalo. Lokhu niyazi nasekukhwezweni kwesidumbu kwavela usizi olukhulu impela, ngoba inkosikazi yayingembelwe yodwa, kwakufanele ukuba imbelwe nabantu, izinceku zesilisa nezesifazana, labo abebehlala nayo, beyipha ukudla nabebeyandlalela nabebeyiphekela. Yambelwa nesizwe nje, abantu bembelwa bezwa, bengafile. Hhayi-ke kwaza kangathi kungaguquka unyaka, abantu bengasayi ezindlini zabo, ofunyanwa elele endlini yakhe, makafe nokufa; ngoba wenzelani ukuyakulala kwakhe kusafiwe na? Kuphothulwe nini? Owesifazana ofunyenwe emithi, kafe nokufa kanye nomyeni wakhe.

Kuthe-ke mdla sokuphothulwa, indun'enkulu uNgomane kaMqomboli wamemezela kalokhu emkhunjini omkhulu wabantu ababutheneyo wathi, "Yebo-ke namuhla izwe liyicelele indlovukazi ukuba lidlozi elihle eliyakubonisa umuzi wakwaZulu. Bonk' abantu mababuyele emakhaya kalokhu, bazale; badle amasi abo."

Bahlakazeka-ke bonke babuyeJa emaphandleni. Kwafika isikhathi sokulima; kwalinywa njengaseminyakeni. Kwavuthwa ukudla. Safika isikhathi sokushwama; kwaba njengeminyaka eseyadlula.

Bonke abasinda kuleso siphithiphithi kambe bazibonga impela: ngoba umuntu wabe eqabuka efa nje engazi lutho, engone lutho noluncu. Kwakuya ngenhlanhla nje kulowo osabhekwe elakubo.

Isahluko 34
IMIZI YAKWAZULU

Nanka amabizo emizi yakwaZulu; kwaNobamba, eSiklebheni, kwaBulawayo, (kwaGibixhegu), eMbelebeleni, kwaDukuza, kwaKhangelamankengane, Ekukhetheni neminye engingayiqondi kahle. Lowo wakwaNobamba ngokaSenzangakhona kanye nowaseSiklebheni. OwakwaBulawayo lo wathathwa kuMzilikazi kaMashobana wakwaKhumalo, owaxoshwa nguShaka, wabaleka waya le enhla ngaseMashona. Leli elokuthi kukwaGibixhegu kushiwo yena uMzilikazi, kuse yiwo owakwaBulawayo lowo, njengoba naseMashona lapho usabizwa ngalo elakwaBulawayo. OwakwaDukuza nowakwaKhangelamankengane ngekaShaka. Lo owakwaDukuza wabe wakhile lapha eBhodwe (Port Natal), osekubizwa kuthiwe yiStanger namuhla, khona kulowo muzi ngempela. Wabe uligugu kumniniwo lowo muzi, kulapha abafowabo bambulalela khona, (njengoba nizakufika lapha ngenzansi niyizwe leyo ndaba). Lo wakwaKhangela wabe wakhile ngalapha eSouth Coast Junction lapha sebethi "Congella". Basayibiza ngalo elidala elaqanjwa nguShaka. Leli elokuthi "Khangela" kambe, wabe esho elokuthi lo muzi wakhelwe ukukhangela amankengane. Inkengane elalihlupha kakhulu inkosi labe linguMnini inkosi yasemaThulini. Nguye owahlupha kakhulu inkosi ngokungavumi ukuba adliwe izinkomo zakhe. AmaThuli kambe athi uba abone ukuthi imbube isondele, izekuphanga izinkomo zawo, azithatha azingenisa othungulwini, alihamba lonke leliya leSibubulungu, afuna izindawo ezilungele ukufihla izinkomo. Nango-ke uShaka esewakha lo muzi, wawuqamba ngelokuthi "kukwaKhangelamankengane". Kepha amaThuli anqaba nazo izinkomo zawo aze aphetha. Yibo kuphela abasemaThulini abangabonange bephangwa izinkomo zabo nguShaka.

Umsebenzi omkhulu owabe wenziwa nguShaka inxa ekulowo muzi, kwaku owokuba azinge evuka kusasa aye elwandle, ayobuka amaza olwandle. Kuth' uba kufikwe lapho, kuthiwe akube yilowo aphonse induku yakhe, khona kuzawubonakhala umthakathi; ngoba eyomthakathi ayisayikuphinda ibuye. Lowo-ke, onduku yakhe ingabuyanga uzakufela khona lapho, kuthiwe uyathakatha. Okuqinisileyo ngamanzi, kambe, yilokhu: Inxa umuntu efelwe ngowakubo, noma umkakhe, unina, uyise, ingane yakhe kumbe umhlobo wegazi lakhe, angeke amshiye amanzi, azakumthatha. Ngalokho-ke inxa umuntu efelwe ngokunjalo, akukuhle ukuba asondele emanzini agcweleyo, noma engagcwele inxa kusesizibeni.

Elwandle lapho kulapha uShaka wathatha khona umkhuba wokubamba kwamabutho, inxa esewaqhatha empini; wakuthatha lokho, ebonela kuwo amadlambi olwandle ukwenza kwawo. Yonke imini ende kwakuyiwa lapho kuyobukwa khona lokho; kuhanjwe nokudla okuyawudlelwa elwandle, kubukwe yonke imikhuba eyenziwa amagagasi olwandle.

Kuleyo nkathi uShaka wabeseyinkosi yalo lonke elingenzansi kwe-Afrika, kungasekho neyodwa inkosi engabe isamthinta. Nalapho eThekwini njalo wabesenabelungu bakhe ababevele ngaseCape Town, ababekunye nabo laba oFynn nawo-Ogle nabanye. Ubukhosi bakhe base bugcwele buphuphuma embengeni, ebusa ngokungabonange kubuswe nguSenzangakhona uyise, noJama uyisemkhulu, noNdaba uyisemkhulu kayise, noPhunga ukhokho wakhe, noMageba uyisemkhulu kayisemkhulu, noNkosinkulu ongukhokho wawoyisemkhulu beno-Ntombela noMalandela.

Wabe uqala ukuze ube khona umbuso ongako wokuhlanganisa izwe lonke laseSouth Africa ube phansi kwamunye njengalowo kaShaka. Kungalokho-ke abantu bonke babizwa kwathiwa ngabakwaZulu. Nokho babekhona abayingcozana ababesalokhu becabanga ukuvusa umhlwenga; kuthi lokho kuvusa umhlwenga wabo labo kubuye kuguquke kube ukuzisola masinyane. Amabutho lawa ayethi angabuthwa aqede izwe, ibutho e lilinye lakwaZulu. Munye zwi umuntu owabe ehlakaniphile, uSobhuza owathi uba abone konke lokho, walala phansi, wakhonza ngolimi kwaZulu, walungisa imigede yokubalekela. Owesibili kwakunguMakhasana, inkosi yakwaTembe owathi uba akuzwe lokho, walala phansi, wazikhonzela ngolimi; waphenduka isisebenzi sakwaZulu, sokucupha izinsimba nokubulala izintshe, nezindlovu. Kuthwalwe izimpondo zazo, nezimpaphe zentshe, nezikhumba zensimba nezemithini kubulawe nendwa lena, kukhunyulwe izimpaphe zayo. Kuyokhonzwa ngakho konke lokho kwaZulu. Kwathi phezu kwakho konke lokho, amaThonga ehlakaniphile, asebenza ngamandla, azifunela imithi, yokuba kuze kuthi umuntu angawaphatha kabi, aziphindisele ngokumlumba, afe masinyane.

Nakho lokho-ke uZulu wahlasela kabili, kathathu kwaTembe, edla izinkomo; kwathi ukugcina amaThonga abona ukuthi kuhlaselwa ngoba kuzofunwa izinkomo, agcina ngokuziyeka okokuphela, azifuyela izinkukhu kuphela, azilimela izilimo zodwa, ummbila namantongomane, okunye konke okudliwayo. Lathula ngalokho elakwaTembe bengasahlaselwa, babulawelwe ize.

Isahluko 35

UKUHLASELA KUKASHAKA KWANYUSWA

Lokhu kuhlasela kukaShaka kwaNyuswa kwakungesikho ukuhlasela ngempela, kwakuwukucunuka kwenkosi nje, ngoba inkos' enkulu yamaNgcobo onke uMapholoba kaMbhele, wabe ezele amadodana amabili, uSihayo noMgabhi. Kuthe mzuku kufa uyise babanga. Kepha-ke amaNgcobo lawa abe emaningi, enezifunda eziningi. Kukhona esibizwa kuthiwa nguNyuswa, nesasesizindeni esibizwa kuthiwa nguNgongoma.

Lowo mbango wabantwana bakaMapholoba kambe waba mkhulu kakhulu; ath' ukusuka amaQadi eyona ndlunkulu kwaNgcobo; ngokwelamana kwabo, kanye nabakaTayi, bomuzi wasemaLangeni, nabasesizindeni bomuzi kaMavela, bahlangana bonke bavuna uSihayo, ongowomuzi omkhulu kaMapholoba waseNkumbeni bamlahla ngalokho uMgabhi kanyekanye, babeka uSihayo. Kwaso kuzwakala lowo msindo kuShaka, wayihlomisa, ethi uyakulamula. Kepha amaNgcobo abe engalwi, abe ebanga ukuphela. Kumdla kuvela lezo zibongo-ke zikaShaka, zokuthi:

> "Okhangele enzansi namaDungele,
> Inkomo zawoSihayo zamlandela;
> Kwaze kwalandela nezawoMafongosi.

Ebezisengwa yindiki yakwaMavela,
Kwakungabangwa lutho ngakwaNyuswa;
Kwakubangw' izinhlakuva semanxiweni:
Bethi, ntethe, ntethe, zilindeni amajwabu."

Kushiwo ngoba kwakungekho nkomo ezibangwayo. Iqhamuka lapho-ke inhlamba yokuthi, ". . . kwakubangwa izinhlakuva emanxiweni."
  AmaDungele lawa kushiwo amaDunge. Leli lokuthi, "Inkomo zawoSihayo zamlandela, Kwaze kwalandela nezawoMafongosi, Ebezisengwa yindiki yakwaMavela," kuseyiyo inhlamba njalo. Inkosi yakwaNgongoma uBhofungane kaMavela, inkosi yomuzi wasesizindeni, wazala uMafongosi, uMafongosi wazala uSiphandla, uyise kaMbozane osandukushona. UMavela ngokaMashiza, kaNdaba, kaNombika, kaGasela, kaNgcobo, iyona nkosi enkulu emzini wasesizindeni, ekunye noXhonxo, owazala uSanimuse, owazala uMdunane, owazala uDindi, owazala uSokebi, owazala uDlomo, owazala uNonyanda, owazala uMahawule, owazala uMadlenya, owazala uHhemuhhemu, owazala uLangalakhe. Laba-ke bakaLangalakhe sebahlukaniswa ngokubizwa kuthiwa amaFuze, bathi laba bakaMbozane kuthiwe amaNgongoma; inganti zingamaNgongoma zozibili lezi zifunda. Leli-ke lokuthi "amaFuze", kushiwo njalo kuzo zonke izifunda zikaNgcobo, kuthiwa "amaFuze", kodwa kakhulu lapha esizindeni, ngoba phela ngumuzi owasala emuva kaNgcobo.
  Lesi sizwe (amaNgcobo) siyezwana, siyazana futhi. Noma seziziningi kangaka nje, kuyaziwa yibo bonke ukuthi uMqedi kaDeliweyo, ongumzukulwana kaDubuyana kaSihayo kaMapholoba, uyena yedwa oyinkosi yawo onke ephela; ngisho namaShangase nawo ayakwazi ukuthi inkosi yawo nguMqedi kuphela. Ukwahlukaniswa kwesifunda sasendlunkulu kaNgcobo kuthiwa "amaNyuswa"; emva kwaso kube "amaQadi"; athi "amaNgongoma" abe isizinda. Laba-ke bomuzi waseMalangeni asebephethwe uMadoda kaBhacela kaTondolozi kaTayi kaBhebhe, bawumuzi nje kaMapholoba kaMbhele, abahlukaniswe ngalutho endlunkulu, nakuba kungathi sebehlukile namuhla.
  Namhlanje-ke sekwenezezelwe izifunda ezinye kwaNgcobo, osongathi ziyizifunda ezizimele ngokwazo, inganti qha! Akunjalo, banye bonke, inkosi yabo nguMqedi kaDeliweyo bonke. Kukhona abaseMgangeni bakaKaduphi kaNomazocwana kaNdela; nabakaNgada kaVelemsuthu, ababizwa kuthiwa amaNgathi, bendlu yokugcina kaMapholoba; nabakaSwayimane kaZiphuku kaSinqila, umntwana

61

wenkosi kaMapholoba; nabakaSotobe kaDikwayo, oselokhu (uDikwayo) wabe ebanga noDubuyana, namhlanje useziphathele isifunda sakhe njengabanye; namaShangase-ke, isifunda sikaMkheshane, owelama uNgcobo kuyise nonina.

> "Sikud'isizwe samaNyuswa namaNgcobo,
> Siphikisene noZulu,
> Siyakubathi qho!
> Indlovu iphuz'amanz'abilayo."

Nanamhlanje uNgcobo wanda mihla yonke. Asazi lapha eyakugcina khona.

Isahluko 36
EZISENCWADINI KASOBANTU
(*Izindaba ZaseNatal*: Izigaba 1–12)

Namhlanje ngizakunilandisa izindaba engizithatha encwadini kaSobantu (*Izindaba ZaseNatal*, pp. lxxxi–cxiv), ephethe izindaba ezindala.

Izindaba ZaseNatal 1
"Iminyaka seyimakhulu mathathu namashumi ayisikhombisa (Sept. 14, 1487, uthathela ku-1856 ukucindezelwa kwayo), kwafika abelungu, benemikhunjana emibili, esiqhingini esithile esincinyane, enzansi ne-Afrika: leyo mikhunjana yayisidlekile amanzi, isimidala. Baphuma abantu, bejabula ukuba bezawuphumula isikhashana, bengasezukushukunyiswa amaza agubhayo alolo lwandle olukhulu, oluhlanza amacala asenzansi ase-Afrika. Kepha kwakukhona into ababethanda ukuyiphumela kulesi siqhingi kunokuphumula. Kuleyo ndawo induna yabo yafika yenza umfanekiso ofana esiphambano, yawenza ngomuthi. Laba bantu beza ngaleso sikhathi, bezakukhuleka kuNkulunkulu beguqa phansi kwalowo mfanekiso ofana nesiphambano, badle ukudla kwenkosi yethu uJesu Kristo, bakhulumisane ngasemva kwalokho, baqinise ukuhamba kwabo. Leyo nduna, igama layo, uDiaz, yayiphume, ezweni labelungu lasePortugal, ilinga ukuya ezweni laseIndia. Leso siqhingana siphakathi kwalelo chweba, okuthiwa.namhlanje i-Algoa Bay. Base beyidlulile inhlonhlo edumileyo, esenzansi ne-Afrika, bengayiboni, bekude nezwe."

EZISENCWADINI KASOBANTU

Izindaba ZaseNatal 2
"Bathi uma bafike osebeni bathi bazawuphuma nje, bethanda ukuba bakhe babonisise kahle ukwenza kwabo, sebekhathele ukuhamba, abaningi sebethanda ukubuyela emuva. Iningi labo lase libuyela emuva. Kepha uDiaz, induna yabo, wala impela, waphika. Kepha engebahlule ukuthanda kwabo, wathi kubo, 'Bhekani, ake sihambele phambili izinsuku zibe ntathu futhi; kepha uma kuze kudlule lezonsuku, singakayizwa indaba yaseIndia nami sengiyakunivumela sibuyele emuva.' Bavuma. Badlulela phambili ngalezo zinsuku ezintathu Bafika emfuleni omkhulu, okuthiwa namhlanje yiGreat Fish River. Babona abantu abangaziyo, abangebalandise izindaba zaseNdiya, bengenakuyikhomba indlela eya khona. Wadabuka kakhulu uDiaz, eseyeka leyo ndlela ahamba ngayo emanzini; wabuyela kanye nabantu bakhe kuleso siqhingana, wafika wasigona isiphambano, wakhalela phezu kwaso, wathi, 'Kungathithi ngishiya indodana yami.' Bathi sebebuyela emuva, babona inhlonhlo leyo edumileyo, athi kuyona uDiaz 'Inhlonhlo yeziphepho (Cape of Storms)!' Kepha inkosi yakhe yathi, 'Ayi-ke! Yinhlonhlo yokuthemba (Cape of Good Hope).'"

Izindaba ZaseNatal 3
"Kwadlula iminyaka engamashumi; kwafika enye induna yemikhumbi, ibizo layo uDegama. Yagudla icala elingenzansi lase-Afrika, iqonde ukuya e-lndiya nayo. Wathi uDegama esagudla, ngosuku lokuzalwa kwenkosi yethu, uJesu Kristo, wabona izwe elihle eliluhlaza, waliqamba igama, wathi iNatal, ukuthi izwe lokuzalwa. Nanamhlanje abelungu basho njalo kulona, bathi, iNatal; kepha abantu abamnyama bathi iBhodwe.
Kwaza kwadlula isikhathi eside abantu base-Europe bengabazi abantu balezi zindawo, bengakahlali kuzona. Imikhumbi yonke, ukuya kwayo e-lndia, yayizinge idlula leyo nhlonhlo; abantu bayo behlele osebeni bathenge izinto kubantu bakhona. Labo bantu kwakungamaLawu nje. Kwathi ngesinye isikhathi induna ethile yenkosi yasePortugal, yalinga ukwenza umzana ngabantu abayingcozana, eduze nenhlonhlo. Kepha abantu bakhona bayibulala, nabantu bayo abamashumi ayisikhombisa nesihlanu, ngemicibishelo enobuhlungu, babaxosha abanye."

Izindaba ZaseNatal 4
"Kwathi ngesinye isikhathi (1620) kwafika imikhumbi yokulwa yamaNgisi. Izinduna zayo zabanga lelo lizwe lonke egameni lenkosi yase-England; ngokuba (amaNgisi) ayesezwile ukuba amaBhunu

63

azakulibanga masinyane nawo. Kepha inkosi yase-England yakudelela lokho kwenza ngaleso sikhathi, kayenza lutho lokuqinisa ngalelo zwe. Kwaza kwadlula iminyaka emashumi mathathu nambili futhi; afika (1652) amaBhunu, evela ezweni lakubo okuthiwa iHolland; akha umuzi emacaleni alelo chweba, esithi kulo namhlanje, iTable Bay. Kuleyo ndawo manje kukhona umuzi omkhulu wamaNgisi, owaseCape Town. AmaBhunu abusa lelo zwe iminyaka eyikhulu namashumi mahlanu nane. Wanda ngemihla yonke umbuso wawo. Izwe lalilikhulu, kwakungelamaLawu: amaBhunu alidla, adla abantu balo. Kepha emva kwalokho (1806) amaNgisi alwa namaBhunu, awudla lowo muzi waseCape Town, nezwe lonke lamaBhunu, enzansi ne-Afrika. Iminyaka seyimashumi mahlanu (uthathela kwamhla kubhalwa le ncwadi, 1856), laqala ukubuswa amaNgisi."

Izindaba ZaseNatal 5
"Manje kukhona amazwe amathathu kulezo zindawo abuswa inkosikazi uVictoria[1] nemizi yawo emikhulu emithathu. Lawo mazwe amathathu kuthiwa amagama awo izwe lasentshonalanga (Western Province), nezwe lasempumalanga (Eastern Province) neNatal. Imizi yawo emikhulu, amagama ayo, kuthiwa iCape Town, neGrahamstown (iHini), neMaritzburg (uMgungundlovu). Lawo mazwe omabili, elasentshonalanga nelasempumalanga, abuswa manje, egameni lenkosikazi uVictoria.[2] Yileyo nduna edumileyo (Sir George Grey), eyaka yeza ihambele kuleli zwe laseNatal, yathi ake ikhethelwe ibone ukusina kwabamnyama. UNgoza wamema isizwe sakhe ngaseMkhambathini.[3]

Umuzi omkhulu waseCape Town, umuzi ongaselwandle, onezindlu eziningi ezinhle nabantu abaningi bezizwe ngezizwe. Kepha iningi labo abelungu, amaNgisi namaBhunu. Ezweni lonke lasentshonalanga nelasempumalanga, kwakhe amaNgisi namaBhunu; kukhona abantu bezizwe futhi, abampofana, nabamnyama. Labo bantu abampofana, iningi labo, amaLawu. Kepha kasakwazi ukukhuluma kwakubo; asekhuluma ngolimi lwamaBhunu. Lokho kwaya ngoba bakhonza amaBhunu isikhathi eside, bedliwe yiwo. Yingalokho-ke basahlezi, iningi, labo, eduze neCape Town nasezweni lasentshonalanga, lapho kwakuhlezi kuqala iningi lamaBhunu, namanje lisahlezi khona."

---

1. OsekuwuKing George V namuhla.
2. LeNkosi uKing George V.
3. Namhla abuswa ngumzukulwana kaQueen Victoria uDuke of Connaught.

Izindaba ZaseNatal 6
"Kepha labo bantu bonke sebekhululiwe esibophweni samaBhunu: ayithandi inkosikazi yamaNgisi ukuba kube khona emazweni onke ayo abantu abathengiweyo; yala impela ukuba kwenzeke into enjalo; yathi, abakhululwe bonke abaphethwe ngokunjalo abantu bayo; yathi, 'Oyakwenza okunjalo, kukho athumbe umuntu, kukho athenge umuntu, kukho athengise ngaye, emazweni onke ami, uyakuba necala elikhulu kumina, izinduna zami ezinkulu zimfakhe etilongweni, zimshaye kakhulu kakhulu.' Asazi lapho adabuka khona amaLawu. Ukufika kwamaBhunu kuqala, bawafumana amaLawu ehlezi ezweni lonke elikhulu elingasenhlonhlweni. Ngaleso sikhathi amaBhunu kaz'ababona abantu abamnyama; yingokuba babakhe ngasempumalanga. Kepha landa izwe lamaBhunu, adlulela ngasempumalanga; afika kubantu bakaNgqika. Kepha, mhla amaNgisi efikayo, alidla lelo zwe lamaBhunu, ahlangana naleyo nkosi emnyama, ahlukana ngalowo mfula omkhulu, uDiaz afika kuwona, okuthiwa kumaNgisi, Great Fish River."

Izindaba ZaseNatal 7
"Kepha abantu bamakhosi amanye amnyama benza kabi. Bawela lowo mfula, bayakweba izinkomo namahhashi abelungu; kwavuk' ukulwa. Kwamenywa impi yamaNgisi neyamaBhunu, yahlasela kulawo makhosi, yazidla izinkomo zawo, ziyizinkulungwane ezimashumi mane nantathu. Abamnyama bahlasela bephindisa, bawadla amanye amazwe nezinto zabelungu. Kwaphela ukulwa (1819); kwaxoshwa abamnyama; umkhawulo wezwe lenkosikazi uVictoria wadluliselwa phambili, komunye umfula (Keiskama).
  Kwanga kuyathula iminyaka yaza yaba ishumi nesihlanu. Kwabuya kwavuk' ukulwa (Dec. 21, 1834). Amakhosi athile abamnyama, uMakomo noMhala, ahlanganisa impi yawo; ahlasela ngokuzuma; adla izinkomo zabelungu, ashisa izindlu, abulala abantu, elulekwa uHinsa, inkosi enkulu yamaXhosa, Kepha wayengekho uqobo lwakhe. Kwamenywa impi yamaNgisi futhi; baxoshwa abamnyama; uHinsa (izinkomo) wazinika amaNgisi; kepha weqa, wabaleka; baphuthuma, bamshaya ngesibhamu, wafa. Kwaphela ukulwa; umkhawulo wezwe lenkosikazi uVictoria wadluliselwa phambili futhi komunye umfula (iKei)."

Izindaba ZaseNatal 8
"Ngaleso sikhathi abantu bonke, okuthiwa amaMfengu, ababevele ezweni laseNatal, bechithwe uShaka, baya batholwa kwaHinsa, baba

abafokazana bakhe labo bantu bonke, kwathi uma batholwe amaNgisi, bakhululeka kuHinsa. Yilapho-ke lapha kwaqala khona ukuba uSomtsewu kaSonzica amiswe abuse labo bantu amaMfengu, alungise izinto zabo. Wabusa kahle phakathi kwaleyo misebenzi anikwa yona; waqala lapho-ke ukusebenza ngomusa nangokuhlakanipha phakathi kwabantu abamnyama.

Labuya lathula iminyaka yaza yaba ishumi. Kwavuka ukulwa kobuthathu (Feb. 1846). UMakomo wayesahlulekile, wazinika amaNgisi: Kepha uZandile, indodana yakhe, owayebusa isizwe samaXhosa, wavusa ukulwa. Kwamenywa impi yamaNgisi futhi; kwalwiwa ngesikhathi; uZandile wahluleka, waza wazinika amaNgisi: noPhatho futhi, inkosi enye yamaXhosa, owayeye kuSihili, indodana kaHinsa, ethanda ukuzifihla khona, kepha kwaleka lokho, wabuya wazinika amaNgisi. Kwaphela ukulwa, kwathula isikhathi."

Izindaba ZaseNatal 9
"Kwadlula iminyaka yaba mithathu. Kwavuka futhi ukulwa ngokobune (Dec. 24, 1851). Kubi lokho kwenza impela: ngabe behlezi kahle-ke abantu abamnyama, bebusa izinto zabo, bengafisi izinto zabanye, bande ekwazini konke kwabelungu, nasekulungeni konke okufanele abantu bakaNkulunkulu. Kathandi uBaba uNkulunkulu ukuba kube khona ukulwa okunjalo: nabo bonke abelungu, abathanda izizwe ezimnyama, bayadabuka uma bezwa lokho, bazi ukuba abamnyama benza ngokungazi amandla amaNgisi, nomusa wenkosikazi futhi uVictoria bazi ukuba nokho ngesikhashana, uma belwa ngokuzuma, bangenza izinto zosizi ezinye, zokudla izinkomo, nezokushisa izindlu, nezokubulala abantwana nesifazana, kepha ngasemva kwalokho ifike impi yenkosikazi, inamandla okubulala, inamabutho, nezibhamu, nombayimbayi, iqinise ngokubashaya ngecala labo. Kwaba njalo-ke nakuleso sizwe samaXhosa. Sahlulwa futhi yimpi yamaNgisi; kwabulawa abantu baso, kwadliwa izinkomo zaso; kwachithwa izwe laso. Inkosikazi yasal'isibanika izwana elinye elisha elincinyane. Konke lokho kwenzeka ngobuwula babo."

Izindaba ZaseNatal 10
"Kepha manje sokwadlula konke lokho: sesachitheka isizwe sonke leso samaXhosa. Kwesuka intombazana ethile emaXhoseni, uNongqawuse ibizo layo, yathi: 'Akuchithwe amabele onke masinyane, kuhlatshwe izinkomo zonke; ongayikukwenza lokho uyakwehlelwa isiga. Ngokuba kuzawuthi, ngasemva kwakho konke lokho, kuvuke izinkomo ezinye

kunalezi, kuvele amabele amaningi kunalawa, kuvuke umbuso omkhulu phakathi kwamaXhosa. Ngithunyiwe ubanibani: uthe angimemezele lokho azakukwenza.' Kwaba njalo-ke phakathi kwamaXhosa; benza njalo. Bawadla amabele, bazidla izinkomo; kwathi abanamaningi bawashisa, nabafuye kakhulu bazidebezela phansi izinkomo; kwadliwa, kwaphangwa. Ukuphela kokwenza kwabantu abayiziwula abathemba ize, ngasemva kwalokho bafa indlala enzima, bafa isilisa nesifazana nabantwana. Kwafika emizini yabelungu abaningi bakulabo bantu, befuna ukudla nokusebenza, sebezace befile, sokubalwa izimbambo kubona. Kepha ezindleleni kwafa abaningi, sebephelelwe amandla okuhamba. Kwabonwa izidikadika zezidumbu ezindaweni zonke, zidliwe izimpisi namanqe."

Izindaba ZaseNatal 11
"Kwathi ngosizi olunjalo kwakukhona amadoda amabili, enabafazi nabantwana. Sekuphele ukudla konke kwawo, sebebheke okuzayo ngokusho kwentombazana, lawo madoda akhalelwa abantwana bawo, befa indlala. Ngalokho lawo madoda aba nomhawu, athatha omese, azinquma, afa. Futhi kwafika abantu kuSomtsewu, abavela kulelo zwe, bamxoxela indaba, bathi: Ngobuwula obunzima basemaXhoseni, kwathi amadoda amabili athatha abantwana bawo, aya kuthenga ngabo abanye abantwana; bababulala, babadla, ngokuba babengathandi ukudla abantwana babo. Kuthe ngasemva kwalokho kwezwakala okunye futhi kosizi njalo, kuthiwa kwakuhambele omunye umuntu kaSomtsewu, ehambela emaXhoseni, wafika wabona usizi lwawo, ethi kumbe angathola umntwana, wafumana indoda, wathi, 'Unomntwana na?' Yalandula leyo ndoda, yathi, 'Kodwa uma uya kule ndlu, nga uyakuthola umntwana esezwa.' Wangena lowo muntu, wafumana umntwana womfana, eboshelwe ensikeni, esezacile, sokubambelele ngomxhwele, engadli lutho soku amasuku athile: ngokuba onina babemshiyile, behambe nabantwana abazihambelayo, nabancinyane ababelethweyo; Kepha lowo mfana wayengakaqinisi ukuhamba, engebelethwe futhi. Bambopha benzela ukuba angabalandeli, abakhalele, bethi uzakufa. Kepha lowo muntu kaSomtsewu wamthukulula, wahamba naye, wamondla; wafika naye, wahlala lapha emzini kaNgoza eNkonzweni; kungathithi usekhona kalokhu. Manje labo bantu basemaXhoseni sebachitheka, sebehamba phansi. Ngasempumalanga kwamaXhosa kwakhe isizwe samaMpondo; uFaku inkosi yakhona. Izwe laseNatal lenkosikazi liqale ngoMzimkhulu, laya lakhawula oThukela ngaselwandle. Phesheya

koThukela izwe lamaZulu; inkosi yakhona uMpande kaSenzangakhona. UMzimkhulunoThukela yingasebubanzini bezwe laseNatal; ulwandle noKhahlamba ingasebudeni balo. Kepha enhla ngasentshonalanga liye lakhawula ngezintaba zoKhahlamba. Kuleyo mikhawulo emine kumi izwe lakithi laseNatal. Lelo lizwe lonke lahlukaniswe amazwe amakhulu ayisithupha, okuthiwa amaCounties; amagama awo: County of Maritzburg, County of Durban, County of Victoria, County of UMvoti, County of Weenen, County of Klip River. Umuzi omkhulu walo uMgungundlovu (Maritzburg), lapho kukhona uHulumeni: owesibili, iseThekwini (Durban), lapho kukhona ichweba lokungena imikhumbi. Kepha kukhona neminye imizi, ePinetown, naseMnambithi (Ladysmith), naseLovu (Richmond), naseMgungundlovana(Greytown), enhla noMvoti, naseMtshezi (Estcourt), nakwaNobamba (Weenen), nasoThukela enhla nalo (Colenso), naseMdlothi (Verulam), naseMhlali, neminye ke imizana. Kukhona futhi umuzi wabamnyama enzansi noMvoti, abafundiswa u-Alden-Grout; nomunye futhi enhla noMsunduze, abantu bawo bafundiswa uMneli; nomunye futhi owaseManzimtoti, abantu bawo bafundiswa uLudi.

Izwe leli lakithi lihle impela. Linotshani obuningi obulingene ukudliwa yizinkomo, namahhashi, nezimvu; futhi linotshani obunye obudephileyo, bokufulela izindlu; linemithi eluhlaza, nezimbali, namanzi amaningi. Siyabona ngalokho ukuba uBaba wethu usilungisele izinto zonke, ukuba sihlale kahle kuzona. Kukhona imifula nemifulana eminingi; amagama ayo, uMzimkhulu, noMthwalume, neFafa, noMzinto, noMphambanyoni, naMahlongwa, noMkhomazi, noLovu, naManzimtothi, neZimbokodo, noMlazi, neSiphingo, noMhlathuzana, noMbilo, noMsunduze, noMngeni, noMqeku, noMzinyathi, noBubwane, noHlange, noMdlothi, noThongathi, noMhlali, noMvoti, neNonothi, noThukela, neMpofane, neminye, imifula engabalwanga."

Isahluko 37

IZINDABA ZIKASHAKA

(Ngokusho Kwabelungu: Izigaba 12-23)

Izindaba ZaseNatal 12
"Manje asilande izindaba zaseNatal. sokudlule iminyaka emashumi ayisikhombisa azalwa uShaka (1787) [uthathela onyakeni okwabhalwa ngawo le ncwadi, 1856]. Uyise uSenzangakhona okaJama;

uJama okaNdaba; uNdaba okaMageba; uMageba okaPhunga. USenzangakhona wayenabafazi nabantwana abaningi. Kepha uShaka ese umfana wayehlala koninalume nonina uNandi, kwaMthethwa,[1] wabeka uNgomane, induna yaleso sizwe sakwaMthethwa, wathi uyise. wafa uSenzangakhona. UDingiswayo inkosi yakwaMthethwa yamyisa uShaka, eseneminyaka emashumi mathathu, ukuba angene ebukhosini bakubo abuse uZulu. Abaningi besizwe sakwaMthethwa bahlangana naye, bamkhonza, bamncenga ukuba abelekelele, alwe nesizwe esinye abalwa naso.[2] Wavuma, wamema impi, wahlasela kuleso sizwe, wabulala inkosi yaso; abantu bayo babuyela ngakuyena uShaka. Lokho ukuqala kokuba enze umsebenzi wokulwa nezizwe zonke. Wahlasela kuzo, wawabulala amakhosi azo, nabantu abaningi bazo, kwathi abaseleyo babuyela ngakuyena; wabanika izindawo zokuhlala njengokuthanda kwakhe. Wenza njalo-ke iminyaka yaza yaba yisithupha. Wanda ngemihla yonke umbuso wakhe, izizwe zonke zalezo zindawo zezwa amandla akhe. Kwabulawa abaningi, kwathunjwa abaningi, kwabaleka abaningi, beshiya izwe lakubo, befuna izindawo zokusithela, bahlala ezintabeni, emihumeni nasezikhunjini, nasemahlathini, ize iphume ibuye impi; ngasemva kwalokho babuyele emakhaya, bahlale baphumule isikhatshana."

Izindaba ZaseNatal 13
"UShaka wayenamabutho ayizinkulungwane eziyishumi nesihlanu, alungiselwe ngezikhathi zonke, ehlomele ukulwa. Wayewahlukanisa ngemibala yezihlangu. Wafika nokwesibindi, wathi empini: 'Kungaphonswa ithala; gwazani amahlanze, nithi ngadla.' Nanti ihubo lamabutho akhe, lokuthi:

> 'Waqedaqeda izizwe!
> Uyakuhlaselaphi na?
> Hhe! Uyakuhlaselaphi na?
> Wahlula amakhosi!
> Uyakuhlaselaphi na?
> Waqedaqeda izizwe!

---

1. Wayehlala koninalume eLangeni.
2. SakwaNdwandwe.

Uyakuhlaselaphi na?
Hhe! Hhe! Hhe!
Uyakuhlaselaphi na?'

Wayenamakhanda okuhlala amabutho; yilawa amagama awo, yiseSiklebheni, nakwaNobamba, nakwaBulawayo, naseMbelebeleni, nakwaDukuza; Kepha angiwaqedi. Umuzi wakwaDukuza wawakhiwe phakathi kwaleli zwe laseNatal, kwasoku elakhe, ngaseMvoti enzansi kwelakwaMaphumulo. Wahlalahlala khona ekupheleni kokubusa kwakhe, abantu bembonga, bemkhulekela bethi,

'Uyisilo! Uyingwe! Uyingonyama! Uyindlondlo! Uyindlovu!
Ungangezintaba ezinde,
OMpehlela nawoMaqhwakhazi!
Wena umnyama!
Wena wakhula silibele!
Sixhokolo esingamatshe aseNkandla,
Aphephela izidlovu liphendule!
Lembe eleq' amanye amalembe ngokukhalipha!
Nodumehlezi kaMenzi!
Sidlukhula dlwedlwe;
Siyadla! Sidlondlobele!
Sibeke isihlangu emadolweni!' "

Izindaba ZaseNatal 14
"Kepha uShaka wayewumuntu ongenamhawu, onesibindi. Kwakukhona umlungu othile (Isaacs), owayehambele kuyena, oyena oloba le ndaba, wathi: Kwathi sisahlezi khona, kwadlula amabutho amaningi, azinge eya komkhulu, abuye emuke. Igama lalowo muzi lalisanda kuqanjwa, kwathiwa yiseMbulawo, ngokuba inkosi yayiqed' ukuthi, akubulawe ibandla lebutho elithile lonke nabafazi, nabantwana, ethi, bangamagwala. Babahlulwe empini, nokho bebelwe ngokwesibindi, bahluleka ubuningi nokwazi kwezizwe, babaleka.

Ngesinye isikhathi, lowo mlungu, uqobo lwakhe, wayekhona, wabona ngamehlo abafanyana namantombazanyana beyikhulu namashumi ayisikhombisa, bebulawa ngento ethile angayaziyo lowo mlungu. Yileyo-ke indaba yalokho kwenza okubi. Kwaba usizi impela ukubona labo bantwana bethuka, besaba, behaqwe abantu, bemi phambi kwenkosi, bazi ukuba bazawushaywa ngolaka ngecala labo.

UShaka waqala wakhipha abafana abahle abathile, wathi kubanewabo, 'Baphuleni izintamo!' Wathi, 'Susani izidumbu, niziphonse ngaphandle, nibabulalisise ngezinduku.' Ngasemva kwalokho wathi, ababulawe bonke. Bazinge bebulawa ngabanye, abaza bakhala labo bantwana; baphuma nje, kwangathithi bezwa ukuba bezawususwa osizini, baye ekuphumuleni. Kwasweleka isikhathi eside sokuqeda lokho konke. Kwathi ngangomuso kusasa ngavuswa yizwi lomuntu ekhala ngasemva kwendlu yami, bemshaya ekhanda, bemhola, beyakumbulala. Kwabuya kwathi emini kwathathwa umndlunkulu wambili nenduna; baphunyeswa ekhaya, bayakubulawa. Kusihlwa inkosi yasina nabantu bayo."

Izindaba ZaseNatal 15
"Kwathi esabusa uShaka kwafika uMbulazi (Mr Fynn), namanye amaNgisi ayingcozana. Lawo maNgisi afika kuqala ukuzakwakha lelizwe laseNatal. UMbulazi wahambela kuShaka kakhulu, wamluleka ngezinye izinto. Wayekhona ngesikhathi sokufa kukaNandi, unina kaShaka. Nansi indaba yakuleso sikhathi, eshunyayelwa uMbulazi. Uthi: Kwathi uShaka aluke inqina yezindlovu, kwafika isigijimi, sizobika unina, ukuthi uyafa kakhulu. Wathi inqina ayibuye masinyane iye emzini wakhe. Yahamba ubusuku bonke; yafika ngangomuso emini; nami ngangikhona, ngihamba nayo. Wangincenga uShaka ukuba ngiyekubona unina. Ngaya ngihamba nendunankulu ethile, ngafumana kugcwele endlini abafazi abaningi belila, kugcwele umusi futhi; ngabaphumesa bonke ukuba ngiphefumule kahle. Wafa ehuda igazi; ngamtshela uShaka, ngathi, 'Usezakufa; angisho ukuthi lizawushona esekhona.' Wathi, awuchitheke umphakathi: wasala, wahlala yedwa isikhathi eside, ebheke phansi ezindla, engathi nda, ehlezi namalunga athile phambi kwakhe. Kwadlula isikhathi kwabikwa ukuba usefile. Wesuka masinyane, wangena esigodlweni; wathi ezinduneni ezinkulu azihlobe; waphuma ehlobile naye."

Izindaba ZaseNatal 16
"Kwathi uma sokubikelwe abantu bonke ukufa kwenkosikazi, abafazi bonke, namadoda ayekhona, bagqashula izinto zonke zokuvunula masinyane emizimbeni. UShaka waya wema phambi kwendlu, unina afele kuyona, ehaqwe izinduna ezinkulu zihlobile. Ngesikhathi eside wema enze isikhomololo, ekhothamele phezu kwesihlangu ngobuso. Ngabona amaconsi ezinyembezi ewela phezu kwaso. Walingoza

kabili kathathu; kaba namandla okuzibamba, wadazuluka kakhulu; kwesabeka lokho phakathi kwabantu bekade bethule. Saqala ngalokho isililo esikhulu izinduna, nabantu bonke ababekhona, kungathithi kwakuyizinkulungwane eziyishumi nesihlanu; bakhala ukukhala okukhulu, bememeza.

Kwafika abantu bevela kweminye imizi eseduze; kwazinge kutheleka isilisa nesifazana. Bathi, uma sebebona umuzi, bakhale ukukhala. Kwakhalwa ubusuku bonke besaba ukuphumula, besaba ukuphuza amanzi odwa lawa. Kwazinge kuzwakhala ukukhala okusha, kufika abantu futhi. Kwasa kungaphelanga ukukhala. Ngaleyo mini umuma wabantu, ababehlangene khona, kwasokungathithi izinkulungwane ezimashumi mahlanu. Kwakhula ukukhala; kwesabeka impela. Abaningi balala bengacebile, sebephelelwe amandla, ukukhathala nawukuzila ukudla."

Izindaba ZaseNatal 17
"Kwanqwatshelwa ndawonye izinkabi ezimashumi mane, kuhlatshelwa idlozi (likayise). Kwathi ngesikhathi sasemini umphakathi wonke wenza umkhumbi, uShaka wema phakathi kwabo. Wahlaba ihubo lokulwa; bathokoza ngalokho ngesikhashana. Kwathi uma kuphele lokho, uShaka wathi, akubulawe amadoda athile masinyane. Kwakhula ukukhala; abantu baqala ukubulawa. Kwabulawa abaningi, bebulala abanye. Bonke balinga ukuziphindisela omunye komunye. Labo abase bomelwe izinyembezi, nabase belele emfuleni bomele amanzi, bashaywa ngezinduku abanye abasebevukwe ukugcwaneka ukwenza okunjalo; bafa. Wayesengimemeza uShaka, ethi, 'Kubasiwe kobantu. Ngalokho-ke abantu bamemeze kakhulu bonke, bakhale.' Wabuya wathi uShaka, akubhekwe abangaphumi izinyembezi, babulawe. Ngalokho abantu bathela ugwayi emehlweni, futhi kudume kakhulu phakathi kwabantu, ukuthi, ngesililo sikaNandi, nganxanye kwakukhalwa, nganxanye kuhlekwa. Kwathi ntambama ngacabanga ngathi, sokufe abantu abayizinkulungwane eziyisikhombisa. Umfulana oseduze, ababebalekela kuwo abaningi, ukuba baswakamise izilimi sezomile, wawungasawelwa ubuningi bezidumbu ezisemacaleni awo. Umuzi kaShaka wagobhoza igazi."

Izindaba ZaseNatal 18
"Kepha mina kukho konke lokho ngangimi nje, ngingenacala, ngibuka usizi olungaphambi kwami. Kwangathithi izinto zonke zizawuphela. Ngangimi khona ngedwa, ngingekho kulokho kwenza konke. Ngabonga

uNkulunkulu ukuba ngiyiNgisi, ngingenamnako kuleyo nkosi, nokho ngidumile kuyona, ngalokho ngakhishwa kuleyo ndawo yegazi. Kepha ngathi ngisemi ngokunjalo, kwadlula idlazana lezinsizwa. Ababili beza ngakumina, bangiphakamisela izinduku, bathi, 'Awukhali ngani wena na?' Angaza ngaphendula lutho, ngababuka nje ngokubajamela. Besaba, badlula.

Laza lashona ilanga anduba uShaka akuphelise lokho kubulala. Kepha kwakhalwa ubusuku bonke, laza ladundubala ilanga ngangomuso. Yathula inkosi, yathi, abantu abadle ukudla. UShaka nezinduna azithandayo, bacabanga kakhulu ngokumbelwa kukanina. Ngalolo lusuku lwesibili ngasemva kokufa kwakhe, isidumbu sakhe sabekwa elibeni, sahlaliswa eduze nendlu afela kuyona. Wala uShaka ukuba ngiye elibeni, ngibone ukwenza kwakhe. Kepha ngezwa ukuba kwakhethwa amantombazana ayishumi, amahle kakhulu, embelwa naye, ezwa. Nami, ngesibindi sakhona ngiyakholwa yilokho. Abantu bonke ababekhona kulesi sikhathi, ababekhethwe emphakathini wonke, kwakungabantu abayizinkulungwane eziyishumi nambili; kwathiwa abalinde iliba unyaka wonke. Ngaleso sikhathi sonke akuvunywanga ukuba bahlangane nezizwe, ngisho nanezihlobo zabo abazithandayo kakhulu."

Izindaba ZaseNatal 19
"Kwesuka uNgomane, induna enkulu kaShaka, washumayela ngalokho, wathi: 'Ifile indlovukazi enkulu emabele mancinyane; kufe ubuhle obubuhle bezinto zonke; izulu nomhlaba lizawuhlangana, likhalele indlovukazi. Yizwani-ke izwi lami, ngithi, ngalo nyaka akuyikulinywa, kayikudliwa amasi, ubisi losengwa luchithwe, abafazi bonke, abayakumitha ngalo nyaka, bayakubulawa kanye namadoda abo.'

Bakuvuma bonke lokho. Umphakathi wemuka, wahamba ezindaweni zonke, ezingezanga esililweni; wababulala labo bantu. Kwathi ngezinyanga ezintathu, yalondwa leyo mithetho emibili, wokulima nowokudla amasi. Ekupheleni kwaleso sikhathi, izikhulu zonke zaletha izinkabi eziningi kuShaka. Ngalokho wavuma ukuba balime, nokuba badle amasi. Nokho kwalinywa kepha sase idlulile isikhathi sokulima. Nokho amabele avuthwa kahle ngokusiza kukaNkulunkulu. Kepha abantu ngokwabo bathi yingokuba kushumayele uNodumehlezi kaMenzi. Kepha umthetho wesithathu bawulonda impela ngalowo nyaka wonke, futhi beza ngezinye izikhathi, ngingekho, bezawukhalela iNkosikazi emzini kaShaka."

IZINDABA ZIKASHAKA

Izindaba ZaseNatal 20
"Kwathi, ekupheleni konyaka, uShaka waphuma kulowo muzi, unina afela kuwona; waya, nesizwe sonke sakhe nezinkomo, kwaDukuza ngaseMvoti. Ngezwa esendleleni ukuba uyeza, ngiseThekwini; ngayakumhlangabeza. Ngafika ngambona nganeno [phesheya] koThukela. Kwangathithi uyathokoza ukuba engibona; wala ukuba ngahlukane naye; wakhuluma kahle ngolimi olumnandi, sihamba naye. Sadlula esizibeni esikhulu; sathi esinye isikhulu, kukhona izingwenya eziningi kulesi siziba. Waphenduka uShaka, wangibheka, wathi, 'Unesibindi sokuwela lapha na? Ngingakunika izinkabi zibe isihlanu, uma wenze njalo.' Ngokwami ngathi, 'Ehhe!' Kepha ngaqinisa ngokuthi angingabonakalisi ukuba ngiyesaba. Masinyane ngakhumula amabhulukwe, ngagqoka iyembe lodwa; ngangena, ngahlamba, ngawela. Wababaza isibindi sami; wabonga, wabuza, wathi, 'Sowubheke izinkabi zakho, yini-ke, na?' Ngathi, 'Qha.' Wahleka kakhulu, nezikhulu zonke zakhe."

Izindaba ZaseNatal 21
"Sadlula lapho, savela sabona kwaDukuza. Wahlukana nezikhulu nomphakathi ayehamba nawo; wathi gudlu nami phansi komhlonhlo omkhulu, wahleba, wathi, 'Kuzawukhalwa futhi manje kwaDukuza.' Ngamncenga ukuba angiphe into engiyicelayo. Wahleka, wathi, 'Yintoni na?' Ngamncenga ngathi, 'Bangabulawa abantu kulesi sikhathi.' Wabiza uNgomane, wahleka ngokumangala yilokho ukucela kwami, wababaza, wathi, 'O! Yini ukuba ucele ukuba kuphile izinja na?' Kepha wayala uNgomane, ukuba kuze kungabulawa muntu. Wathi angihlale ngibukele imikhuba yalokho okuzakwenziwa ukuba ezawuhlanzwa izandla ezimnyama."

Izindaba ZaseNatal 22
"Wadlula phambili nezikhulu, behlobile bonke. Masinyane sambona kahle uDukuza, ehlezi kungathithi uhlezi esitsheni. Izimbongi, ezazihamba ngaphambili, zambonga, zamemeza ukufika kwakhe. Ngalokho-ke waqala ukulingoza, wazamula, wakhala; wazithengisa ngokungathithi kanamandla okuhamba; waqala ukuzamula ngezwi elikhulu. Sethuka, sabona amabandla onke esizwe, emi amaviyo emacaleni ezintatshana zonke ezizungeze uDukuza. Bahlangabezana ngokukhala kwenkosi; kepha ukukhala kwabo kwasokuthi hlo nomsindo wezinkabi, kungathithi zaziyizinkulungwane eziyikhulu,

ezihlangenezivela ezindaweni zonke zezwe. Ngema kude, kepha ngabona ukuba akubulawa muntu. Ngathokoza ngizwa sokuphele umsindo, owaqala ntambama, waphela ukushona kwelanga. Wathi uShaka abantu abaphumule, bahlabe izinkabi ukuba baze badle kusihlwa. Kepha abehlanga ubuthongo ubusuku bonke, ngokukhala kwezinkabi nomsindo womphakathi."

Izindaba ZaseNatal 23
"Ngangomuso kusasa wahlanzwa uShaka. Abanini zinkabi bonke babelethe izinkonyana; zabanjwa, zadatshulwa emaphangweni ngasekungeneni, kukhishwe inyongo abaninizo, zisezwa, ziyekwe, zizifele, zingadliwa. Amabandla onke asondela ngamaviyo awo phambi kukaShaka, amzungeza. Abantu bonke abaphethe izinyongo, bazinge bamthela kancinyane, bedlula. Kwathi, uma kuphele lokho kwenza, wema uNgomane wamemeza, wathi: 'Manje isizwe sakithi siyikhalele unyaka wonke inkosikazi; manje seyiyidlozi; yilona selizakukhanyisa inhlanhla yenkosi. Kepha kukhona izizwe zabantu, ezasemazweni akude, ezithi ngokuba zingakanqotshwa zithi aziyikunqotshwa nakanye. Lokho kubonakaliswe ukuba zingezanga ukuzawukhalela unina omkhulu womhlaba namabele. Ngalokho-ke, ngokuba azithelanga izinyembezi lezo zizwe ezikude kuhle ukuba inkosi ihlasele kuzona, zidliwe izinkomo zibe izinyembezi phezu khweliba layo.'

Ngalokho bahuba ihubo lempi: kwahlatshwa izinkabi eziningi: uShaka wageza ngentelezi, ilungiswa izinyanga. Kwaphela lokho ukukhala okudumileyo. Kepha mina ngithi uShaka wakwenza nje lokho, angisho ukuthi wayekhalela unina kakhulu, ngithi wayethanda ukubonisa abantu, ngezinto ezenziwa ngokufa kukanina wenkosi, ngokuthi kuyakuba njani-ke mhla sokufe inkosi uqobo lwayo, enzela ukuba bangafisi ukuba afe."

Isahluko 38
IZINDABA ZIKADINGANE
(Ngokusho Kwabelungu: Izigaba 24–34)

Izindaba ZaseNatal 24
"Kepha nokho wayenamandla anjalo uShaka wabulawa umfowabo uDingane. Kwakuphume impi ihlasele kude [oBhalule]. UShaka wasala emzini wakhe omkhulu kwaDukuza. Wayehlezi ngaphakathi

esibayeni enhla, ekhuluna nezinduna, ebuka izinkabi zibuya ntambama. Beza abafowabo ababili, uDingane noMhlangana, nenceku yakhe enkulu, uMbopha, nabanye; bathi, 'Sivela enqineni.' Bathi uma basondele enkosini wathi uMbopha kubantu ababe khona, 'Musani ukuhlupha inkosi ngamacebo enu.' Wangena phakathi kwabo, wabadunga, ebachitha. Wakhuluma amazwana, nenkosi yakhuluma ingcozana nabafowabo. UMbopha wayesekhahlamezile wamgwaza emhlane. Inkosi yalinga ukubaleka; bamxosha abafowabo, bambulala ngemikhonto wafa (Sept. 28, 1828).

Kepha abanye bathi, wagwazwa uMhlangana kuqala ngokuba uDingane wayesola ukuba kuzinge kubulawe abantu. Bahlangana, baceba icebo, bathi, asimbulale. Baveza uMhlangana, ukuba ayekumgwaza. Kepha uMhlangana waya kumgwaza, wathi, uzawumkhetha inxeba, ukuba amjuqe kanye, afe. Wamkhetha phansi kwekhwapha kepha wagwaza engalweni."

(INXA NIBONA AMAZWI ALOTSHWE PHAKATHI KWABAKAKI [ ] NIBOKHUMBULA UKUTHI LAWO MAZWI AKUSIWO AWABELUNGU, NIQONDE UKUTHI NGAWAMI LAWA MINA, M.M. FUZE. KUKHONA EZINYE IZINDABA EZINGAQONDENE, EZIPHIKISANAYO KWAMANYE AMAZWI.)

Kuse awami, M.M. Fuze
[Okuqinisile endabeni yokubulawa kukaShaka, yilokhu: Kwakuphume impi eyabe ibizwa ngokuthi 'ekaKhukhulelangoqo', eyabe ihlasela oBhalule. Abafowabo bakhethana, basala bonke, abaza baya kuleyo mpi, ngenxa yokuba kwasokukhona ukukhononda kubo, besola imikhuba emibi yomfowabo yokubulala abantu. Sebehlangene ngalelo zwi, bakhuluma noMbopha kaSithayi, owabehlala nenkosi, edla nayo, engowakwaZulu naye. Bamthembisa ukuthi inxa evumile, wambulala uShaka, bayakumdabulela ingxenye yezwe lakwaZulu, ibe eyakhe, abuse naye abe yinkosi. Kwathi-ke, ngoba kwaso kuhlanganisiwe lokho, uMkabayi ongudadewaboyise, okunguyena owabe esesola leyo mikhuba emibi yonke eyabe igilwa yindodana yomnewabo, wancenga uMbopha lowo ngamazwi okumkhohlisa, okumnika isibindi ngokumthembisa okukhulu ayakukuzuza inxa eqinisele, wenza isibindi sokugwaza inkosi ngomkhonto. Nembala isithutha savuma ukukwenza lokho, ngoba phela naso sesizawuba yinkosi, sibuse izwe lakwaZulu ingxenye yalo. Wakwenza-ke lokho okubi, ethi ubulala inkosi inganti uyazibulala yena uqobo lwakhe.

Bathi uba bambulale bamqede uShaka, isidumbu sakhe basimbela emgodini wamabele, engasekho. Konke lokho kwenziwa nje kakho uMxhamama kaNtendeka waseziBisini, inceku enkulu, eyabe iyimbongi yakhe, uthunyiwe. Uthe efika wafunyana ingasekho inkosi, sebeyibulele. Wakhala ukukhala okwesabekayo, wabathuka oMhlangana noDingane wabafanisa nezinja, enxusa ukuba bambulale naye. Wazigingqa phezu kweliba, ecela ukuba bambulale. Kepha abavumanga ukumbulala; waza wabathuka ngenhlamba enukayo, anduba bambulale. Nguye uMxhamama lowo owabe ethi angabona amanqe ezula phezulu, ayibonge inkosi, ethi, 'Izinyoni zakho zilambile, zicela ukudla,' efuna ukuba inkosi ibulale abantu.

Nango-ke uMbopha ndini esebulele inkosi yakhe ngokwenziwa isithutha ngabantwana benkosi abamthembise okukhulu, wawuthola nembala umvuzo wokuthenjiswa kwakhe; wadatshulelwa izwe elikhulu, wanikwa izinkomo eziningi. Okwaqhubeka izinyanga ezimbili kumbe ezintathu, wabulawa; kwathiwa unesibindi esibi ukuba ahle aqinisele abulale inkosi engakaya; kuhle abulawe ngoba uyakuphinda enze okunye nangomuso.

Emva kwalokho babanga abantwana ababili, oMhlangana noDingane. Kwasokuyiwa kudade wawoyise, uMkabayi. Yena-ke wakhomba (ngasese) uDingane ongowakwaBhibhi, wathi iyona nkosikazi enkulu. Wabe esenza icebo, wathi abahambe abantwana bonke kuyothethwa icala emfuleni. Kanti uMkabayi lowo usehlanganise izwi namadoda, lokuthi, makuze kuthi uba bafike emfuleni lapho, baze bambambe bambulale uMhlangana lowo, bayeke uDingane. Nembala-ke kwenziwa njengokusho kukaMkabayi.

Wanela ukungena nje uDingane ebukhosini wababulala bonke abafowabo, washiya uMpande yedwa wakwaSongiya, owabe nomzimba omubi esithweni, noGqugqu owabese ngumfanyana engakabi nsizwa.

Kwathi ngolunye usuku, esebaqedile abafowabo. wayihlomisa, wayiyisa kwaWambaza, komkhulu umuzi kaGendeyana wakwaQwabe, ethi mayiye kubulala uNgwadi, owazalwa nguNandi kuGendeyana. Pho-ke kwabalapho uNgwadi esekuzwile konke nokufa komfowabo uShaka; eseyihlomisile eyomuzi wakhe. Yalwa-ke lapho, uNgwadi enempi enamandla. EkaDingane yaza yalufohla uthango, yangena ngaphakathi, yamqeda uNgwadi kanye nempi yakhe.]

Ezisencwadini: Izindaba ZaseNatal 25
"UDingane wabusa endaweni kaShaka. Waqala ukubulala. Wabulala umfowabo uMhlangana, nezihlobo zonke zikaShaka, Wabiza uMbulazi

nabelungu abanye, ababeseThekwini. Besaba bathi, 'Funa sibulawe, Lokhu siyizingane zikaShaka.' Bala ukuya kuyena. Wathukuthela uDingane; wamema impi; yayakudla izinkomo zabo; yabulala abamnyama abayingcozana, kepha abelungu bonke babaleka. Wathi uDingane: 'Buyani, angiyikunenza lutho.' Babuya, babiza izinkomo zabo. Wavuma uDingane, wathi: 'Ehhe! Uma nikhipha amakhosi amnyama ayisihlanu, abaleka kumina.' Bakwala lokho; naye wala nezinkomo. Wabuya wathuma izinhloli, ukuba ziyekuhlola izwe lonke, efuna ukubamba lawo makhosi. Yaza yaphuma kabili impi, yangena enhla, yaya yaphenduka ngasothungulwini, yabuya. Kepha ayaze yafumana nkomo. UDingane wazikhipha amehlo lezo zinhloli, ngokuba impi yaphuma kusho zona, yabuya ze.[1]

Kwadlula isikhathi. Abamnyama abaningi, ababechithwe uShaka, baqala ukubuyela ezweni lakubo eNatal; bafika bakhonza kubelungu, koMbulazi wetheku, noFebana, noWohlo (Ogle), nabanye. Labo belungu babefungwa kakhulu kuleso sikhathi abantu abamnyama abakhonza kubona. Kepha namanje uMbulazi usafungwa abantu bakhe."

Kuse awami, M.M. Fuze
[Kukuso leso-ke isikhathi sokubulawa kukaZihlandlo nomfowabo uSambela, amadodana kaGcwabe kaKhabazele kaMavovo. Ababulawelwa lutho njalo; babulawelwa lona lelo lokuthi bayizihlobo zikaShaka. Nansi indaba yamdla lokho. Kwakukhona umfana oseyibhungwana owabe eyinceku kaZihlandlo. Lowo mfana wabe ngowakwaNgcobo, ibizo lakhe kunguMagwaza, elinye uThuphana kaMatomela kaThoko kaDileka kaDindi. Yena wabefike watholwa eMbo lapho ukuchitheka kwezwe lakubo eMvoti mdla uManjanja kaNhlambela ethunywa nguShaka: ukuzawuhlasela kuMatomela eMvoti. Okwathi uba impi ibulale uyisekazi uMkhaliphi, wathi uMatomela ongomkhulu wathi kubantu bakhe, mabahambe balandele uMahawule kaNonyanda inkosi ngalapho eqonde ngakhona (emaNyiseni ngasoThukela). Bathi lapha abantu bakhe bethi mabahambe naye uMatomela lowo, wanqaba wathi kakwazi ukudinga. Mabahambe nje, bamlondolozele yena uThuphana lowo. Kepha bamshiya enxiweni lapho uMatomela ezwa

---

1. Amaphuphutheka; oNhlanganiso noMphezulu. Yilelo igama elaqanjwa ngaleyo nkathi, elalihaya labo bantu ndini, ababethole isijezo kulowo muntu omubi kakhulu owabengenawo umhawu.

engafile: wasala wadliwa yizilwane zasendle. Kwathi-ke esendleleni, uMagwaza lowo weqa waphonseka ngaphesheya koThukela, wafika watholwa eMbo nguBhambatha kaShabase kaKhabazele kaMavovo, owamthatha wamyisa kuZihlandlo; uZihlandlo wamenza waba yinceku yakhe yethunga. Kuthe-ke ngolunye usuku, uMagwaza ethunyiwe ukushona kwelanga, wahlangana nomunye umuntu eeleni, owamhlebela ukuthi impi yakwaZulu iyakuhlasela eMbo ngomuso, izobulala uZihlandlo. Nembala uMagwaza wafika wawaxoxa lawo kuBhambatha nasenkosini. Pho! Ngubani owabe engahle akholwe ukuthi impi yakwaZulu ingahle izekubulala uZihlandlo, umnawa kaShaka na? Kanti lelo zwi elizwiwe nguMagwaza sekunge elamaqiniso. Sekuwusuku lokubulawa kwakhe, ngoba eyisihlobo sikaShaka. Ngokungalikholwa lelo lizwi inkosi yaseMbo, esebonile yena uMagwaza ukuthi liqinisile, weqa phakathi kobusuku wabaleka; kwathi kusa umuzi wabe usukakwe yimpi kaDingane eseyizobulala isihlobo sikaShaka. Yambulala-ke uZihlandlo noSambela. Yambulalela eDimane uZihlandlo; wathi uSambela yambulalela eKhwanini.]

Ezisencwadini: Izindaba ZaseNatal 26
"Kwafika uGadeni (Capt. Gardiner, 1835), isazi esikhulu, owayenza izinto zokwazi ezazimangalisa abantu. Wathi ngesinye isikhathi waya kwaZulu ehambela kuDingane. Wafika wahlala noDingane enkundleni; wambonisa izinto eziningi zokwazi kwabelungu. Wanxusa kakhulu kuDingane, ukuba abize umuntu wokufundisa abantu bakhe ngezinto zikaNkulunkulu. Wala uDingane ngaleso sikhathi, ukuba amaZulu afundiswe. Wathi, 'Ake uyekufundisa abaseThekwini kuqala.' Wahlangama naye ngamazwi anje, okuthi, 'UDingane uvumile ngokwakhe ukuba abayeke labo bantu bonke abaseNatal, nezinto zabo, nokho babaleka kuyena; ubadedele; bahlale kahle, bengenavuso. Kepha uthi, abakhe, uyakubabiza, uma ebathanda. Abelungu baseNatal bavumile ngokwabo, ukuba ngasemva kwalesi sikhathi abasayikubavuma abantu abafikayo, bebaleka kuDingane. Bathi ngokwamandla abo bayakubabamba, bababuyisele enkosini, bonke labo abalinga ukuzifihla phakathi kwabo.

Kepha kwakukubi impela lokho kuhlangana. Kuyaphambana nokwenza konke kwamaNgisi ukuyisa abantu abanjalo, abangenacala lokwenza into embi, ababalekele ukufa enkosini ebulalayo. Abantu bonke base-England, bathi ukuyizwa leyo ndaba, bamsola uGadeni kakhulu, bakuzonda ukwenza lokho."

Izindaba ZaseNatal 27

"Kwathi masinyane lokho kuhlangana okumnyama kwaveza izinhlamvu zobubi. Kwakusandukubaleka abantu abathile abayisithupha bakaDingane, engakwazi uGadeni, engakatsheli abantu lawo mazwi okuhlangana. Bathi labo bantu, 'Izihlobo zethu zabaleka: sezihlezi kahle esiLungwini; nathi asibaleke.' Kwabaleka inkosikazi, nenceku, nomfazi, nabantwana abathathu balowo mfazi. Wathi uma akuzwe lokho uGadeni, wathi akubanjwe abakhulu bobathathu, kuyekwe abantwana. Wababuyisela yena uqobo lwakhe, wabayisa enkosini. Wafika wabancengela ngamandla ukuba bangabulawa. Kepha uDingane wala; wababulala bonke bobathathu. Wabuye wabiza abantwana futhi: wabayisa uGadeni. Asazi uma nga babulawa nabo.

Ngalowo nyaka (1835) kwafika abafundisi bokuqala base-America, u-Alden Grout, no-Adams. Abelungu baqala ukwakha umuzi eThekwini. uGadeni wabuyela e-England. Wabuya wabuya futhi, esehamba no-Owen, owayeyisikhonzi eBandleni lase-England. Wavuma uDingane ukuba u-Owen ahlale eduze naye emzini wakhe waseMgungundlovu, afundise abantu bakhe. Waqala ukubafundisa (Oct. 10, 1837); izinyanga zaza zaba ne; wabona izinto eziningi zosizi nezegazi, ezenziwa uDingane."

Izindaba ZaseNatal 28

"Kwathi ekupheleni kwalezo zinyanga ezine (Feb. 6, 1838), kwesukela kwenziwa into eyesabekayo impela; yanqamula nokusebenza kokufundisa. Ngisho ukubulawa kukaPiti (Pieter Retief) nabantu bakhe; kwabulawa amaBhunu amadoda amashumi ayisithupha nabantwana bawo abathile, namaLawu amaningi, kungathithi abantu abayikhulu; babulawa bonke isigungu uDingane.[2]

Lawo maBhunu ayekade akhe ezweni lawo, eselibuswa inkosikazi uVictoria[3] ngasentshonalanga yaseNatal. Ayengasathandi ukubuswa

---

2. Okushiwo ngabantu bathi: Ath' uba afike amaBhunu, anikwa umuzi wokungenisa, azinge esuka kulowo muzi inxa eya enkosini eMgungundlovu. Kuthi ngakusihlwa azinge esuka kulowo muzi angenise kuwo, aye kukaka uMgungundlovu, ebusuku; kanti bayawabona ogqayinyanga, okuze kuse bengalele. Yileso isizondo uDingane awabulala ngaso; ebona ukuthi kanti athi eze ngobuhle nje, aqukethe ububi enhliziyweni zawo: afunelani ukukaka umuzi wakhe phakathi kobusuku? – M.M. Fuze.
3. UKing George namuhla – M.M. Fuze.

yinkosikazi, engathandi ukudedela abantu bawo abathengiweyo nabathunjiweyo, njengokusho kwenkosikazi, engathandi ukuba amaLawu abasebenzelayo ayekuhlala nabafundisi, engathandi ukuba abantu abamnyama baphathwe kahle ngomusa, njengokuthanda kwenkosikazi nabantu base-England. ngalokho-ke bathi, 'Asiye ukuzakhela kude nombuso wamaNgisi, phakathi kwezizwe ezimnyama, siziqhube ngokuthanda kwethu.' Baphuma-ke abaningi, bahamba benezinqola nabantwana babo, namahhashi amaningi, nezinkomo. Abanye bafika kulelo lizwe elingaphandle kwezwe lenkosikazi kodwa linganeno komfula omkhulu iGwa (Orange River). Abanye bawuwela lowo mfula, badlulela phambili enhla ngasempumalanga; iningi labo lafa ukulwa nezizwe endleleni nokufa kwalawo mazwe. Kepha ibandla elikhulu lamaBhunu, linezinqola eziyinkulungwane, lehla uKhahlamba, leza phakathi kwezwe elihle laseNatal, elihlumileyo. Babeqale ngokuthuma izinhloli zabo zokuyakuhlola izwe, nezokuhlola indlela elungele izinqola. Zabuya izinhloli, zathi, 'Lihle impela leli zwe.' Ngalokho-ke lafika lelo bandla elikhulu, lithanda ukuzakwakha kulona, linamakhosi alo uPiti, noMaritz. Amagama awo ahlangene egameni lokuthi Pieter-Maritzburg, ukuthi, umuzi kaPiti noMaritz."

Izindaba ZaseNatal 29
"Lawo maBhunu ayethanda ukwenza izinto zawo ngokuthula, ayengathandi ukwenza ngamandla kuqala. Waya uPiti kuDingane, wacela izwe laseNatal, ukuba kube elawo, wathi, 'Sithanda ukuzihlanganisa nawe impela.' Kuleso sikhathi kwakusandukwebiwa izinkomo eziningi zikaDingane abantu bakaSigonyela. Wathi-ke uDingane: 'Ake ngibone ukuthi niyathanda ukuzihlanganisa nami. Hlaselani nizilande kuSigonyela izinkomo zami. Uma nenze lokho, ngiyakuninika lelo lizwe. AmaBhunu athuma izigijimi kuSigonyela, azibiza lezo zinkomo, athi, 'Uma ungazikhiphi, siyakuza ngempi. Wazikhipha masinyane, izinkomo ezimakhulu ayisikhombisa zikaDingane, namahhashi futhi amashumi ayisithupha, nezibhamu ezithile. Lezo zinto zonke impi yakhe yaziphanga emaBhunwini ngezinye izikhathi. Wakuthatha lokho konke uPiti, waya emaBhunwini nakho, wawafumana esehle uKhahlamba, esehlakazekile nezwe lonke laseMnambithi. Kulelo lizwe kwakungasekho abantu abamnyama. Kwakukhona iziza eziningi nje zezindlu zamatshe zabantu abadala; kwakukhona inkosi inye emnyama, uMatshana. UPiti wathanda ukuqonda kuDingane nezinkomo, wathi, 'Asiye kuye sibaningi, simbonise amandla ethu.' Wala uMaritz, wathi,

'Ayi! kuhle ukuba uhambe namadoda, nokho emathathu, nokho emane.' Kepha uPiti waliphika lelo; waqinisa ngokuthi, 'Angihambe nabantu abakhwele emahhashini, nokho bemashumi mane, nokho bemashumi mahlanu. Kepha uma kukhona abathandayo, abahambe nami.' Lokho kusho kwavusa usikisiki phakathi kwezinsizwa, zavuma ukuhamba naye zonke. Wakhetha abantu abamashumi ayisikhombisa, namaLawu amashumi mathathu okwalusa amahhashi. Wahamba wawela uMzinyathi, wafika eMgungundlovu ngo-Feb. 2, 1838."

Izindaba ZaseNatal 30
"UPiti waziyisa izinkomo kuDingane, azikhiphe kuSigonyela. Ngalokho inkosi yathokoza; yamema amabutho emakhandeni onke; yathi akuzokhethelwa uPiti. Wakhethelwa amasuku amabili; ngosuku lwesithathu (Feb. 4) uDingane wabiza amaBhunu, ukuba awanike izwe lawo. U-Owen wayeselobile incwadi yezwe, njengokwenza kwabelungu nje, wathi uDingane nezikhulu zakhe ezithile, abalobe ngesandla sabo, baqinise ukusho kwabo. Esebatshelile amazwi ayo ekukhulumeni kwamaZulu, bakwenza lokho, baloba.

UPiti esethanda ukumuka ngangomuso kusasa, uDingane wambiza nabantu bakhe, wathi ake bazovalelisa bahambe. Kepha wathi, 'Ningezi nezikhali: akwenziwa njalo kithi lapha, ukuba abantu bangene ekhaya, behlomile.' Wavuma uPiti, amaBhunu onke azimisa izikhali ngaphandle komuzi; athi kubantu bawo, 'Hambani, niye kulungisa amahhashi,' angena ekhaya. Ambona uDingane emi phakathi esibayeni, ephahlwe amabutho akhethiweyo. Wakhuluma kahle noPiti, nezikhulu zakhe ezithile. Wabancenga, wathi, 'Ake nihlale isikhatshana, niphuze utshwala.' Bahlala, baphuza; ngasemva kwalokho bashayelwa inkondlo. UDingane wesuka, wathi, 'Hambani kahle', wangena ngentuba esigodlweni. Wathi, eseyakuphuma entubeni, wajila ingubo, ngecebo alenzileyo, alishiloyo kubantu bakhe. Kwesuka uthuli: amabutho ebazungeza, aza aya esondela. AmaBhunu alinga ukuba besuke. Kepha uZulu wababamba; wamemeza, wathi, 'Bambani abathakathi!' Bawashaya ngezinduku. AmaBhunu akhipha omese, alwa ngamandla, abulala abanye. Kepha afa ngamanye ngamanye, aza aya aphela onke. Izidumbu zawo zahudulelwa kwaMatiwane. Kwasinda lalinye qoko iBhunu kulelo bandla lonke; elona laya labikela amanye konke okwenzakeleyo."

Izindaba ZaseNatal 31
"U-Owen wayengekho nje kuleso sikhathi. UDingane wawabiza amaBhunu kusasa, ngesikhathi ayejwayele ngaso u-Owen ukufunda incwadi kaNkulunkulu nokukhuleka eyedwa. Kuqala wafisa ukuba ahambe nawo; kepha wabuya wathi, 'Ayi! Kuhle ukuba kengigcine ukwenza kwami.' Wahlala, wafunda incwadi, wakhuleka kuNkulunkulu. Nansi-ke indaba yakhe ayilobayo, yalokho kwenza, yokuthi: 'Feb. 6, 1838. Wo! Ngalolu lusuku losizi! Ngiyathuthumela nokho ngiloba le ndaba [nje] kuthe namhlanje kusasa, bengihlezi emthunzini wenqola yami, ngifunda incwadi ecwebileyo, kwafika isigijimi, sivela enkosini, siphikazela, sithuthumela. Ngaqinisa masinyane ngokuthi ikhona into embi eyenziwayo. Sathi, 'Ithe inkosi ungesabi wena, nokho ibulala amaBhunu; izawubulala amaBhunu odwa.' Ngalokho kwangena ivuso; kwabhula inembe kumina, nakumkami, nakodadewethu. Indawo yami yayibhekene nakwaMatiwane, indawo yokubulalela abantu. Wathi omunye. 'Bheka! Sebebabulala!' Ngaphendula amehlo, ngabona ibandla elikhulu entatshaneni, kwanga amaZulu ayishumi edonsa iBhunu lilinye, lingenazikhali, lingenakusizwa. Maye! Amehlo onke lawo ayekade ethokoza, ebona ilanga kusasa, kepha lingakakhweli ilanga, ayeselele umlalela wafuthi, ubuthongo bokufa. Amabili ngangikade ngihlezi nawo kusasa ezongibona; ngafika ngadla nawo. Ngawabuza ngathi, 'Nithini ngoDingane na?' Athi, 'Ulungile.'"

Izindaba ZaseNatal 32
"Bathi ukubona lezo zinto o-Owen, bahlala phansi selokhu bengenwe ivuso kuqala, kababa nacebo lalutho. Kepha ngasemva kwesikhathi bathi, 'SingabakaKristo. Kuhle ukuba sibheke enkosini yethu, sithembe kuyona' Bathatha incwadi ecwebileyo kaNkulunkulu, bafunda amazwi ayo; izinhliziyo zabo zaqina, bema isibindi.Bathi, 'Inkosi yethu enkulu inamandla okusikhipha engozini; uma kuthandeka kuyo, iyakusikhipha ekufeni.'Bahlala isikhathi; kwafika isigijimi futhi, sizobiza u-Owen, ebizwa uDingane. Wahlukana nomkakhe nodadewabo, engazi noma usayakubuyela kubo ezwa. Wahamba waya kuDingane. Yathi inkosi, 'Muka, uma uthanda; uthathe inqola ibenye eyakho; uzishiye izinto ezinye zonke.' Wahamba u-Owen, waya eThekwini; ngasemva kwesikhathi wabuyela e-England. Walishiya lelo lizwe lamaZulu lisahlezi ebumnyameni, ayethemba ukuba lizakukhanya masinyane ngokukhanya kwelanga lokulunga."

IZINDABA ZIKADINGANE

Izindaba ZaseNatal 33
"Wathi uDingane, uma esewabulele amaBhunu wathuma amabandla aba yishumi, wathi kahlasele eNatal abulale amaBhunu onke ayakuwafumana. Lawo maBhunu ayahlukene noPiti, esayisa izinkomo kuDingane. Ayesaba kuqala ubuqili bukaDingane; nokho ngaleso sikhathi ayengasesabi, ayesebheke ukubuya kwezihlobo zawo, engahlomele impi; ethokoza nje ezingela izinyamazane. Kwafika impi kusasa ngovivi yafikela ngakwelinye ibandla lamaBhunu, ngaseMtshezi, eduze nomuzi wabelungu, okuthiwa igama lawo yiWeenen ukuthi: ukukhala. Yabazuma, bengakavuki; yababulala, bonke: ishisa nesifazana nabantwana. Amanye amabandla amaZulu azuma ngokunjalo amanye amaBhunu, awabulala. Kepha kwacasha umfana othile, wagijima, waya kohlaba umkhosi ngakwamanye amaBhunu. Ahlanganisa izinqola, enza inqaba, awaxosha amaZulu.

Kwathi uma iphindele emuva impi yakwaZulu, lawo maBhunu athi, 'Asiyekusiza izihlobo zethu ezingaphambili ingabe azakuphendukela ngakuzona [amaZulu]. Ahamba afika kuleyo ndawo ngaseMtshezi; afumana usizi olukhulu impela. Afumana izinqola zaphuliwe, insimbi yazo ikhishiwe; kepha, phakathi kwalezo zinto, abona izidumbu eziningi zabantu, zigwaziwe, zinegazi, zihlezi izinqwaba, ukuba zidliwe izilo. Phakathi kwalezo zidumbu afumana amantombazana amabili, [amaBhunu] esezwa, eyizinkubele, enye amanxeba eyishumi nashiyagalolunye, enye amanxeba emashumi mabili nanye. Bawathatha bawakhweza kahle, aza asinda; enye yenda yazala abantwana, Kepha omabili asele izinyonga nje. Ngaphandle kokubulawa kukaPiti nabantu bakhe, yathi impi kaDingane yagwaza amaBhunu amakhulu ayisithupha."

Izindaba ZaseNatal 34
"AmaBhunu onke aseleyo ahlangana nabantu bonke bakaPiet-Uys, ababesalele emuva endleleni, besehla uKhahlamba kanye namanye amaBandla amaBhunu, afika muva. Impi yonke yawo imakhulu mane amadoda. Yaya kuhlasela kuDingane, ithanda ukushisa umuzi wakhe omkhulu uMgungundlovu. Inkosi yayiyeka ngesikhathi; yaza yasondela emzini; yafika endaweni ethile engcingweni, indlela iphakathi kwezintatshana ezimbili, eThaleni. Kuleyo ndawo aqala ukuyibona amaBhunu impi kaDingane. Kepha yahlehlela emuva kancinyane, yenza ngamabomu ngokusho kwenkosi, yenzela ukuthi ake asondele amaBhunu kuleyo ngcingo, angena kuyo, athi axosha amaZulu,

ayesaba. Kwaba njalo-ke: amaBhunu angena engcingweni, lapho elinye ibandla lamaZulu lesuka lanquma ngasemuva kwentatshana, amaBhunu engaboni lokho kwenza: layakuvimba ngasemuva, elinye lavimba ngaphambili. Ahlanganiselwa phakathi amaBhunu; kabe saba nandawo yokubuyela emuva ahlohle. Ngalokho abona ukuba kanasikhala sokulwa, ashaya aya phambili onke, abulala amaZulu athile ngalokho kwenza, kwavuleka aphuma. Kepha inkosi yawo, uPiet-Uys, nabantu abamashumi mabili, nendodana yayo eyithandayo, bafika ebulewe amahhashi kaba namandla okweqa. Yase ibaficile impi, yabahaqa. uPiet-Uys wayesenenxeba, wathi kubantu bakhe, 'Dlulani nabo; mina sengifile.' Benza njalo abanye, basinda; kwasala uyise nendodana; balwa, babulawa. Amanye amaBhunu aleyo mpi abuyela ezweni laseNatal, engenamandla okwahlula amaZulu kuleso sikhathi."

Isahluko 39
INHLANGANO YAMABHUNU NAMANGISI KUZULU
(Izigaba 35–39); (Umbango kaShaka noDingane: Isigaba 40)

Izindaba ZaseNatal 35

"Athi amaBhunu esahambile ukuyakulwa noDingane, kwasale kwaphuma impi yamaNgisi lawo ayingcozana, ayehlezi eThekwini. Enza lokho ngezwi lamaBhnu; ngokuba amaBhunu ayethi, 'Ingabe uDingane kayikuba namandla okusibutha ngamzila munye. Kuya kuthi uma nga elwa nathi, nina nifike kungekho madoda emakhaya, niphange izinkomo zakhe. Kepha kathisimbe asazi, angenza ukwahlukanisa impi yakhe, enye ize kithina, enye ize kinina. Kepha, nangalokho, akuyikuba nani, siyakuzuza isikhala sokumahlula. Ngalokho-ke lawo maNgisi amema abamnyama bawo, aya kwaNtunjambili, emizini yawoNombanga[1] noSotobe kaMphangalala,[2] afumana zimi zodwa nembala; yazidla eziningi; athumba isifazana nabantwana. Yabuya leyo impi; kepha leyo nhlanhla yavusa izinhliziyo zabo; zathanda ukuphindela futhi. Kwesuka usikisiki nasemaxhegwini afisa okungathithi angaphatha udondolo, ake aye kuzifikisela. Yaphuma futhi impi yamaNgisi yokwesibili. Kwakukhona amaNgisi ayishumi nashiyagalombili, namaLawu

---

1. KaNgidli wakwaThusi.
2. WakwaGazu.

amashumi mathathu, nabantu abamnyama abayizinkulungwane ezintathu. Kulabo abamnyama kwakukhona abamakhulu mane, bephethe izibhamu, bazi kahle ukushaya. Yahamba. Kwathi ngosuku lwesithathu kusihlwa yafika eMzinyathi, yangenisa. Kwathiwa uFunwayo[3] nabantu bakhe, kayekuhlola. Baluwela uThukela; babamba izinhloli zikaDingane emzini kaKude, bazishaya, babuya, bayakubika ngalokho abelungu baphikisana kakhulu. Bathi abanye, ayingene masinyane; bathi abanye, 'Asihlale ize ifike.' Ukuphela baqinisa ngokungena. Yawela uThukela; yadundubala entabeni; yafika emzini kaZulu kaNogandaya, eNdondakusuka; yawuhaqa ekuseni ngovivi, uma kumpondo zankomo. Kwakukhona elinye ibutho likaDingane; yalishaya ngesibhamu; abantu ababe sezindlini babona izinhlamvu zingena ngaphakathi, babambela emishayweni. Kepha izindlu zafola, sezisindwa abantu. ngalokho bashaya phezulu, bawa abantu beshayiwe. Umuzi wonke lowo wachitheka; abantu babulawa; izindlu zashiswa. Kepha wathi omunye, esezakufa, wayalela wathi, 'Ngibulaleni ukungibulala! Iyeza indlovu enkulu, izakuninyathela ngezinyawo.'"

Izindaba ZaseNatal 36
"Kwathi masinyane yaqhamuka indlovu enkulu; yakhalima ngezwi lempi yayo. Kepha uDingane, uqobo lwakhe, wayengekho kuleso sikhathi, kwakukhona izinduna zakhe zodwa, uMadlebe kaMgedeza, noZulu kaNogandaya, noNongalaza kaNondela. Lezo zinduna, kanye namabutho amhlophe, zemisa entatshaneni esobala, eziyakubona kahle konke lokho okuzakwenziwa, ziyitshele impi. Leyo mpi yamaZulu kwakuyizinkulungwane eziyishumi. Yathokoza ngokwahlula amaBhunu kathathu, ngokubulala uPiti eMgungundlovu, nangokuwabulala eMtshezi, nangokubulala uPiet-Uys nendodana yakhe eThaleni, yachitha abantu bakhe. Manje uZulu wayesethukuthele ukuba kwaphangwa izinkomo nabafazi nabantwana kwaNtunjambili, kwashiswa umuzi waseNdondakusuka futhi emehlweni akhe; wafisa kakhulu ukuphindisa. Ngalokho-ke balwa ngolaka olupheliswa ukufa ukuphela. Bathi noma sebeshayiwe, bagaqele khona, bathath' imikhonto, bacibe belele, belinga ukubulala njalo. Kwakufanele impi yabelungu ilwe ngamandla, bazi ingozi. Babemi eduze nalowo muzi amaNgisi namaLawu ephethe izibhamu emi ngaphambili, abantu abaphethe

---
3. KaMpophoma wakwaLuthuli.

imikhonto babemi ngasemuva. Kwafika abokuqala bempi yakwaZulu, begijima ngamandla. Bashaywa bakhithikisa okotshani busikwa. Bema, bathumela babaleka, bachithwa. Kwafika abanye, bevela kwezinye izindawo. Yahlukana impi yabelungu; enye yaya kweny'indawo, enye yaya kwenye. Elinye iviyo lalwa ngesibindi ngesikhashana, layichitha leyo mpi eyayilwa nalo. Ngasemva kwalokho labalekela ezibukweni loThukela. Zathi izinduna zakwaZulu, 'O! Kanti bangabaleka na?' Kwathokozisa uZulu lokho; wafika evela ezindaweni zonke, walihaqa lelo viywana eliseleyo, walinqoba, walibulala. Abaningi babulawa, bevinjelwe ngasezibukweni; abaningi baziphonsa oThukela, baminza emanzini. Bafa abelungu kunabayishumi nambili; afa onke amaLawu ukuphela ayingcozana nje; kwafa abaningi kubantu abamnyama, ukuphela labo ababaleka kuqala. Bafika ngabanye ekhaya eThekwini, izelanduli, ezithi, 'Nibona mina nje ukuphela.' Kwaba njalo-ke ngempi yaseDlokweni. Ngalokho-ke uMpande waduma, owayeseyinduna kaDingane ngaleso sikhathi [nguye] owayelungisa izinto zaleyo mpi ngentelezi."[4]

Izindaba ZaseNatal 37
"Kwadlula amasonto amathile; yafika impi kaDingane, iqonda eThekwini. Abelungu bonke, ababehlezi khona, bayakuhlala esiqhingini esiphakathi kwamanzi echwebeni. Kuthi emini, bahlale khona, kuthi ebusuku, bangene emkhunjini owawukhona. Kwakukhona umfundisi wase-America uMzilikazi (Mr Lindley), no-Owen owayevele eMgungundlovu, emva kokubulawa kukaPiti. Labo, nabanye abaningi, ngezinsuku eziyishumi nanhlanu, benza ngokunjalo, babona impi yabamnyama ihlanya, ibulala izinto zonke zabelungu. Izinto zendlu, nezingubo, nezinja, namakati, nezinkukhu, konke lokho bakubamba, bakubulala. Bachitha indlu nezinto zonke zikaGadeni; badlulela phambili emLazi, kwelika-Adams: baphonsa isikhuni somlilo phezu kwendlu, kodwa kayasha indlu.

Wabuya wahlasela futhi uDingane kumaBhunu (Aug. 1838) ayesenhla ngaseMnambithi. Kepha amaBhunu lawo aye nezinhloli, alinda kahle, enza izinqaba, awaxosha amaZulu, abulala abaningi. Kwadlula izinyanga ezintathu. Eselungisile amaBhunu esekhuliswe

---

4. Kungayo leyo mpi okwasala ngayo uDabeka kaDube, inkosi yamaQadi, kanye noNobanda inkosi yakwaMpumuza. Ngithemba ukuthi bobabili labo basala kuleyo mpi.

abazinge befika, ahlasela kuDingane. Impi yamaBhunu kwaku amadoda amakhulu mane namashumi ayisithupha, ahloma izibhamu, akhwela emahhashini. Yahamba yafika eNcome. Kwathi ngosuku lokuphumula (ngeSonto, Dec. 16, 1838) impi yonke kaDingane: abantu abazinkulungwane eziyishumi, yangena ngamandla kumaBhunu. Ngezikhathi ezintathu uZulu wazinge eqabavuleka enqabeni yawo, elinga ukuyifohla. Wathi uPotolozi (Pretorius) weBhunu, ebona ukuba uZulu ubuyele ngandawonye kwenqaba, wathi emadodeni amakhulu mabili kaphume ngamahhashi ngentuba ngasemuva kwenqaba, avele emacaleni omabili, amhlanganisele phakathi. Enza njalo-ke; uZulu amshayisa okwezinyosi ziyiqulo, amshaya amacala omathathu kwafa abaningi, kungathithi abayizinkulungwane ezintathu. KuseNcome lapho."

Izindaba ZaseNatal 38
"UDingane wabaleka, ethukile impela. Washisa umuzi wonke waseMgungundlovu, wangena emahlathini eduze neMfolozi, kanye nempi yakhe eseleyo; wazifihla isikhathi eside. KumaBhunu kwafa amadoda kungathithi aba mathathu, uma engabanga mane. Impi yawo yadlula yafika uMgungundlovu ususha. Babona ngaphandle komuzi, kuleyo ntatshana yegazi, amathambo nezinto ezasalayo zikaPiti nabantu bakhe, ababulawa sokuyizinyanga eziyishumi. Babona izintambo ababedonswa ngazo sebeyakulahlwa, zisanamathele emathanjeni emilenzeni nasemikhonweni; babona amathambo ezinhloko echotshozwe ngokwesabekayo ngezinduku nangamawisa. Babona futhi amathambo kaPiti uqobo lwakhe; bawazi ngesaka lakhe; bafumana phakathi leyo ncwadi, eyalotshwa umfundisi u-Owen, uDingane ayenike ngayo kuPiti nakumaBhunu izwe lonke laseNatal, eliphakathi koThukela nomZimvubu. Nokubhala kukaDingane kukhona kokuvuma kwakhe.

'Bawambela kahle amathambo abantu bakubo. Babona ukuba amahhashi akhathele, umsizi wezibhamu usuzawuphela, abasenamandla okumfuna uDingane emahlathini abalekele kuwona. Bathi bazakubuyela emuva. Benza njalo, behamba nezinkomo eziyizinkulungwane ezinhlanu azidlileyo.'"

Kuse awami, M.M. Fuze
[Kulapha sokuzawuthi-ke inkosi isacashile lapho, ithume uBhongoza wakwaNgcobo, inhloli enkulu, ithi kahambe aqunge isibindi, aye

INHLANGANO YAMABHUNU NAMANGISI KUZULU

kumaBhunu ayesamise phezu kwaseMthonjaneni; lokhu phela yena wabe elaphaya enzansi ehlanzeni kanye nempi nezinkomo nesifazana nezingane. Wakhuphuka-ke umfo wakwaNgcobo onesibindi kakhulu, waqonda kuwo phezulu eNkangala. UDingane wasala wayilungisa impi yakhe, wahlela kahle nezinkomo nesifazana; athi amabutho lawa izinduna zawahlalisa ngokuhlala, izihlangu baziphatha kahle, zafana neziNkomo. Wathi uba afike uBhongoza emaBhunwini, ebona ukuthi uyinhloli, ambuza ukuthi uphi uDingane nempi yakhe na? Waphendula wathi usecashe ehlanzeni kanye nesifazana nezinkomo. Abuza ukuthi mangaki amabutho akhe asehlezi nawo na? Wawalandula uBhongoza amabutho, wathi, "Kawasekho, njengokuba nani nabona eNcome, ukuthi nawaqeda onke; usehlezi nomndlunkulu nesifazane nezingane kuphela kanye nezinkomo." "Ingabi uyasiyenga, Bhongoza." Ahle afunge aqinise uBhongoza. Ahloma-ke amaBhunu, ambamba ngentambo uBhongoza, athi, "Woza, uyekusikhombisa lapho ehlezi khona uDingane."

Athi uba ahlome, amthatha uBhongoza ahamba naye, emkhunge ngentambo entanyeni. Uzwani-ke? Anela ukuqhamuka nje eMthonjaneni, azibona phansi laphaya izinkomo eziningi nabantu abaningi. Abuza kuBhongoza athi, "Yini leya yonke, Bhongoza, na?" "Yizo-ke izinkomo zonke leziya; okunye lokhuya ngumndlunkulu kanye nabafazi nezingane; ngoba amadoda aphela onke eNcome.' Behla-ke. Kuthe lapha beqala ukufika enzansi ehlanzeni, waphunyuka uBhongoza entanjeni. Wezwakala kalokhu uZulu, esesho ukuthi, "Baphakathi, mabandla kaMjokwane kaNdaba!" Basho qede kwaduma ngalapha nangalapha. Aqala amaBhunu ukumemeza, ethi, "Uphi Bhongoza?' Uphi Bhongoza?' Pho! Asabuza kubani obe ephi? Kade ebalekile waphonseka empini yakubo. O! Bawakhumbula-ke kalokhu, bewagwazela emagqutshini. Athi uba abone amaBhunu ukuthi kawasenakwenza lutho empini enkulu kangaka, ashaya ngezibhamu aqonda phambili njalo, kawabe esalwa. Kulapho lasho khona elinye iBhunu, selikhathele, lathi, "Hamba muhhashi wami, ngafela enzansi." Bawagwaza-ke, bawaqondisa ngaseMfolozi. Kanti isilele khona imiHaye. Nokho adlula aqonda ngasemaBedlana! Yiwo lawaya ebanga ngaseNhlazatshe; uZulu ewaxosha njalo!]

Ezisencwadini: Izindaba ZaseNatal 39
"Kwadlula isikhathi, uDingane waqala ukwanda futhi. Wazinge ethuma izigijimi kumaBhunu, namahhashi ayewadlile kuqala, ethi

89

uthanda ukuzihlanganisa kahle nawo. AmaBhunu athatha amahhashi, kungathithi amakhulu mathathu neshumi nesithupha. Kepha ala ukuhlangana naye, athi, 'Wokuze ubuyise konke lokho owakudlayo, izinkomo neziklabhu, nokwalezo zinto zonke owazichithayo.' Ngalokho-ke kwafika ezinye izigijimi, zathi, lezo zinto ziyakubuya. Kwakhonjwa indawo, okuzawulethwa kuyo izinkomo ezinye nezibhamu ezithile, kepha amaBhunu abona ukuba lezo zigijimi nalokho kusho yicebo nje lokuhlola kahle ukwenza kwawo. Esinye isigijimi sabanjwa, sabuzisiswa, savuma ukuba sithunywe uDingane, ukuba sizohlola uma amaBhunu kukho asebuyele ngezindawo zawo, kukho asahlezi ngasenqabeni yini na. Lokho kwabonakalisa ukuba useyimpi. Ngakho-ke ababe besaba namandla okuchitheka nezwe, nokuba balime kahle umhlabathi; kwasweleka ukuba balinde njalonjalo.

Kepha kuleso sikhathi (Dec. 1839) kwavuka umbango phakathi kwezwe lakwaZulu. Ngokuba uDingane wayenabafowabo ababili, angababulalanga. Omkhulu kwakuwuMpande, omncinyane kuwu-Gqugqu, esewumfana nje. UMpande wayeseyindoda; kepha abantu babethi kahlakaniphile, uyisinonseyana nje. UDingane wathi, kabulawe. Kepha induna enkulu, uNdlela kaSompisi kaNkobe wakwaNtuli, wala, wathi, 'Qha, Nkosi! Akulutho lokhu; awuyikuduma, noma ukubulele. Kuyeke nje.' Wamyekake uDingane. Kepha uMpande ngokwakhe wayehlakaniphile. Abantu baqala ukukhathala uDingane, bathi abanye, 'Kuhle ukuba sibuswe uMpande, sihlangane namaBhunu, nezinye izizwe.' Wakuzwa lokho uDingane; waqinisa ukumbulala [uMpande]. Kepha impi yakhe yayiphumile, iye kwaSobhuza, inkosi yamaSwazi. UMpande wasala weqa, nabantu bakwabo abaningi. Wawela uThukela kwelaseDlokweni. Wafika wangenisa ezweni elingaseMvoti, wathuma izigijimi, zayakumbika kumaBhunu, ecela ukusiza kwawo. Aqala athi, 'Yicebo lobuqili likaDingane, lokuba asibambe.' Kepha athulisisa, abuya avuma, ezwa ukuba uqinisile. Ahlangana naye ngokuthi azakumvikela amqinise uMpande, aze abuye awasize naye. Lokho kuwela kukaMpande kwathiwa 'Kugqabuke igoda.'"

Kuse awami, M.M. Fuze
[Isiminya sendaba simi ngokunje. Kwathi uba amaBhunu akhathazane kakhulu noZulu, emva kokubulawa kwakhe eNcome, waqala uDingane ukuzifunela izinqaba zokuphephela. Wayikhipha-ke leyo mpi eyahlasela eSwazini, ezama ukuwakhipha amaSwazi ezinqabeni zawo zemigede. Kwabe kuleso sikhathi uMpande esexwayile,

engasayi kukhonza kumfowabo njengalokhu abekade ekwenza. Waqala ukuhlala ekhaya emzini wakhe eNqakavini (okwabuye kwaba kuseMlambongwenya); wathi,njengomkhuba wakwaZulu, uyagula; ezigulisa engaguli ngasibili.Uthule wathula uDingane, waza wabona ukuthi uqamba amanga kaguli; wenza icebo lokuhlubuka. Wafuna isu lokumyenga, njengomkhuba wakwaZulu, wathuma izinceku zakhe ezimbili, uNxagwana noMathunjana, wathi mabaqhube izithole zezinkomo ezimashumi mane, baziyise kuMpande, enzela ukuba athi uba azibone uMpande, zimkhange, abe eseyakuzibonga lezo nkomo enkosini, khona eyakufika ambulale. Nembala izinceku zaziqhuba lezo nkomo baziyisa kumntwana uMpande. Bathe uba bafike nezinkomo lezo, bamhlebela, bathi, "Asize kukupha izinkomo nje, kodwa licebo lokuzakukuyenga, ukuba ubulawe." Lezo nceku zombili kungathi zase zidiniwe nazo yimikhuba emibi kaDingane yokubulala abantu, bengone lutho. Kungalokho bengamfihlelanga uMpande ukuthi uzoyengwa, khona ezawufika qede abulawe. Uthe-ke uMpande, uba akuzwe lokho, kaba esaba nokulibala ukukhuluma nokuthuma izigijimi phakathi kwezwe lakwaZulu lokuthi aziye kubo bonke abantu, ukuthi, amahhashi asegcwele izwe lonke. Mababaleke beze ngakuye, babaleke baqonde amaBhunwini. Pho! Kuzakuba njani? Lokhu impi yonke kaDingane iphumile iye eSwazini, kusele abayingcozana abaseleyo emakhaya, abesilisa nabesifazana nezikhundlwane? Lapho-ke kwathi bhidli ukubaleka abantu, sebekhathele yimpi yomlilo yamaBhunu, esebaqedile abantu ngesikiti, abasibiza ngokuthi isithunyisa. Zesuka-ke kuNowelamuva wawoShaka, iNkonjane edukel'ezulwini, ovele ngesiluba phakathi kwamaNgisi namaQadasi. Pho uzawuvinjelwa ngubani, lokhu uZulu wonke uhlasele eSwazini? Kanti naseSwazini lapho impi kaDingane ayibanga namandla okukhipha amaSwazi emihumeni yawo, yahluleka.

Kanti kunjalo njalo nempi leyo isikhahlamezele ukubuya. Alihaya-ke amabutho esefikile igama likuthi:

> "Siyamaz' uZulu emuka singekho.
> Awubatsheli kambe,
> Awubatsheli sasingekho."

Umchwayo omkhulu lowo wamabutho kaDingane.
Kwath'uba afike njalo amabutho, uDingane wathuma eyakhe impi, yokubeqela bonke labo eyakubafica ezindleleni bengakaluweli uThukela. Nanti ihubo lamabutho kaDingane:

"Ah! Hhe-hhe!
Iya! Hhe-hhe!
Iya! Hhe!
Iyo! Iji! Ji!
Eya! Oyijiji
Asiyikuze sababona:
Usezitheni!"

Babethunywe ukuba bahambe bebuyisa bonke abantu, babethuse nje, bangababulali. Munye kuphela umuntu owabulala abantu benkosi okwakuthiwe bangabulawa; kwaba nguMxakaza wakwaHadebe, uyise kaMhalaza, oweqa umthetho kaDingane wokuthi baze bangabulawa abantu; baze babuyiswe kube ukuphela. Kepha uMxakaza, emubi ngokwesabekayo, wazinge ethi kulowo nakulowo amfunyanisa endleleni, athi kuye, 'Ngidlula mbambombili ngiwufake!' esho emgwaza.
M.M. Fuze

Isahluko 40
UMBANGO KAMPANDE NODINGANE

Ezisencwadini: Izindaba ZaseNatal 40
"Kwaba njalo-ke. AmaBhunu abutha amadoda akhwele emahhashini amakhulu amane, enenkosi yawo uPotolozi weBhunu; noMpande wamema impi yakhe, amadoda ayizinkulungwane ezine, enenduna yawo, uNongalaza kaNondela.[1] Leyo mpi yahamba (Jan. 1840), yangena ezweni lakwaZulu, eMaqongqo. Kepha impi yayingekho ndawonye; ekaMpande yayihamba yodwa, eyamaBhunu ihamba yodwa.

Kepha enza into embi kuleso sikhathi amaBhunu. Esabutha impi eMgungundlovu, kwafika izigijimi zivela kuDingane, uDambuza[2] induna,[3] noSikhombazana, inceku yakhe. Bafika babika abakuthunywe uDingane, ngokuzakumhlanganisa nawo. Kepha amaBhunu ababamba bobabili; ababuzisisa ngamandla. Bavuma ukuthi, 'Ehhe! Sithunyiwe uDingane, ukuba sizekubona ukwenza kwenu noMpande.' Abathatha,

---

1. WasemaNyandwini.
2. Engaphansi kukaNdlela.
3. Elinye uNzobo kaSobadli wakwaNtombela.

ahamba nabo, afika eMzinyathi; akhandana khona noMpande. Wathi uMpande, 'Lomuntu, uDambuza, uyena owenza icebo lokuba kubulawe uPiti nabantu bakhe; uyena futhi owayeluleka ukuba ngibulawe.' Athi amaBhunu, kabulawe. Ngalokho eqa imithetho yonke yabelungu, ukubulala umuntu onjalo oyisigijimi senkosi enye. Wafa uDambuza enesibindi, ebasola abambulalayo, ebadumaza, ethi, 'Nenza kabi ngalokho, nokho nimhlophe.' Wathi, 'Kepha akunani mina nokho ngifa kodwa ngikhalela lo mfana, engihamba naye, uSikhombazana; ngokuba uyinceku nje, uya la kusho mina.' Nokho babulawa bobabili. Ngukwenza okubi impela lokho. Kuyihlazo kubelungu nakwabamnyama.

Kwathi ngasemuva kwezinsuku eziyingcozana kwalokho kubulawa, impi kaMpande yalwa nekaDingane. Kwalwiwa ngamandla. Amabutho amaningi ahlubuka kuDingane, ayakuhlangana noMpande. Ngalokho-ke impi kaDingane yahlulwa, yabaleka. AmaBhunu alandela uDingane, aza aya amxosha ngaphesheya kweMfolozi emnyama, aza aya amdlulisa oPhongolo."

Kuse awami, M.M. Fuze
[Kwathi-ke ukuba abaleke uDingane, waza waya wafika oBonjeni, wangenisa khona ehlathini. Kuthe ngolunye usuku izinkomo zakhe zadla insimu yomuntu wakhona; kepha nokho lowo muntu kaNhlongaluvalo uyise kaSambane wakwaNyawo waba nomunyu wayithethelela inkosi. Kuthule kwathula zaphinda zaya kungena kuleyo nsimu futhi, zayidla zayiqothula-ke manje. Nango-ke umuntu eyakubikela inkosi. Naye uDingane wathuma abokuyakubheka ezikwenzileyo, bafunyana ziqothulile impela. Ngalokho inkosi yamdabukela lowo muntu odlelweyo; yase ikhipha izithole ezine, yamnika zona, ikhokha ukudla kwalo muntu okuphelileyo. Yase ibeka izwi, yathi kuye, "Salusuthatha izithole lezo ezine, mina sengizawubuya nezigundu lezi zezinkomo zami." Wo! Yathukuthela yacinywa ngamanzi indoda, izwa elenkosi lokuthi izakunikwa izithole zibe zine zezinkomo, ibe seyithola izinkomo lezo kuphela, zithi izigundu zamathe ezinkomo zenkosi zibe ezikaDingane. Nansiya igijima iya kumaSwazi, iyakuwabikela, ukuthi uDingane usele yedwa, onke amabutho akhe ahambile ayekuthwala izimpahla zawo emuva kwaZulu. O! Ajabula kakhulu amaSwazi ngalokho. Ahloma, ahamba ubusuku, eseholwa yileyo ndoda yakwaNyawo, iyakubakhombisa lapho engenise khona.

Nembala-ke afika amaSwazi ebusuku. Pho-ke! Lokhu inkosi ilele edladleni nomndlunkulu kuphela, nebandlana esele nalo lamadoda eliyingcozana, lizilalele kude laphaya nalo kuleli elilele inkosi nomndlunkulu. Kuthe phakathi kobusuku laqubula iGovu (enye yezinja zenkosi ezabe zilala kanye nayo). Kanti iGovu leli liqubula nje sekufike wona amaSwazi. Athe uba ayikake indlu, ayihlabe ngomkhonto njalo. Yase iphuma inkosi ibaleka ingena ehlathini. Lithe liqala livuka nebandlana lelo elalisele nayo, abe esebalekile amaNkengane. Yafunwa ebusuku inkosi. O! Ayibonakali. Kwafunwa kwasa. Kuthe ngangomuso, lapho kufunwayo (kanti ayababona abakwaZulu amaSwazi efuna), ezwakala esememeza, ethi, "Ulaphaya ehlathini!" Nembala abakwaZulu baqonda khona lapho ehlathini, lapha beyalelwa amaSwazi khona. Bamfumana uDingane elele phansi, enenxeba. Bamthwala bamyisa ethangeni lapho. Babukisisa inxeba abamhlabe ngalo abafo. Base befaka owabo umkhonto kulo inxeba, balandisa laba likhulu, waphela ngalokho. Base bemba igodi njalo, bamgqiba; baphindela bonke kwaZulu. Ngoba naye wathi esevalelisa uDingane, wathi kubo, "Mina sengifile: hambani nibuyele kuMpande niyokhonza kuye. Kodwa into ebuhlungu kimi inye: ngoba abantu bakwethu bazakulokhu benukwa njalo kwaSongiya kuthiwa bangabathakathi." Wakhuluma lokho waphela.

Kepha uDingane uqobo lwakhe wabe emubi edlula umfowabo uShaka. Yena wabulala okayise, ngoba ethi uyahlupha ubulala abantu njalonjalo bengone lutho; ulokhu ehlasela izizwe njalonjalo, akukho ukuba kubuswe kuphunyulwe. Kepha nokho wabe esho njalo, wathi inxa esembulele, kwaba nguye ohlupha izwe kunoShaka. Lo muntu onenhlizinyo embi, wabulala bonke abafowabo emva kokubulala kwakhe inkosi yakwabo, inganti yona yabe imyekile ezibusela, ingathandi ukubulala umntwana kayise, imhlonipha; ingathandi nokumqhuba ngamandla ukuba ahlasele ezizweni njengaleyo mpi yokugcina kaKhukhulelangoqo.

UDingane, ngobubi bakhe, wathi uba ababulale bonke abakayise, wadlula wayakubulala noNgwadi kaGendeyana, embulalela okoba engumfowabo kaShaka, ezalwa sisu sinye naye. Wabulala uZihlandlo kaGcwabe inkosi yabaMbo, embulalela okoba ebe ethandana noShaka, evumile ukuba akhe nesigodlo, abe nomndlunkulu njengaye. Wambulala kanye nomfowabo uSambela.

UDingane, umuntu ngokubunjwa, inja ngenhliziyo, umthakathi ngesimilo. Wabulala uDube kaSilwane inkosi yasemaQadini engone lutho noluncu, ukuphela ngokumahlula emjadwini ababesinelana ngawo. Kwathi ngokumahlula kwakhe, elibele ukuqondelela imifece ezithweni zabantu, ecabanga ethi ukukheceza kwemifece kufana nezinhlamvu zamazwi aphuma emilonyeni yabantu; yanela ukuthatha nje insimango yezwe lasemaQadini, yayihlaba; kanti sekuwukubulawa kwakhe njalo lokho okaSilwane; umthakathi wazindla wathi, lokhu emncinte ngokusina usezakumamuka nobukhosi bakhe, amncinte nakubo.

UDingane, umuntu onenhliziyo embi osongathi udlula bonke abathakathi. Wabulala uPiti namaBhunu akhe, emyisele izinkomo zakhe ezase zimi enqabeni kumfo wakwaMolife uSigonyela. Kepha amaBhunu, engamesabi wona uSigonyela njengaye, ayithatha qede impahla kaDingane, wafika wawabulala, engenzanga lutho olubi, ukuphela ukuba enze okuhle kodwa kuye ngokumhlonipha.

UDingane, umuntu onesibindi esibi, owabulala kabi oNhlanganiso noMphezulu, ngenxa yokuthi babebone izinkomo, ababethunywe zona ukuyakuzihlola; kwathi ngokungabonakali kwazo lapha seziyodliwa, wabakhipha amehlo bobabili, ethi yikhona bezawuphuphutheka bangaboni, Lokhu kanti bathe babone izinkomo, zingabonwa abanye abantu abanamehlo njengabo.

UDingane, wabe eqinisela efana nenyoka elumayo. Okwathi noma esebaleka exoshwa ngumfowabo uMpande, wathi lapha ehamba esebaleka ekanye nomndlunkulu, bathi lapha bewela uPhongolo, enye inceku yakhe yalunguza ngalapha kuwela khona umndlunkulu, yase ithola icala ngalokho; wathi, "Uyabheka, ubhekani? Muthatheni!" Waba uyabulawa njalo lowo muntu.

Awukho nowodwa umkhuba omuhle owake wenziwa nguDingane, njengokuba ngingabala imikhuba emihle kaShaka, njengokuthi:

Kwathi indoda ethile ijezisiwe, isizakubulawa; wabuza kuyo uShaka, wathi, "Lokhu sowuzakubulawa nje, ushiyani enhle lapha emhlabeni na?" Yathi indoda, "Nkosi ngishiya inkosi; ngishiya isikhundlwane sami lapha siqala ukuhleka; ngishiya inkonyana yenkomo lapha iqala ukutshekula." Ngalawo mazwi uShaka wathi, "Muyekeni." Ngesinye isikhathi, uShaka ebona ukuthandeka kukagwayi kubantu, wakhipha isithole esimithiyo, wasinika abantu ababili, wathi mabasiqhube, bahambe becela ugwayi endleleni wathi lowo abaya kucela kuye angalanduli, oyakusimze abashiyele nje engaphendulanga, bamnike yona le nkomo ibe eyakhe. Labo bantu ababili bahamba laza lacishe ukushona bengamtholi onjalo; bethola laba kuphela abathi nonxa benawo ugwayi baqale ngokulandula, anduba babashiyele. Kwaza kwathi sebehambe kakhulu bafunyamisa isalukazi, sihamba, abathi besacela nje asaza saphendula, sasimze sachathaza ugwayi waso nje sabashiyela. Base bethi kuso, "Nansi-ke inkomo yakho, yiqhube uye nayo ekhaya emzini wakho." Samangala nje isalukazi ukuthola inkomo singayazi. Sabonga ngokubonga okukhulu.

Nonxa simbabaza uShaka sithi wabe enesibindi sokubulala abantu, singahle sisho siqinise sithi wabe ehlakaniphile, ethanda ukwenza izinto zonke ngokuhlakanipha: Yena wabe ethanda ukuzihlanganisa nabelungu, ebona imisebenzi yabo yokuhlakanipha, kungalokho ukuba wacabanga ezindla, waza wabona ukuthi ake ngiyobona lapha kuphuma khona laba bantu abanombala ongafani nowethu: laba abamhlophe bona. Wase ethuma isikhulu sakhe esikhulu, uSotobe kaMphangalala wakwaGazu kanye nomunye umnumzana, wathi ake bawele ulwandle bayekubona lapha bephuma khona ukuba kunjani na. Bahamba-ke oSotobe, baya bafinyelela eKipi, lapha kwakuthiwa kuphesheya khona. Bafika bazibonela ukuma nokuhamba kwabelungu. Pho! Bayaqala befika lapha, sebembulele abathakathi uShaka. Ngiyabona ngeqiniso, ukuthi, ukuba abambulalanga, kwakungayikuba njena ukuhlala nokuhamba kwethu ngoba phela yena wabe enxanele ukuzihlanganisa nabo abelungu ngemikhuba yonke yabo yokwazi. Bathi bembulala uShaka babe bethi bazakwenza okuhle bayeke okubi kukaShaka. Kuphike okuhle okwenziwe nguDingane? Amanyala lawa odwa okukhomba ubuthakathi, nobushinga, nobunja, nokuganga kokudlala ngabantu bakaNkulunkulu! Umuntu ekhohlwe nokuthi uyini, wavelaphi, uyini emhlabeni!

Ngesinye isikhathi uShaka wathi makuvele umuntu ongaphikisana nelanga, ongalimemeza lize lishone. "Ongenza into enjalo, ngiyakumnika nansi inkomo esibayeni." Yavela enye indoda ethile yathi ingakwenza yona lokho. Kwasa ngangomuso, kwasa libalele. Nembala lathi lisathi thu nje, yasho ngengila indoda, yathi, "Ilanga leliya! Ilanga leliya bo!" Kwema lokho imini yonke, ilimemeza njalo. Lathi liyakuqala ukushona yabe isikade iphelile.

Nguye uShaka owasiqambela izwi elikhulu lokuthi "Umkhupha uthi ubunjwa ube ushwaphuluzwa." Wathi indoda mayiqinise ukuhlafuna izinkobe zommbila, ukuze ivuke iqinile ngangomuso; ingadli okugayiweyo nokumanzi kodwa, funa umzimba wayo ungaqini. Ngithi mina abakwaZulu benze kahle ukuba bandise inxeba lapha amaSwazi abe emhlabe khona uDingane. Khona naye ezakuzwa umkhonto njengokuba awuzwisa umfowabo omkhulu uShaka. Ozwisa omunye ubuhlungu, naye bayakumzwisa abanye, afise okwakhe naye.]

Isahluko 41
UKUFA KUKADINGANE NOKUNGENA KUKAMPANDE NOKUNGENA KOMBUSO WAMANGISI ENATAL

Ezisencwadini: Izindaba ZaseNatal 41

"Wathi uma afe uDingane, amaBhunu abuthana osebeni lweMfolozi (Feb. 14, 1840); ashaya izibhamu, amemeza, abeka uMpande inkosi enkulu yakwaZulu. Lokho kwenziwa uPotolozi. UMpande wawapha izinkomo eziyizinkulungwane ezimashumi mathathu nesithupha; emuka nazo, ahlulelana. Kwathi kusandukuphuma leyo mpi yamaBhunu ukuyakulwa noDingane, induna yenkosikazi yamaNgisi, eyayibusa eCape Town, eyayiphezu kwezwe lonke leli, yawabiza amabutho amaNgisi ayeseThekwini. Akwasala nelilodwa ibutho lenkosikazi ezweni lonke laseNatal. Athi ukucabanga amaBhunu, 'Inkosikazi isilidelile leli zwe; sokungelethu; isithanda ukuba sizibusele.' Aqala ukubusa ngemibuso yawo; akha izindlu, alima, alusa izinkomo, neziklabhu, namahhashi, abiza izihlobo zawo, athi, 'Phumani kulelo lizwe lenkosikazi, nize kuleli lethu laseNatal.

Kepha inkosikazi yayingashongo njalo. Yayithe, ngezikhathi zonke, 'Lawo maBhunu, asuka ezweni lami, awami; lelo lizwe laseNatal elami.' Manje yathi, 'Nokho induna yami ibize amabutho, angilidelile izwe, angivumi ukuba amaBhunu azibuse kulona.' Induna yaseCape Town yavuma ukuhlangana kahle namaBhunu; ala impela; yathuma amabutho futhi. Kwafika uSmithi (Capt. Smith) namabutho ayingcozana, amakhulu mabili nje, enombayimbayi ababili. Wawela uMgazi, wawela uMzimkhulu, wawela uMkhomazi, neminye imifula emikhulu, wawela uMhlathuzane, wangenisa kwaKhangela (May 4, 1842). Leyo mpi, ukuhamba kwayo, yawela imifula nemifuyana eyikhulu namashumi mabili nambili!"

Izindaba ZaseNatal 42

"AmaNgisi aseThekwini ayakuhlangabeza amabutho, athi, 'Kuhle, kuhle, bandl' ephakathi! Asibonanga size sithokoze ngalokhu kuthokoza. Ngenyanga eyadlulayo yonke, sezwa ukuba amabutho ayeza; sasisengozini. Seqa kulelo bandla lezidlova, elalithi, uma singahamhi sihlangabezane silwe namabutho enkosikazi, liyakusiphanyeka sonke. Sala ukuvuma; saza sabaleka; sashiya izindlu zethu, sathi, sizakulondwa yinina. Akubongwe uNkulunkulu, lokhu senifikile.'

Yafika ngaseThekwini ntambama. Yenza inqaba masinyane kwaKhangela ngezinqola; yalungisela izinto zonke zokulwa. Kwafika umlungu owayekhona kwaKhangela; wamangala ebona impi encinyane engako, kuthiwa izakulwa namaBhunu. Wabuza wathi, 'Ikhona yini enye impi ezawuphuma ngaselwandle na?' Yalandula induna uSmithi, yathi, 'Angesabi ukulwa, nokho amaBhunu ephindwe kabili.' Wahleka lowo mlungu, azi ukuba impi yamaBhunu abantu abayinkulungwane namakhulu mahlanu, ihlome kahle izibhamu nezinye izikhali. Ngalolo suku kusihlwa, afika ngalo amabutho, abona indwangu yobukhosi yamaBhunu iphanyekwe enqabeni eThekwini. Aya kusasa amabutho, ayidabulela phansi, abulala umbayimbayi wamaBhunu ophansi kwayo, aphakamisa indwangu yobukhosi yase-England.

Izinduna zamaBhunu zaziqale zathuma izincwadi enduneni. Yala ukuzithatha, yathi akuze zona uqobo lwazo. Impi yaphuma kwaKhangela ngasemuva kwezinsukwana, yaya yaphethela ngasethafeni lelo, kwamaLinde, osokuyiCamp manje laseThekwini. Kwafika abaningi kumaNgisi abantu abamnyama benezixathu zezampokwe, beshaywa amaBhunu, ebashaya ethi, 'Sishaya uDingane.' Besaba ukukhuluma nomlungu."

Izindaba ZaseNatal 43
"Kwathi ngosuku lobuhlanu efikile uSmithi, kwezwakhala ukuhamba kwezinqola ubusuku bonke, zihamba zidabula ehlathini. Induna yezwa kusasa, ukuba amaBhunu amaningi abuthene eThekwini. Yalungisa impi. Kwadlula lolo suku afika ngalo, usuku lokuphumula (May 9). Kwathi ngangomuso, uSmithi wayibiza induna enkulu yamaBhunu, wathi, kayize kuyena ayitshele izindaba ezishiwo inkosikazi. Wala uPotolozi. Wathi uSmithi, 'Ngizakumqhuba eze.' Wakhipha impi; yahamba, yafika kwaKhangela, yabona amaBhunu ekhwele emahhashini, ehamba ngamandla, ememeza, nabafazi nabantwana bekhala, bethi, 'Impi izakusishaya masinyane.' Yile incwadi yebutho likaSmithi, elalikhona: 'Sathi uma sisondela kwaKhangela, sabona uPotolozi, ehamba namadoda emabili esihlangabeza. Yathi induna yethu, uma imbone eza, yasikhuza, sema. Wafika enduneni, wethula isigqoko, wakhuleka. Sambona kahle ekhuluma nenduna; kanti indoda ende, ugongolo nje, kepha isisu iqhaga nje.

Induna yethu yamtshela izindaba zenkosikazi. Kepha waliphika izwi layo, wathi kodwa, 'Angithandi ukulwa namabutho. Kepha mina, nabantu bami, angithandi ukuba ngibe phansi kwemithetho yase-

England.' Wathi, 'Ichweba alibe elayo; mina ngiyakuletha izinto zami zokuthenga khona.' Yathi induna, 'Ayi! Akuyikuya kahle ngalokho; ayiyikukuvuma lokho inkosikazi. Hlalani izinsuku eziyishumi nanhlanu, niqonde ngazo.' Sahlukana kanjalo, sabuyela eCamp."

Izindaba ZaseNatal 44
"Zadlula lezo nsuku eziyishumi nanhlanu. Ngazo zonke lezo zinsuku amaBhunu ayebuthana kwaMakhala, ngaphesheya koMlazi. Wakuzwa lokho uSmithi; kepha wayethanda ukungalwi uma kungenzeka, ngokuba wabahawukela, ebona benza bengazi. Ngalokho-ke wahlala leso sikhathi sonke. AmaBhunu esehlangene ngokwenza kwawo adlula kwaKhangela; afika enza inqaba lapho. Nansi incwadi kaSmithi, ayilobela induna enkulu yaseCape Town, ngokwenza kwakhe kwokulwa namaBhunu.

Wathi, 'Ngiyakubikela, ngidabukile kakhulu, ngokokuhlasela kwami okubi amaBhunu, abuthene kwaKhangela. Ngakubikela kuqala ngezinto ezinye, ezenziwa amaBhunu, ahlupha amabutho: ngathi ngiqinisile, uma kungenza ngokodumo lwenkosikazi, angiyikuhlasela kuwo, ngifisa ukuba ngibahlanganise nathi labo bantu abadukileyo, ngibathulise kahle. Kepha kufike incwadi, ivela kuwona, yakhuluma ngokokudumaza, yajivaza, yathi, impi yami kayimuke masinyane eNatal. Futhi kufike abantu behlomile, badla izinkomo ezimashumi ayisithupha zempi yami. Ngabona ukuba lokhu sokuyisikhathi sokuvimbela ngamandla ukwenza okunjalo."

Izindaba ZaseNatal 45
"Ngathi, sengiqondile kahle, sokufanele ukuba ngingene ngempi enqabeni yawo kwaKhangela, kepha indlela eyayiya khona yayidabula ehlathini. Ngathi kuhle ukuba sihambe ebusuku ngesobala emanzini, osebeni lwechweba, uma lisemukile. Ngafaka umbayimbayi emkhunjini, ngathi awuhambe, uze ufike ngakwaKhangela, uhlale ngize ngifike nempi, wenzele ukuba impi ike ize iphelele, ilunge. Ngayikhipha impi eyikhulu namashumi mathathu nashiyagalombili. Sahamba phakathi kobusuku; kwakukhanya, inyanga isihlangene. Safika eduze nenqaba yamaBhunu. Kepha umkhumbi angaze ngawubona. Ngathi akuyikuba kuhle uma simi lapha, asihambele phambili. Sahamba saya safika eduze nensonge, sisithwe imithi ngakwesokuphonsa. Kwathi uma sesizakufika ekupheleni nemithi, sesizakuphumela esikhaleni esisobala nakwaKhangela, sezwa amaBhunu esesishaya, singawaboni, sisithwe

imithi. Salungisa ombayimbayi bethu ababili; sashaya ngabo; anga ayathula yilokho. Kepha izinkabi ezazidonsa ombayimbayi, zabhekuza, zabawisa ombayimbayi. AmaBhunu ashaya futhi ngobunzima; kwafa abaningi bempi yami. Ngabona ngathi kuhle uma sibuyele emuva. Sathi yeme ukubuyela: kwaba ingozi, ngokuba kwasokubuye idobela. Kepha ngadabuka ukuba sishiye ombayimbayi, kufe izinkabi.

Empini yamaNgisi kwafa amashumi mathathu nane, nezinkubele ezamashumi ayisithupha nantathu. Masinyane phakathi kobusuku amaBhunu afika enqabeni, afika ngamandla; kodwa kabanamandla okungena; kwathi ngovivi emuka. AmaBhunu onke ayesempini, ayemakhulu mathathu ayelinde inqaba yawo. Kepha kulawo yingcozana, ayelwa phakathi kobusuku, akubangakho ingozi kuwona; ayesithe ngemithi kahle."

Izindaba ZaseNatal 46
"AmaBhunu ahlenga kahle izinkubele zamaNgisi, azikhipha emanzini, aziyisa kuSmithi enqabeni, kanye nabafileyo; oSmithi babambela kahle. Asuka amaBhunu, aya ePhayinde (Point), afika aphanga ukudla konke kwempi yamaNgisi, okwakufike ngemikhumbi, kusahlezi khona. Baphanga nombayimbayi; baphanga nezinto ezazisemikhunjini emibili esechwebeni; bathumba amaNgisi onke abawafumanisayo, ababehlezi eThekwini, uKito (G.C. Cato) nabanye, abashiyagalombili, ukuphela kwabo; baphanga izinto zonke zabo. Babayisa kwaKhangela kuqala; bababophela ezingongolweni ngezinsuku zaza zashiyagalombili; babayisa eMgungundlovu. Bathi, uma bafike khona, babafaka etilongweni, bababopha ngamaketanga emini, kuthi ebusuku bababophele ezingongolweni, amasonto az'aba yisithupha.

Kepha uSmithi nempi yakhe, amaBhunu ayemvimbele aba ngakho. Kwathi masinyane ngasemva kwaleyo ngozi enzima, uSmithi wayethume isigijimi sokuya kubikela induna enkulu yaseCape Town, ngokwenza kwakhe kosizi, uDiki (H. King), wavuma ukuhamba ayise lezo zindaba. uKito, engakabanjwa amaBhunu, wamwezisa ichweba ebusuku, kanye namahhashi amabili, emikhunjini emibili, ukuze angabonwa amaBhunu. Wahamba ngamandla yedwa, phakathi kwezizwe angazaziyo; wawela imifula eminingi emikhulu; wafika, wayibikela induna. Ekupheleni kwezinsuku ezimashumi mathathu nanye, kwafika ukuphuthuma, yaphuma ekaSmithi engozini.

Kepha leyo ngozi yayinzima impela! Babengasenakudla, base bedla amahhashi, nothuli lwempuphu yezinkwa, nefoliji elibhuliweyo, beqinise ngokungahlulwa amaBhunu. Kwakukhona lezo zinkubele eziningi, nabanye abagulayo abaswele ukulondolozwa kahle. Kwakukhona kuqala nesifazana nabantwana; kepha amaBhunu athi, kasiphume, siye emikhunjini. Ngemihla yonke amaBhunu ashaya ngombayimbayi; ashaya kamakhulu ayisithupha namashumi ayisihlanu nanye; kwafa kumaNgisi abantu abahlanu nje, Kepha abane baba izinkubele. Kwaba njalo-ke; izindlu zonke nezinto eziphakathi kwenqaba zabulawa impela."

Izindaba ZaseNatal 47
"Zadlula lezo zinsuku ezimashumi mathathu nanye. Kwathi ebusuku uSmithi nempi yakhe babona ngokujabula izibonakaliso zokufika komkhumbi wokulwa wamaNgisi. Kwathi ngangomuso ebusuku kwafika omunye. Ngangomuso ntambama amabutho aphumela ePayinde (Point), ayidabulela phansi indwangu yobukhosi yamaBhunu, aphakamisa indwangu yobukhosi yase-England. AmaBhunu ashaya isikhashana kulawo mabutho, abuya abaleka; amabutho akhuphuka, aqonda kuSmithi, ahlangana nempi yakhe."

Isahluko 42

AMASHINGA AMABI

Ezisencwadini: Izindaba ZaseNatal 47 [kuyaqhubeka]
"Kepha kwakukhona abamnyama abathile, abenza into embi ngaleso sikhathi. Yayithe induna yaleyo mpi eyafikayo, 'Abamnyama bonke abafune izinkomo namahhashi, bazilethe empini yakhe.' Kwaphuma abamnyama abayingcozana, babulala amaBhunu amathathu, engalwi nempi yamaNgisi; baya emizini yawo, bafika bafumana isifazana, basidwengula izingubo zaso, basihlubula, basiphatha kabi, basisika ngemikhonto, basixosha ekhaya. Kwaba kubi impela lokho kwenza okunjalo; benza ichilo labo bantu."

Kuse awami, M.M. Fuze
[Abantu aba amashinga labo kwakuwuFunwayo kaMpophomo wakwaLuthuli kanye nabantu bakhe, abenza lawo manyala, babulala uDerekke namadodana akhe amabili, bagila amanyala amabi okuhlubula awonoyi, babanqunisa impela, babachumbeza ngemikhonto, babakhipha ekhaya, babadingisa.

Ukwenza kobugcwelegcwele okunjalo kukhomba isimilo somuntu owabe ekugila ukuthi wabe engumuntu onjani na? Kunjalo. Nalowo ongamaziyo uFunwayo, ongazange ambone ngamehlo akhe, uyakushesha ambone ukuba kwakungesomuntu walutho, kwakuyisigangi, isigilamikhuba emibi. Uze wemuka emhlabeni esebenza bona ubushinga lobo. Wabe enesifunda sakhe esencikene nesomfowabo uNondenisa kaMabhangwini wasemaThulini. EsikaNondenisa sisemi nanamuhla siphethwe umzukulwana wakhe uMdungazwe kaMakhongolo. Kepha esikaFunwayo sesanqunywa sapheliswa. Nendodana yakhe uNdlela, osewashona naye, wabe engemuntu walutho, eyisigcwelegcwele njengoyise; eqedwa ngugologo kakhulu yena. Naye wabadla bonke abafowabo ebagcweleza efuna izimpahla kubo. Indodana kaNdlela yaphambana nomthetho yakomkhulu. Basebuwa ngalokho ubukhosi bukaFunwayo, waphathwa ngabanye naye.]

Ezisencwadini: Izindaba ZaseNatal 47 [kuyaqhubeka]
"Kwaphela ukulwa kwamaBhunu; inkosikazi yamaNgisi yabusa phezu kwezwe lonke laseNatal. Amanye amaBhunu enama ukuhlala phansi kokubusa kwayo, nanamuhla asahlezi. UPotolozi namanye amaningi aqinisa ngokumuka. Abuya adundubala uKhahlamba, ahlangana nabantu bakubo abahlezi khona enzansi komfula omkhulu (Vaal River) ababezibusa kuleso sikhathi, bephume emazweni enkosikazi, beqale ukwakha umuzi omkhulu eBloemfontein. Ngasemva kwesikhathi kwezwakhala ukuthi labo bantu bathanda ukuba uMpande ahlasele kumaNgisi aseNatal. Kwezwakhala futhi ukuthi bahlupha abantu abamnyama abahlezi nabo. Yathi inkosikazi yamaNgisi, lawo maBhunu abantu bami, nokho sebephume ezweni lami. Angivumi ukuba bazibuse benze lokho. Yathuma induna nempi; impi yalwa namaBhunu, yawazasha; inkosikazi yabusa phezu kwalelo zwe. UPotolozi, owayebusa amaBhunu, nabanye abantu bakubo, wawela lowo mfula omkhulu; wakha ngaphesheya kwawo, wazibusa khona Yabayeka-ke lapho inkosikazi; namanje[1] ama-Bhunu asazibusa khona. Kepha uPotolozi usafa (July 23, 1853)."

Izindaba ZaseNatal 48
"Kepha lelo lizwe elingasenzansi komfula omkhulu lalakhiwe izizwe zabaSuthu eziningi, engakafiki amaBhunu namaNgisi. Lalakhiwe futhi

---

1. Kususelwa ekucindezelweni kwale ncwadi.

amaBhastheli (Bastaards), okhokho bawo amaBhunu, kepha onina izinhlobo zezizwe ezinye ezimnyama. Labo bantu babevele ezweni lenkosikazi kuqala, bebuswa umuntu omnyama, igama lakhe u-Adam-Kok. Manje sebebuswa umuntu omnyama; kepha isizwe sakubo kuthiwa amaGriqwa. Inkosi enkulu yabaSuthu, uMshweshwe (Moshesh). Kepha kukhona izizwe ezinye ezenza njengabaSuthu. kukhona namakhosi azo, uSigonyela, noMyezane, noMoroko, namanye. Bengakafiki labo bantu abamnyama, kungathithi endulo, lelo lizwe namanye amazwe angalapho ayakhiwe amaBhusumane (Bushmen), ukuthi, abantu behlathi. Labo bantu abancinyane, abanakufundiswa impela, ngokuba abajwayele ukuhlangana nabantu. Abanankomo, abanamasimu; baphila ukweba izinkomo zabantu, nezinyamazane, abazishaya ngemicibishelo enobuhlungu. Abakhelene; uma bahlukaniswe umfula nje, abezwani ukukhuluma kwabo; ngokuba ulimi lwabo luyaqoqoza ukukhuluma kwalo. Bahlala emihumeni ezintabeni; ikhona imihume enjalo oKhahlamba, eseyashiywa abaniniyo. Phakathi kwayo baloba imifanekiso yezinkomo, neyabantu abakhwele emahhashini, neyezinye izinto ezinjalo. Labo bantu babevamile kuleli zwe laseNatal; ukuhlala kwabo kuwokwempi iminyaka yonke, besinda ukweba izinkomo zabantu. AmaNgisi, ukufika kwawo lapha, afika akha inqaba ngaseMtshezi yokulinda bona. Labo bantu; ngokuba ngaleso sikhathi babesenamandla okweba izinkomo zabantu. Kuleyo nqaba kwakuhlala amabutho akhwela emahhashini. Namanje isekhona leyo nqaba; Kepha akusahlali muntu kuyona; ngokuba sokwaphela lokho kuleyo ndawo. Kodwa akukapheli impela ukwenza kwabo kwezinye izindawo. Amabutho asahlala elinda ngezikhathi zonke ukwenza kwalabo bantu."

Izindaba ZaseNatal 49
"Manje inkosikazi seyaliyeka lelo lizwe elingenzansi komfula omkhulu, iSangqu (Vaal River). Yaliyeka ngalokhu, ukuba kwathi amaXhosa eselwa namaNgisi okobune, kwesuka uMoshweshwe, welekelela amaXhosa. Impi yamaNgisi yawahlula amaXhosa; yadlulela kuMoshweshwe, ukuyakumshaya. UMoshweshwe wamema impi yakhe, yalwa namaNgisi (1852), yaxoshwa. Kepha yalwa ngesibindi; umuntu osileyo yena uMoshweshwe. Zathi izinduna zenkosikazi, ezazibusa kulezo zindawo, zathi, 'Leli zwe akuzwe lalutho; nokho inkosikazi iliyeka, kulungile. uMoshweshwe, nabantu bakhe, uma ethanda ukuzihlalela, Kahlale azikhonzele kumaBhunu.' Kepha angisho, ukuthi, lezo zinduna zenza kahle; zalidelela izwe lenkosikazi, ngoba izwe lihle lelo lokondla izimvu kunalawa onke asenzansi. Kepha izinduna zenkosikazi zasho njalo,

yavuma, yaliyeka lelo zwe, yathi abantu bakhona abazibuse. Namanje bayazibusela; amaBhunu ayazibusela, noMoshweshwe nabanye abantu abakhona bayazibusela nabo. Kepha kusandukulwiwa amaBhunu noMoshweshwe; ahlulwa amaBhunu; abiza induna enkulu yenkosikazi, eseCape Town, athi, kayizobahlanganisa. Yeza yabahlanganisa noMoshweshwe; kepha angisho ukuthi bayakuhlala kuwukuthula njalonjalo ngezikhathi zonke."

Izindaba ZaseNatal 50
"Inkosikazi yamaNgisi yaqinisa ngezwi layo ukwenza kwezinduna zayo ngezinto zaseNatal. Yemisa izinduna, okuthiwa, oHulumeni, zokulibusa egameni layo. Yathi azenze kahle izinto zonke zokulunga, phakathi kwabamhlophe nabamnyama. Ilibusa leli zwe ukuba ilonde ukulunga konke komusa egameni likaNkulunkulu, yandise ngamandla ubuhle nenhlanhla yabantu bonke balo. Yemisa uSomtsewu, yathi, kabe induna kaHulumeni, yokumluleka ngezinto zabamnyama. Yemisa abokuthetha amacala kwezinye izindawo zezwe, ukuba kulungiswe izinto zonke zokuphikisana, nokuba kushaywe abantu bonke abenza ububi, abamhlophe nabamnyama. Yayaleza kakhulu ukuba labo bonke, nezinduna zonke zabo, benze okulungileyo, ukuba abantu bonke bayo bathokoze ngokubusa kwayo."

Izindaba ZaseNatal 51
"Kuhle ukuba abantu abamnyama bazi kahle ukuba nembala inkosikazi ayivumi ukuba baphathwe kabi, bahlushwe, badelelwe, baxoshwe ngamandla emazweni abo, abahlezi kuwona ngokuvuma kwayo, engesiwo amazwe abelungu. Bhekani! Kungenzeka lokhu, ukuba abantu abamnyama basuswe ezweni abahlezi kulona, banikwe elinye izwe; ngokuba abamhlophe, nabamnyama abangafundiswanga kahle, abafani ngokukhetha izwe. Abelungu bakhetha izwe elifanele ukulinywa ngegeja labelungu; abamnyama bakhetha izwe lokulinywa ngomphini wabamnyama, bakhetha nje phakathi kwezihoqoba. Ngalokho-ke musani ukusola uma nga uHulumeni esuk'ethi, egameni lenkosikazi, kubantu abamnyama, abangafundiswanga ngemisebenzi yabelungu, 'Sukani kuleyo ndawo; ifanele umlungu; niye kuleya, efanele abamnyama.' Kepha inkosikazi iyakwala impela ukuba abamnyama bahlushwe badleke, baxoshwe emazweni abo, ngokujabulisa umlungu nje. Iyabathanda bonke abantu bayo, abamhlophe nabamnyama, ibanakekele. Iyazi ukuba uNkulunkulu ubanike bonke esandleni sayo, ukuba izamele inhlanhla yabo bonke. Njengalokho-ke ukususwa

kukaMnini ezweni lakhe elidala, yathi inkosikazi kanikwe elinye libe elakhe nezizukulwana zakhe."

Izindaba ZaseNatal 52
"Kepha iyathanda impela inkosikazi ukuba abantu bayo abamnyama bafundiswe imisebenzi yabelungu, babe nefa lamazwe abo njengabelungu, bazi ukuwalungisa nokuwalima kahle, baveze imali kuwona, bathenge zinto ezinye zabelungu, abangahlala kahle ngazo, bahlangane ngokwenama nabo, bangathi behlezi babe besola ize, ngokuba bengafundiswanga. Njengalokhu uma bethela imali, bayasola, bathi, 'Siyahlupheka ukuthela imali.' Lokhu kuya ngokuba bengasebenzi imali ngokwabo. Uma banamazwe abo, bazisebenzela kuwona, bathole imali ngokusebenza kwabo, bayakwenama ngalokho ukuthela imali, njengabelungu laba bonke bayayithela imali ngezwi lenkosikazi, ukuba izinto zonke zabo zilondolozwe zilungiswe ngaleyo mali. Kepha bona abelungu abasoli ukuthela imali enjalo, ngokuba bayazisebenzela, bayazi futhi ukuba ngokuthela leyo mali bazilungisela bona, ukuba kulondolozwe izinto zonke zabo. Le misebenzi, yokuthi abokuthela amacala, namabutho okuvimbela impi, nezindlela zokuhamba izinqola, nezinto ezinye ezinjalo, lokho konke kulondwa ngaleyo mali, ukuba kungafiki izizwe zilichithe izwe lakithi, zibulale abantu bakithi, kuhlupheke izingane kuhlupheke abafazi, kushiswe imizi, amasimu alale amafusi, abantu bahlale emahlathini. Iyathanda inkosikazi ukuba kuphele lokho kuhlala okunjalo phakathi kwezwe layo, kwabamhlophe nabamnyama, nezinye izinto ezimbi, eziphambana nemithetho, okukaLangalibalele, noPhuthini, noMdutshana, noSidoyi, noMatshana. Ayivumi ukuba abantu bayo bangahlali kahle, bezinge bexhuxhuma belwa abanye nabanye, behlubuka emakhosini. Ngakhoke iyathuma amabutho nezikhali zokuchitha lokhokuhlala okunjalo, nezokushaya ngamandla abathakathi bonke." (*Izindaba ZaseNatal*, nguBishop Colenso, pp. lxxxi–cxiv.)

Isahluko 43

UKUMA KOSHAKA NODINGANE NOMPANDE IZELAMANI

UShaka kwakuwumuntu nje thina ekhulile enomzimba, kusijaqaba nje sejaha; waye nezinqe izinqe zakhe zazilingene zingezinkulu, zingengangezikaMpande; uMpande lo unezinqe. Wayenomzimba omkhulu thina; kodwa kwazisa ukuthi umuntu ohlaselayo, ongahlaliyo. Wayensundu umbala wakhe; kodwa-ke yena, ukuba kwakuyinkosi, echachambiswe ukudla. Wayengadilikile njengoMpande, wabe isidladla nje. Babelingana noDingane; owabe mude, uMhlangana; uMhlangana-ke wabe ngangoSikhotha ngaka. UMpande umnyama; uzimukile; Awu! uzimukile, uzimukile kakhulu, (Izindaba ZaseNatal, nguBishop Colenso, p. cxxi).

UKUBUSA KUKAMPANDE

Zaba njalo-ke izindaba zamadodana kaSenzangakhona, kaJama, kaNdaba, kaPhunga, kaMageba, kaNkosinkulu, kaNtombela, kaMalandela, kaMnguni. Indodana enkulu kaSenzangakhona, uShaka, owazalwa ngokomhlola, inxa umuntu ekuqaphela kahle ukuzalwa kwakhe, njengokuluba kukaNandi, eyinkosazana enkulu yenkosi yaseLangeni, ahle alubele uSenzangakhona, engumfana, esekusokeni, ahle amnxanele ukuba ahlangane naye bengazani, bengabonange bebonana ngaphambili, aze abe uNandi uyasithola isisu sikaShaka, eyintombi yomuntu omkhulu, oyinkosi, uMakhedama kaMgabhi waseNguga (umuzi wakhe). Lithi-ke lelo gama abamqamba ngalo libe nzima nalo, lokuthi nguShaka, (okuwukuthi uyakushakazisa izizwe zonke). Unina lowo, uNandi, umlubela njalo uSenzangakhona, sekuzakuphela nya lokho kumthanda inxa esemphethe ngesisu, luphole nya lolo luthando ngakuSenzangakhona nakuNandi, angabe esabakho olubela omunye kubo bobabili; bengamakhosi bobabili oSenzangakhona noNandi, benamandla okwenza abakuthandayo, bengavinjelwe muntu. Kuhle umuntu aqale abukisise leso senzo sonke ukuba sithini na? Ezwe negama lakhe lelo ukuba lithini. Likhomba ukuthi uyakwenzani emhlabeni.

Kothi uba akuqede akuthi swaca ukubalisa ngoShaka, kube kuhle ukuba acabange ngegama lokuthi uDingane, nelokuthi uMpande, nelokuthi uMhlangana, ukuba ahumusha ukuthini na? Ngoba omathathu asobala. Leli elokuthi "uDingane", lithi, uyakudinga ezweni, kayikufela lapha kwaZulu. Lithi, uyakuba nemikhuba emibi, eyakumenza ukuba ahambe ezula nezwe; kuze kuthi ukugcina afike ezweni elingesilo elakubo, lapho amathambo akhe eyakugqitshwa khona. Kanti-ke leli lokuthi: "uMhlangana", likhomba ukuthi "iliba lakhe lisemhlangeni, endle, alikho ekhaya." Kugcine leli-ke lokuthi uMpande; elikhomba ukuthi "iMpande yomuzi wakwaZulu." Lelo lisitshengisa ukuthi, ukuba uMpande wabe engekho, umuzi wakwaZulu wawungasoze wabakhona. Ngani na? Ngoba kunguye yedwa ozeleyo; bonke laba esengibabalile kababizwa ngamntwana ezweni. Ngani na? Ngokwenza kwamabomu nje, akuyi ngokunye.

Wangena-ke kalokhu:

"UMsimude ovele ngesiluba
Phakathi kwamaNgisi namaQadasi;
UNowela muva wawoShaka:
INkonjan' edukel' ezulwini."

Wabutha ibutho lakhe lokuqala; wabutha iSangqu; wabutha iNgulube; aMaphela; wabutha uThulwana; wabutha iNkonkoni; wabutha iNdlondlo; wabutha uDlokwe; wabutha uMbonambi; wabutha uNokhenke, noKhandampemvu, neNgobamakhosi; uVe lwasolubuthwa uCetshwayo kanye noFalaza.

Ukubutha amabutho lokhu kukhomba amazinga okubusa kwayo inkosi yakwaNodwengu, ubungako beminyaka yokubusa kwakhe. Waqala ukubusa ngo-Feb. 14, 1840, mdla ebekwa nguPotolozi weBhunu osebeni lweMfolozi; waza wagcina ngo-1872, ukugoduka kwakhe. Lokho kukhomba iminyaka emashumi mathathu namibili.

Ibutho lakhe lokuqala (1) iSangqu (amaTshitshi); kulandele (2) iNgulube; bese kuba (3) aMaphela. Anduba abuthe intanga yabantwana bakhe (4) uThulwana (amaMboza). Emva kwamaMboza walandelisa (5) iNkonkoni. Emva kweNkonkoni wabutha (6) iNdlondlo. Emva kweNdlondlo wabutha (7) uDlokwe. Emva koDlokwe wabutha (8) uMbonambi (iNkonyanebomvu). Emva kukaMbonambi wabutha uNokhenke (uZulu ekhenkesile); kulezi zikhathi-ke zokuhlaluka kombango wabantwana bakhe. Emva kukaNokhenke wabutha (9) uKhandampemvu (oNqakamatshezulu, nyakamumbe bonqaka izinhlamvu zabelungu). Emva koKhandampemvu wabutha (10) iNgobamakhosi, (lapho-ke kwase kusemhlanganweni kayise nendodana, eyabe seyikhulile, uyise esegugile).

Maningi nje nawesifazana amabutho. Kodwa ngingewaqonde kahle njengalawa esilisa. Kukhona awakaShaka nawakaDingane nawakaMpande, kuze kufike kuCetshwayo. Kukhona neNgcotsho, neNkehlela, neKhwani, noMvuthwamini, neSithimane, neNgcugce, noThiyane. Maningi impela amabutho ezintombi, angiwaqondi kahle.

Amabutho ezintombi lawa ayebuthelwa ukuba kuze kujutshwe, awesilisa; kuthi mdla ejutshwayo kuthiwe mawaganwe ngelezintombi elithile njengokubona kwenkosi. Ayikho insizwa eyayingahle iganwe ngokubona kwayo ingakasho inkosi. Ayikho futhi nentombi eyayingahle yende ngokubona kwayo noma ithandana naleyo nsizwa. Njengokuba izintombi ziyashesha ukukhula kunabesilisa, bekuba usizi olukhulu ukwahlukana kwesixebe nesoka laso, mdla izintombi sezijutshelwe ibutho eselilidala, inkosi eseyithi maliganwe. Iyo leyo indaba embi eyabangela ukuba elakwaZulu life, ngenxa yokuba kwasokufike ezinye izizwe eseziqaphele zicwaninga ukuba zibulale umbuso wakwaZulu, sekugcwele abaningi lapha esiLungwini ababaleka nezixebe zabo, asebefisa osongathi bangahlala bangahlukani nabangane babo. Yikho lokho-ke okwabulala umbuso wakwaZulu.

Selokhu kwakuqanjwe nguShaka lokho, kwahlala kumi ngokunjalo, lokhu kuze kwagcina kuCetshwayo esebulawa ngabelungu nje ngo-1879. Kwaqambeka khona mdla esedelelwa yiNgcugce, eyathi lapha ijutshelwa eNdlondlweni, yanqaba yathi, "Ucu kahlungani." isho ngoba amasoka ayo esoDlokweni nakuNokhenke. Kwaba umhlola nje lokho ukuba izintombi ziqambele inkosi, ingakasho.

Isahluko 44
UMKHOSI

Onke amakhosi akwaZulu abe edlala umkhosi. Inyanga yokudlala umkhosi kwakuwuNgcela (December). Umkhosi ube ungena ngokuthwasa kwenyanga. Kuthi ngalelo langa abuthane onke amabutho, kungasali noyedwa emakhaya, ukuphela abagulayo, nezalukazi, nezikhundlwane, kumbe namaxhegu lawa oseku amatakamba angasakwazi ukuzihambela. Udlala njalo unyezi usukhanya uthe kla!

Kunjalo njalo kakho noyedwa umuntu obe esedla ukudla okusha; yilo lolo usuku okuzawuqaliswa ngalo ukuba kweshwanywe, ngoba sekushwame inkosi. Inxa engaba khona ongadla ukwindla ingakashwami inkosi ulingenwe ukufa, ngoba phela uqonela inkosi, uyeleka ngesithunzi esibi. Nonxa unyaka umubi, kuyindlala enkulu kangakanani kakho noyedwa ongalinga ukuzibulala njengalokho. Lolo lusuku lomkhosi luvulela izishwapha ukuba ziqale ukudla, zincibilike ebushwapheni. Kakhoke olambileyo ngalelo langa; bazawuthi nonxa sebebuya emkhosini babe bezidlela ummbila nemfe. Inye into kambe, abayizilayo, bengakayidli imithi yokushwama yithanga lodwa. Inyama le ayifunwa muntu, seyahlula nezinja. Utshwala lobu sebungangamanzi okuphala izikhumba.

Wabe unjalo-ke umbuso wakwaZulu. Emkhosini lapho njalo kulapha inkosi izawuthamunda izindaba zonke zokubusa kwayo, kujutshwe namabutho osekuthiwa mawaganwe, ajutshelwe ukuba athathe ibutho elithile lezintombi njengokubona kwenkosi namaduna ayo ayiphetheyo.

Kuzathi inxa seyishwama inkosi, izinyanga ziyekufuna uselwa oluhle kwezinye izindawo, kanye nemithi yokushwama. Izinyanga zelaphe ziyincindise inkosi. Ivuke ekuseni lingakaphumi ilanga; liyaphuma nje seyikade imi iliqaphele. Linele ukuthi phasha nje, ilisikaze ngembemba yayo, ilinganise ukuligenca ilinqamule kabili; lokhu phela iqale ngokulichinsa kuqala ngayo imithi emikhulu yobukhosi. Amabutho abese eqhutshelwa ukuba abambe inkunzi enolaka, okuzawuthi uba ayibambe, ayilalise phansi, ibe seyifika inkosi ngayo leyo nkathi, iyigence ngembazo yayo yobukhosi. Amabutho onke amemeze athi, "Ji!" kabili, kathathu. Inyama yaleyo nkunzi ayiyikuphekwa; iyakosiwa yonke esibayeni, izinyanga ziyihuqe ngemithi enensizi. Imibengo leyo emnyama enensizi, yanele ukuvuthwa qede eziko lapho, inyanga iwuphonse phezulu umbengo, bawenqake ungakaweli phansi, usephezulu; ziwunqamulelane izinsizwa. Ungadliwa uma sowuze wawela phansi. Mayidliwe iphele leyo nyama. Kuthi ngangomuso onke amabutho avuke qede aphuziswe umuthi wokuhlanza, okobane bedle leyo nyama. Mabahlanzele ndawonye bonke esitsheni esikhulu, abazawuhlanzela qede kuso, izinyanga zikuthathe konke lokho ziyokukuhlanganisa nemithi yazo; besokuxutshwa kanye konke ngokwazi kwezinyanga, kwenziwe inkatha yomuzi, ezawuhlala emzini omkhulu onjengaseSiklebheni, lapho kuyakuhlala khona inkatha yomuzi.

Inxa libalele lomisile izulu, kuzakuhlangana amaduna nabanumzana, kuyiwe enkosini, kuyokhulunywa lokho. Makuthi ngolunye usuku inkosi imeme uZulu, kuqenjulwe izinkabi ezithile zasendlunkulu, kuhanjwe kuyokhethwa emakhosini koSenzangakhona, Jama, Ndaba nawoPhunga noMageba; kufike kuthethwe, kubongwe, kukhethwe. Lezo nkabi zizakuhlatshwa zonke. Lapho-ke imvula ayisezukuntulwa muntu. Ngoba noma libalele kangakanani, belina inxa kuke kwabongwa amakhosi.

Bekuthi emkhosini, ngesinye isikhathi, uthi lapha usubuthene uphelele umkhosi, kungaphathwa amakhosi akwaZulu, bethuke sekuqhamuka inyandezulu phakathi komkhumbi; iqhamuke qede ime ithi phuhle. Athi uZulu angashaya izihlangu wonke, ekhuleka ethi "Bayethe!" inyamalale ingabe isabonakala.

ISIPUBA: Akwenzeki ukuba kudlale umkhosi kungaqalanga ngokuyiwa emakhosini kuyocelwa UBUKHOSI kuqala, ukuba buyothwalwa emakhosini bulethwe yizinsizwa ezinamandla; ziyobuthwala zibulethe lapha ekhaya emzini omkhulu. Makuthethwe kuhlatshwe kuqala khona laphaya emakhosini, anduba bulethwe. Ngoba inxa kungenziwanga lokho, bungeke buthwalwe muntu, bazakwahluleka abafana ukubuthwala, ngokusinda kwabo, noma kuyizinsizwa ezimashumi mabili. Akukho muntu ongaphoqa isikhundla sokuba yinkosi yakwaZulu ongahle abe yiyo inkosi ngaphandle kungasavumanga abantu, sebecele kuqala kuwo amakhosi akwaZulu, lapha buhlala khona.

Enkathini yokubusa kukaDingane, lapho ubukhosi babe bukhulu kakhulu, kuthi lapha kudlalwa umkhosi nje, sekubuthene izwe lonke, inxa sekuza izifunda ngezifunda, afike uManyosi kaDlekezele wasemaMbatheni, afike nesakhe isifunda. Umfo omude olaphaya, okhanyayo ebusweni, kepha eyimicondo ngezitho, isisu lesi silaphaya. Ufika njalo uthwalelwe utshwala ngezichumu, nenyama, namasi, nezindlubu, nakho konke ukudla okuhle lokhu. Athi nomuntu olambileyo ayekukhuleka kuye, amuphe asuthe.

Kepha uManyosi lowo kwakuwumuntu omkhulu kangako njalo, eyinyanga futhi yokuhaya amagama, eyigagu kambe; namaningi amagama okuhlabelela abe evama ukuqanjwa nguye. Umsebenzi abe enguwo, wabe yisiminzi sokudla, eqeda intondolo yembuzi yedwa. Ngoba yayithi uba ihlatshwe intondolo, iphekwe kakhulu ize ivuthwe yahlukane namathambo, azikhumukele kusale inyama yodwa. Ithi-ke inceku uba iyiyise kuye seyivuthiwe, imnike amanzi ahlambe, emva kwalokho abesedla; kuthi ngoba ukudla sokusondezwe kuye, azinge esefaka isandla embizeni, acaphune inyama, seyivuthwe iluthithi nje uyikiyiki. Ayidle ayithi qothu yonkana kusale amanqina nenhloko kuphela. Emva kwalokho inceku ithathe isichumu sotshwala, isifukule, imbambele imphuzise. Aphuze-ke, inceku imbambele njalo, kuze kuthi inxa sekusele utshwala obunenzika phansi, isikhumule isichumu inceku emlonyeni kuManyosi; abesecambalala phansi njalo inxa esedlile.

Kwathi mdla kugqabuka igoda, lapha abantu sebebona uManyosi esehlubuka uDingane naye, bathi, bezikhulumela bodwa, "Hawu! Kanti noManyosi uhlubukile kuDingane namuhla, uselandela uMpande njengabantu bonke na? Wo! Sobohla, Manyosi!" besho isisu sakhe lesi esikhulu esingenisa ithole lonke njengenhlwathi, yona iginga inyamazane yonke kanye nesikhumba sayo. Naye-ke uqobo lwakhe uManyosi waza wazala indodana, wayiqamba ngegama lokuthi "uSobohla", ebhinqa lelo zwi labantu ababelisho kuye, bethi, "Sobohla, Manyosi."

Kwabe kuthi mdla kujutshwa izintombi nebutho lezinsizwa ukuba bathathane, izintombi eziningi zendele kumuntumunye, ngenxa yokuba ezinye zingathandi ukwendela kubantu ababi ezingabathandiyo, kungalokho-ke ukuba abanye abanumzana babezala isizwe ngelanga, bakhe imizi emikhulu kakhulu kunabanye abantu; kepha abanye abafokazana mfo badlule bangayitholi neyodwa intombi yokubagana, phezu kwezintombi eziningi kangako!

Ukulobola intombi ejutshwe yinkosi, kwakungesilo icala elikhulu kuyise wentombi, ukuthi intombi yakhe ingendele kulowo muntu engakazikhiphi izinkomo zokuyilobola kuqala. Ngani na? Ngoba intombi yabe iziphonsa nje kumuntu ingazani naye, ingahlangene naye; oyise babevama ukubiza izinkomo emva koba intombi seyike yazala kulowo muntu; uyise athole mhlawumbe inkomo ibenye kumbe zibe mbili; zize zifike nasesithupheni, kumbe eshumini, ngezikhathi ezide emva koba intombi leyo seyaba ngumfazi. Kwakungesilo igugu lokhu ukuthi izinkomo zokulobola intombi mazibe ishumi, imvamo zaziba yisithupha, kuthiwe iphelile inhloko yomntwana. Kwabe kukuhle nje kubantu ukuzihlanganela, bazikhulumele bodwa bengayile emacaleni. Kwakuthi inxa intombi seyizele kulowo muntu kepha ingalotsholiwe, uyise wentombi afike athwale omunye umntwana ammise esikhundleni sendodakazi yakhe; kudlule kube kuhle nje nakumyeni, omunye abe esekhipha izinkomo ngalokho, abuyise umntanakhe.

Isahluko 45

UKULUNGA KUKAMPANDE

Ukulunga kukaMpande kwabe kukukhulu kakhulu, kakho noyedwa kwabakaSenzangakhona owake wafana noMpande, owabe ezibeke phansi engazithwele njengabanye. lbizo lakhe leli lisho ukuthi uyiMpande yomuzi wakwaZulu. Yena wabe evile elungile kakhulu, engenayo inhliziyo yobubi lobu eyayikubafowabo.

Kepha kwakukhona omunye umfowabo owabe elama yena uMpande, owasala mdla uShaka ehlasela kwaSoshangana kaManukuza inkosi enkulu yakwaNxumalo, owafa engakathathi, kodwa enomuzi wakhe wakwaMfemfe; umfowabo kaMpande lowo kwakunguNzibe. Yena uzalwa nguSongiya inkosazana yakwaHlabisa. Kwathi uba uMpande avunyelwe ukuthatha yena kubafowabo, wabe esethatha uNozibhuku intombi yakwaNxumalo, wamthathela emzini wakwaMfemfe, yazala uHhamu, wamenza inkosana kaNgibe. Lowo muzi umi njalo, khona nanamhlanje.

Le nkosi echumileyo (uMpande) yathi uba ibuthathe ubukhosi yakha umuzi wayo omkhulu, kwaNodwengu, owabe umasango mabili. Induna yakhe enkulu kwakuwuMasiphula kaMamba waseMgazini kwaZulu. Le nduna yabe inolaka olwesabekayo, ingancengi noma ubani, inxa onile ihle imbulale nje masinyane. Ngolaka lwayo yaza yesabeka nasenkosini uqobo nakubantwana bonke benkosi. Ngolunye usuku, uMasiphula ngolaka lwakhe, wabulala indodana yakhe uZiyankomo ngenxa yokuba ethi uhlanganeleni nentombi engumndlunkulu, okungavunyelwe ukuba abantu bathandane nalezo ntombi na? Kwathi ngoba lowo kaMasiphula wabe eyintanga yabantwana benkosi kwaba buhlungu kakhulu kubo bonke, nasenkosini futhi, kepha bengenakumenza lutho uMasiphula.

Le nduna yabe ikuthanda kakhulu ukubulala abantu; ukuba yabe yesabeka kambe, yabe yesatshwa nayinkosi uqobo kanye nabantwana bonke benkosi, ifana nesilwane impela. Kwathi khona mdla kugoduka inkosi, uMasiphula walinganisa ukwenza lowo mkhuba owabe wenziwa nguShaka mdla kumbelwa unina uNandi: ukumbela abantu elibeni bezwa, nokubulala abantu kuthiwe baphelezela inkosi. Kodwa-ke kabanga namandla okukwenza lokho ngenxa yokuba kwasokukhona uCetshwayo, owathi uba ezwe lowo moya wokuthi uMasiphula unxanele ukwenza lokho, wathuma izwi kuMasiphula lokuthi, "Bangabulawa abantu; konje thina siyakusala sibuse ngani, inxa sekubulawa abantu bonke beqedwa na?" Lelo lizwi lamhlaba uMasiphula engakababulali abantu, noma ngingeqinise ngithi ngqi, ukuthi wabengekho noyedwa owabe esandlalele inkosi kulowaya engimaziyo, uMasiphula wansondo!

Inkosi yakwaNodwengu, kambe, yabe ingakuthandi yona ukubulala noyedwa umuntu oqondwe iyo ngenhliziyo yayo; yona yabe ibathanda bonke abantu bakayise. Inye indaba eyaba buhlungu kuyo; mdla ibulala umfowabo owabe esesele yedwa, uGqugqu abasebesele bobabili naye mdlana uDingane ebabulala bonke abantwana bakaSenzangakhona. Yena-ke lona, uGqugqu, wabe eyekwe ngoba wabe esengumfanyana omncane, inganti uMpande yena wasinda ngokuncengelwa nguNdunankulu uNdlela kaSompisi, owathi kuDingane, "Nkosi, uzawusibulalelani isilima sikayihlo lesi?" esho ngoba uMpande wabe enomchoboko esithweni, engahambi kahle.

Ukubulawa kukaGqugqu kwaba nje: Naye wabe enomuzi wakwabo, enabantu bakhe abamkhonzayo. kwathike ngolunye usuku, ekhonzile naye enkosini njengabo bonke; kwathi kuhleziwe nje ebandla, wathimula.

Abantu bakwabo bathi, "Thuthuka, Mageba!" njengomkhuba oshiwo inxa kuthimula inkosi. Lokho kwasokukhomba ukuthi lokhu kusho kuzawuhlalukisa umbango wokuba axabane nomfowabo uMpande, abange ubukhosi naye; wabulawa-ke. Ngoba izwi lokuthi "Thuthuka!" lingeshiwo nakubani wasendlunkulu, ukuphela enkosini ebusayo yodwa; lifana nelokuthi "Bayethe!" Nonxa uMpande wambulala uGqugqu lowo, akubangakho ukuthokoza enhliziyweni yakhe ngokubulala umntwana osewasala yedwa kayise, phezu kwabantwana abaningi kangakaya ababezelwe nguSenzangakhona. Pho, njengoba naye wabe engaziphethe, wabe ephethwe ngabanye, kwakungenzeke ukuba uMasiphula kaMamba ahle athule athi nya, loya owabe ethanda ukubulala abantu kangakaya! Wafela kuleyo ngcingwana-ke enjalo uGqugqu.

Isahluko 46
AMACALA OKUBULALA UMUNTU

Amacala okubulala umuntu kwakuyilawa: (1) Ukuthakatha (2) Ukuphinga (3) Ukweba. Ukuthakatha kambe kuwukulumba umuntu omunye ngomuthi othile omubi wokubulala, kumbe ukumdlisa, ngokuthela umuthi obulalayo ekudleni, azakuthi uba akudle omunye, afe. Ukuphinga umfazi womunye wakini; ozawuthi ukwenza lokho okubi, ube ukufihlela bonke abanye, ukwenza ngesinyenyela nobabili ninalowo mfazi wesihlobo sakho, nicabanga nithi anibonwa muntu, nithi lokho enikwenzayo kwaziwa yini nobabili kuphela. Inganti nangu uNkulunkulu ephakathi kwenu, nikwenza emehlweni akhe. Ukweba impahla yomunye owakhelene naye; ozawuthi uyithatha kungaboni muntu, ucabange uthi kakho noyedwa okubonayo. Inganti nangu uNkulunkulu, uthatha lokhu nje ekubhekile. Yena uhlala nawe alale nawe, emini yonke nasebusuku bonke, kahlukani nawe nangasiphi isikhathi.

Umthetho, noma ngingathi imithetho, eyabe ibulala abantu embusweni wakithi kwabe kuyileyo. Owabe enza lokho, wabe eqonda ukuthi inxa efunyenwe enza lokho uzakufa, abulawe ngezandla.

Kuleyo mikhuba eyaziwayo emithathu, kukhona (4) ukuqamba amanga. Naye umuntu ovama ukuqamba amanga, wabe eqonda ukuthi inxa evama ukukhuluma amanga ngabanye abantu, kuhle aqaphele angakunaki lokho, ngoba inxa ekunakile ukwenza njalo, kungaze kumholele emasangweni okufa naye.

AMACALA OKUBULALA UMUNTU

Amanga abe engesibo ubuhle embusweni wakithi. Umuntu ovama ukukhuluma amanga kwakungashiwo ukuthi ngumuntu wotho, wabe ebizwa ngokuthi "uhubhu-kabhejana", "ihathanga", ebizwa ngawo onke amabizo amabi lawa, okukhomba ukuthi akumuntu walutho.

Umthakathi wabe ehlonyelwa ebusuku; abanjwe qede, kucijwe izinti ajojwe ngazo. Bamjoje qede ebusuku bamthwale bamyise eduze komuzi wakhe, bamshiye sebebonile ukuthi usezakugaqa ngamadolo ayongena endlini kwakhe. Kwakungashiwo ukuthi lowo onjalo ngumuntu.

Ukunyonyobela owesifazana elele ubuthongo engazi, lowo wabe ekanye nomthakathi, ebulawa.

Ukukhuluma amazwi amabi ngenkosi nokuyisomboza, kuyicala lokubulala umuntu.

Ukona intombazana yomuntu, athi omunye ayenze umfazi, ingakabi yena, kuyicala elikhulu. Kufanele intombi ikhule ize yendiswe ingonakele. Owenza lokho unecala elibi.

Izintombi zazihlolwa nyanga zonke. Kwakungenzeki ukuba intombi isome zonke izinyanga. Yayithi intombi inxa isoma nesoka layo, izibuthe ingazeneki. Inxa ilala kanjalo isoka lizakuyala, lithi ilibangela icala.

Kwakungenzeki ukuba intombi imithe izalele ekhaya kubo; kuyichilo elikhulu lokho futhi kwakungenzeki ukuba intombi ezalele ekhaya iye emgidini, isine kanye nezintombi ezigcagcayo. Ichilo lelo.

Osoma nodadewabo kufanele ukuba abulawe. Kunjengalona ophinga noninakazi (umkayise) kafe nokufa.

Ophinga nomzala wakhe unecala lokubulawa; ngoba kusewudadewabo lowo.

Ongena umfazi kamalume wakhe kafe lowo ngoba kuse unina uqobo; ngokomthetho mababulawe bobabili.

Inxa udadewabo muntu endele kumuntu othile, kepha lowo muntu ethathe abanye abafazi bakhe, bonke-ke abafazi balowo muntu sekungodadewabo, kasaziqomisi izintombi zomkhwenyawabo, sezingabantabakhe, njengabo labo abazalwa ngudadewabo.

Izwi lethu esiqinisa ngalo, sithi, uninakhulu womuntu (umkayisemkhulu) ngumfazi wakhe; indodakazi yendodakazi yakhe ngumkakhe. Kepha lokho kuwukukhuluma kokufekethisa nje, akusilo izwi lamaqiniso; owenza lokho kafe, ngoba wenza okuphambene nomthetho wabantu.

Ngokuhamba kwakithi, izizukulwana zize zifinyelele eshumini anduba umndeni wahlukane; kodwa, inxa ungakafinyeleli lapho, besengaphansi kwalowo muma, bahlala bebizana ngobufowabo njalo; kuze kwahlukanise inkosi yalapho anduba bathathane. Ngaphandle kwalokho kuhlala kuwodadewabo nabanewabo njalo inxa inkosi isahlonipha ukuba lolo luhlobo luthathane. Kungenziwe muntu ngaphandle kwenkosi yohlanga lwakhona.

Isahluko 47
IMINYAKA YOKUBUSA KWAMAKHOSI OMANE AKWAZULU

Kuqala makuthi ingakabalwa iminyaka yokubusa kwamakhosi akwaZulu ewona aphemba isizwe esikhulu lesi esihlangeneyo, kube kuhle kukhunjulwe ukuthi amakhosi onke asekelwe nguNkulunkulu, nguye owamisayo awasekele. Inxa ubukhosi bungasekelwe nguye bufile, lowo mbuso awukho. Futhi inkosi ebusa ingenawo umcabango wokuthi iyinceku, induna nje yokubonisela uNkulunkulu abantu bakhe, lobo bukhosi bayo kabukho, bufile; ngoba uNkulunkulu uzakubunquma masinyane buphele.

UShaka, oyena abumba ubukhosi lobu obukhulu kwaZulu, wabusa iminyaka elishumi kuphela, kwathi ngokweyisa umninibantu bonke oyena emphathele abantu bakhe, umbuso wakhe wanqunywa, uNkulunkulu wavusa abafowabo ukuba bambulale, belulekwa ngudadewabo kayise uMkabayi, owabe ethi uShaka useqede abantu bakayise ebabulalela ize, noma bengone lutho. Wafa-ke uShaka emva kwaleyo minyaka elishumi. Nango-ke uMkabayi ebeka uDingane esikhundleni sikaShaka.

Wangena-ke uDingane esikhundleni somfowabo uShaka. Kepha yena wagila imikhuba emibi ngaphezu kokwenza komfowabo, kwathi lokhu abulala owakwabo ngoba ethi uhlanya ngabantu, wadlula wenza okungaphezu kwalokho okwakwenziwa ngumfowabo, ngalokho wathi esabuse iminyakana eyisithupha nje, wajeza kuNkulunkulu, wabe eseyinquma iminyaka yakhe, wafa, wangenisa esikhundleni sakhe umfowabo uMpande esaqede yona leyo minyakana eyisithupha.

Wangena-ke uMpande esikhundleni somfowabo uDingane. Yena-ke uMpande wazama ukuhlonipha uNkulunkulu; eqonda ukuthi abantu abaphetheyo laba akusibo abakhe, ngabakayise (esho njalo engathi uyazi ukuthi noyise uqobo wabe ebaphathele uNkulunkulu). Wabusa-ke uMpande waze waphuziswa ubisi; waqeda iminyaka emashumi mathathu eva ngeminyaka emibili, ebusa ngobuhle. Emva kukaMpande kwangena indodana yakhe uCetshwayo, owangena embusweni omubi odungekileyo, kungasahleziwe kahle, ngalokhu, kokuba kwasekuke kwavela umbango phakathi kwabantwana bakaMpande; uMbuyazwe wakwokaMtungwauMonase wakwaNxumalo, owabe isixebe sikaShaka, engumndlunkulu, wabiwa nguShaka, wamabela umfowabo uMpande wathi kamzalele; kanye noCetshwayo owazalwa ngokaMbhonde uNgqumbazi wakwaZungu. Inkosi uMpande, esegugile, wathi ekwazi kahle ukuthi uShaka wamlobolela uNgqumbazi wathi uyena mfazi wakhe omkhulu, kwathi uba bakhule abantwana, kwamkhohla ukwenza komfowabo omkhulu uShaka, ukuthi inkosana yakhe nguCetshwayo wakwaNgqumbazi; waqala ukukhumbula elokuthi inkosana yakhe nguMbuyazwe ongowesixebe sikaShaka. Lamkhohla futhi izwi lamaBhunu ambekileyo, alibuza kuye mdla eseyakulwa noDingane, lokuthi kuye inkosana yakhe ngubani na? Wawakhombisa uCetshwayo, abe esemsika indlebe ngalokho amenza uphawu lokuba aze amazi ngalo.

Umbango lo wokuxabana kwabantwana wasuka kanjalo. Naye uCetshwayo uqobo lwakhe wabe elinga ngokwamandla akhe ukuyekisa umfowabo uMbulazi ukuba bangaxabani; kodwa kwakukhona uMantantashiya, owabe elama uMbuyazwe, ongavumanga nakanye ukuba kungalwiwa, owaze wakhuluma nangomlomo kumnewabo uMbuyazwe, wathi, "Uyesaba wena." Kwasokuba buhlungu nakuMbuyazwe ukuba abizwe ngegwala. Balwa-ke. Zahlulwa iziGqoza, zahlulwa uSuthu. Kwafa abaningi abantwana benkosi ngalelo langa. Kwasokuba buhlungu kakhulu enkosini, yamzonda uCetshwayo. Laphela izwi layo lokuthi "Uyadela uMakhasana, owake wabona izinqama zakhe zikhahlelana." (Lelo zwi elaba libi kakhulu kuZulu wonke, lacabangisa abantu ukuthi iyo uqobo inkosi eqathe abantwana bayo ukuba balwe).

Ithe igoduka inkosi yabe ingasenayo inhliziyo enhle ngakuCetshwayo, ngoba ithi wabulala abantwana bayo bonke eNdondakusuka. Kwabe futhi kuthe ngendaba yemikhuba yabantu, kuthe uba inkosi ifike ebangeni lokukhula, isihlezi nenkosikazi yayo encane uNomantshali owazala uMthonga, kwathi ngokuhlala naye, ingasajwayelene nawo amakhosikazi amadala, kwasokuqhamuka izwi lokuthi uNomantshali lowo uyathakatha, unomuthi wentando osubhungule inkosi wayiguqula isiphukuphuku. Kwathiwa uNomantshali unomuthi omubi, uyakwazi ukumilisa isilevu kumakhosikazi, angahle amilise nehlathi kumakhosikazi. Yathi leyo nkulumo yamakhosikazi yaza yangenwa nangabantwana bonke benkosi, laqina izwi lokuthi inkosikazi lena iyathakatha. Emva kwalelo zwi labaninimuzi kwahlaluka elokuthi, sekuthe ngenxa yokuba seyingenwe uthando lukaNomantshali, isifuna ukubeka uMthonga abe nguye oyinkosi yakwaZulu emva kwayo. Leyo nkulumo yabanga ukuba uMthonga angabukani kahle noCetshwayo. Nango-ke umntwana engenwa yinhliziyo embi ngonina lo uNomantshali, wanxanela ukumbulala.

Kuthe ngolunye usuku umntwana esenaleyo nhliziyo yokuzonda unina lo omncane uNomantshali, wathuma uBhejana kaNomageje wakwaCebekhulu inceku yakhe, oyintanga yakhe, wahamba nabanye abantu, wathi kabayekuthatha uNomantshali, kwaNodwengu, bamlethe lapha kuye. Nembala wahamba-ke uBhejana nebandla lakhe waya kwaNodwengu, wayakuthatha inkosikazi. Uthe uba afike akusho lokho enkosini, yamangala nje ukuba ngubani yena lo obiza uNomantshali, othi kashiye yona aye kuye? Wathi uBhejana uba ayitshele lokho ukuthi ubizwa nguCetshwayo, yakhuza imihlola emikhulu. Iyibabazile imihlola leyo, nampo besuka abantu bakaBhejana labo, badumela inkosikazi ngesandla bathi mayiphume bahambe nayo. Kepha inkosi yayibamba inkosikazi, yanqaba nayo. Base bedumela imfe yenkosi, ibekwe ngalaphaya kwendlu, baphuma nayo, bayidla. Baqinisa njalo kunkosikazi. Kwaze kwathi emva kwesikhathi inkosi yakhuluma yathi kubo, "Ake nimyeke aphumule; ngizakumdedela ngininikele yena, nimthathe nihambe naye." Bathulisa-ke ingcozana. Yase ibuya imdedela uNomantshali, bamthabatha bahamba naye baya kumbulala.

Yaliqalekisa-ke inkosi izwe lakwaZulu, yathi, "O! O! UCetshwayo ungenza nje! O! Ubehlisele isikhumba sezulu, sibathi mbo boNkana! Boke bazibone iZigqoza eziziphutha, akuyikusala namunye; lokhu bengenze nje!"

Uthe-ke esevela uCetshwayo wabe esevelela phezu kwalezo ziqalekiso. Kwabe futhi uyise esekade ekhuluma nabelungu, emsola njalo okobane engumuntu omubi uCetshwayo; ekhuluma njalo, nabelungu bemkholwa uMpande; sebembabaza uCetshwayo ukuthi unolaka olubi olwesabekayo. Nokuza lapha kubelungu ukuzawucela ukuba bazobekelwa uCetshwayo esikhundleni sikayise. Lokhu, uZulu wabe ekwenza ngazo lezo ndaba ezazimmele kabi ngokunjalo uCetshwayo; kukhona nezwi futhi elaliningwa nguZulu, lokuthi, uMbuyazwe kafanga empini yombango leyo yabo eyabe ilwela eNdondakusuka. Kwakukhona ababeqinisa bethe ngqi, bethi wathathwa ngabelungu bamlondoloza, khona nje udla amabele. Kungalokho ukuba kwasweleka ukuba kuze

117

bona abelungu bazombeka. Akuyanga ngoba uZulu wabe engenakho ukuzibekela inkosi yakhe.

Ngalokho-ke ukungena kukaCetshwayo esikhundleni sikayise akubanga nanhlanhla, wangenela emnyameni omubi. Wanela ukungena nje wabusa iminyakana emihlanu, bambulala abelungu ngowesithupha. Ngoba nalokhu ukubekwa kwakhe yibo, bethi bambekela phezu kwemithetho yabo, kwakungasemithetho, kwasokuwukumcupha nje. Kwabe lapho abelungu bansondo bevame ukuba nolimi oluhle olumnandi ngasezikhulwini zakwaZulu, bezitshela okuhle kodwa abathi bazakuzenzela khona, inxa bevuma ukubulala indlunkulu; bethi bazakumisa bonke babe amakhosi, bangalokhu bebuswa muntu munye, obabulalayo nokubabulala.

Lapho-ke uHhamu, owazalwa nguNozibhuku indodakazi kaSothondose inkosi yakwaNxumalo, ebanga umbango ongaziwa muntu kwaZulu ukuthi ngowani, lokhu uMpande wathatha unina kwaNxumalo, wamthathela emzini womntwana wakwabo uNzibe, emzini wakwaMfemfe, waba inkosi yakhona? Kwakuhla uZulu nje okokuthi uHhamu ubangani? Lokhu bangaze baphele swaca bonke abakaMpande anduba kungene uHhamu, njengokwelamana kwabo kuSongiya.

Isahluko 48

UKUBUSA KUKACETSHWAYO

Le nkosi yabe inomusa ilungile, ibathanda bonke abantu bakayise. Kwathi uba afike njalo uSomtsewu mdla ezekumbeka esikhundleni sikayise, wamlaya kakhulu okaSonzica, ukuba angababulali abantu. Kepha naye uCetshwayo uqobo wabe ebathanda kakhulu abantu bakwabo, ebanakekele kakhulu. Kwaya ngakho lokho ukuba uZulu abuyele ngakuye kuleyo nkathi yombango wabo nomfowabo uMbuyazwe. Nenduna lena, uMasiphula owabe enolaka olwesabekayo, wabuyela ngakuCetshwayo ngenxa yokuba wabe ekholwa nguCetshwayo kunoMbuyazwe. Phela uMbuyazwe wabe ezazisa ukuthi ungumntwana wenkosi, inganti uCetshwayo yena wabe ehlonipha zonke izikhulu, ezibiza ngawoyise, zonke.

AmaMboza phela ukusuka phansi kokubuthwa kwawo, abuthwa aba nesithonga esikhulu ngenxa yokuba kwakuyibutho elalinabantwana benkosi, selelama ibutho lesibili oselokhu uMpande engene ebukhosini.

UKUBUSA KUKACETSHWAYO

Njengokuba waqala ukubutha iSangqu (amaTshitshi), wathi ephinda wabe esebutha iNgulube anduba abuthe aMaphela, anduba-ke abuthe uThulwana (amaMboza, Injobo kaTshikana) intanga yabantwana benkosi uCetshwayo, uMbuyazwe, uShonkweni, uMantantashiya, uZiwedu, uSitheku, uDabulesinye noSomklawana, kanye noHhamu.

Leli butho lenkosi yakwaNodwengu kambe laduma ikakhulu ukubuthwa kwalo, ngoba lali ibutho elinabantwana benkosi, okuyibona abayintanga yomntwana oyakuba yinkosi esikhundleni sikayise.

Ibutho leli lalinemikhuba emibi ekusukeni kwalo phansi, lihlupha abantu. Lithi lingabona indoda izihambela noma iyaphi, liyivimbele; lithi ake yenze isimekezo somkayo anduba idlule. Lowo mkhuba waba mubi impela phakathi kwezwe. Kepha babengakwenzi lokho inxa ekhona uCetshwayo phakathi kwabo, ngoba babemhlonipha, emkhulu kubo bonke.

Induna yabo enkulu kwakuwuSogweba kaMasekwana kaMenyelwa wakwaNtuli. Naye wabe engakuthandi lokho okwabe kwenziwa ibutho lakhe. Kwakuthi inxa kukhona yena ingenziwa leyo mikhuba, nonxa kukhona umntwana uCetshwayo futhi kungenziwa lokho. Likhona izwana elibi elathi uba lizwakale kuSogweba lambalekisa, wawela weza lapha esiLungwini, esezwile ukuthi inkosi imthukuthelele, izakumbulala. Weqa-ke nesifunda sakhe sonke. Kwasala kwabekwa uMnyamana kaNgqengelele kaShenge wakwaButhelezi esikhundleni sikaSogweba, waba uNdunankulu kaThulwana.

Kwathi uba kuzwakale ezikhulwini zakwaZulu ukuthi amaMboza agila imikhuba emibi enjalo yokusinisa amadoda enziwe izithutha, nokuthi kuthiwa mawenze unobhanqa nokolokobhe, ahlabelele futhi amagama ezimekezo zabafazi bawo, kwaba kubi kakhulu lokho, izikhulu zaya kukubika enkosini, zakubabaza zathi lowo mkhuba uzakubulala izwe. Inkosi yakukhuza lokho kwayekwa masinyane.

Njengokuba ukudla kwabantwana kwakuphakelwa esitsheni sibe sinye, namasi abe sitsheni sinye, nenyama nakho konke okungokwabantwana; kwakuthi inxa sokuphakiwe kwasiwa kubo, athi uCetshwayo ngokubeyisa, aphume aye emfuleni ayogeza, ehamba nabayizinceku zakhe; basale bahlale abafowabo kuze kubuye yena emfuleni anduba badle. Kungathi wabe ebahlula nangamandla futhi inxa bebambana.

UCetshwayo kakuqalanga ukubusa ngamdla kugoduka uyise nje, wakuqala esekhona uyise, khona enkathini yokubuthwa kwabo bona Thulwana. Wabe eyinkosi yabo abafowabo khona phambili, engakabekwa ebukhosini bokuba abuse uZulu. Ngoba nalaba ababeyiZigqoza, ababelwela uMbuyazwe, bathi bonke uba babuye baphindele kwaZulu, baba uSuthu bonke kanye. Kodwa ziningi izikhulu ezaziyiZigqoza noma zisakhile zihlezi kwaZulu zingawelile ukuza lapha esiLungwini, ngenxa yokuba zazingakuthandi ukubusa kwalapha esiLungwini. Kepha ziningi izikhathi zokuguzana kukaSomtsewu noCetshwayo esengumntwana engakabi yona inkosi. Okokuqala engikwaziyo baguzana mdla uSomtsewu eye enkosini uMpande eyocela abantwana (amakhosazana) bakwaboMkhungo ukuba babuyele ngakonina, uMonase nangakuMasala unina kaSikhotha, ababelapha ngaseMgungundlovu, bakhe phansi kukaNgoza kaLudaba wakwaMajozi indunenkulu kaSomtsewu. Kwakuthe ngolunye usuku uSomtsewu wahamba kanye noNgoza noZashuke (enye induna yakhe engaphansi kukaNgoza) umfo kaMbeswa wakwaNgubane, kanye nehele labantu balezo zinduna zombili. Wahamba-ke uSomtsewu waya enkosini yakwaZulu uMpande, eyakuhlenga bona abantwana laba, oBathonyile nabanye ukuba inkosi ivume ibabuyisele ngasesiLungwini, lapha kukhona abane wabo oMkhungo noSikhotha. Wath'uba afike uSomtsewu kwaba kuhle nje kakhulu enkosini. Nango-ke ekhuphuka eya esigodlweni eya kukhuluma nenkosi, ephelezelwa nguNgoza. Phoke lokhu inkosi ayihlali yodwa, ihlala ikakwe izinceku njalo. Uthe-ke uSomtsewu eyixoxa le ndaba ahamba ngayo, elekelelwa nguye uNgoza kwamanye amazwi (lokhu phela amakhosikazi lawa abe akhile emzini wakhe uqobo uNgoza). Kanti bakhuluma nje, izinceku lezi ziyawathutha onke amazwi lawa ziwayisa kumntwana uCetshwayo. Nakho-ke sekuthi ngelinye ilanga, uCetshwayo emema uSuthu ukuba kuzokhethelwa uSomtsewu.

Uzwani-ke! Wafika uZulu, amaMboza ansondo! Efika kanye nomntwana, sebevunule beshilo! Umntwana lo ehlome ubuthekwane bakhe obunjengalobo ayebuhlome mdla kombango waseNdondakusuka. Akhetha-ke amaMboza ansondo. Inkosi yabe ihlezi enqolaneni yayo eyabe iqhutshwa ngabantu ngezandla. Zabe lapho zibuthene zonke izikhulu, kanye noNdunankulu uMasiphula, nawoNtshingwayo kaMahole wakwaKhoza, noSekethwayo kaNhlaka, nabanye bonke abakhulu. Kuthe uba aqubule amaMboza, lapha esesho elokuthi, "Iya, ehhe! Awubathele ngothuli! Zilimakazana, Ngobazitha!" waqala uZulu kalokhu ukusondela ngakuSomtsewu nangakubantu bakhe, esefuna ukwenza esikaPiti eMgungundlovu. Wezwakala kalokhu uGxoboshe,

UKUBUSA KUKACETSHWAYO

uNowelamuva wawoShaka, iNkonjane edukel'ezulwini, uMsimude ovele ngesiluba phakathi kwamaNgisi namaQadasi: wakhuza wathi, "Hawu! Awu! Yini yona leyo, Ndlamvuzo! Wenzani na?" Laphoke kabonanga ephendula uCetshwayo kuyise, ukuphela nje wathi, "Ngingahle ngife khona kalokhu ngithi nya!" Asho onke amaMboza athi, "Sife sonke sithi nya!" Kulapha kwesuka uMasiphula kalokhu wakhuza wababaza. Kwalandela uNtshingwayo naye wakhuza nezinye izikhulu. Anduba amaMboza eme athule athi nya. Wabuza-ke kalokhu uCetshwayo kuSomtsewu, wathi, "Ube uyokwenzani wena enkosini esigodlweni, ube uyokhulumani na?" Walanda uSomtsewu izindaba abe ezikhuluma nenkosi. Kwath'uba alande uSomtsewu, umntwana wathi, "Hhayi! ngiyawezwa awakho, ngithanda ukuba kekusuke uNgoza lowo aphumele obala, asilandise abeye kukukhuluma esigodlweni!"

Wathi lapha uNgoza ethi uphumela obala ukuba akhulume, wambuyisela emuva uSomtsewu, wala ukuba akhulume (ebona ukuba sekuyisisusa sokuba babulawe).

Kwasokukubi impela lapho, amaMboza esehambe egaxeka emikhathini yabantu bakaSomtsewu, enzela ukuba abe yilowo azibulalele owakhe. Zakhuza izinduna zakwaZulu, sezibona ukuthi sekuyiso esikaPiti. Kulapho wesuka khona umfo kaSonzica, wathi, "Hha, wena, mfana kaMpande! Ungibona ngihamba ngedwa yini? Ulinganisa ukwenzani kimi? Wena ucabanga uthi ungenzani kimi? Esaphi isililo esiyakuza kungikhalela siyakuqhamuka ngalapha, (Washo wakhomba ngasenyakatho kwakwaZulu). "Ungacabangi ukuthi ngihamba ngedwa." Wema kalokhu uZulu, wathi khemelele. Baqala kalokhu ukukhumuka laba abase begaxeke emikhathini yabantu bakaSomtsewu. Kwaba ukusinda kwabo lapho. Bethuka uZulu esekhumuka nje kubo bebengasaqondi. Bakhumuka njalo enye indoda yakwaZashuke seyilingcolisile ibhulukwe layo, sekugijime kwehla ngemilenze.

Ngilinganisa ngithi kwakuwunyaka wokubulawa kukaMshukangubo lowo ebulawa nguSidoyi kaBaleni kaNongcama inkosi yaseNhlangwini kwaDlamini, eyabe ingeyomkhethengu, ngo-1858.

Kuthe-ke mdla uCetshwayo eseyakubekwa ngo-1872, uSomtsewu wahamba namabutho ayingcozana abelungu kanye nabantu bezinduna zakhe; mdlana ebuya nezinkabi ezimakhulu mabili, abe eziphiwe nguCetshwayo.

Kepha izwi elaba buhlungu kuCetshwayo kuleyo nkathi yileli lokuba athi ebuya kumbeka uSomtsewu, athi efika ekhaya abe edlula ngezinyawo eyakubulala uLangalibalele; inganti ubemyala ngokuthi kayeke ukuchitha igazi. Yilokho-ke okwenza uCetshwayo ukuba abuze, athi, "Wenzelani phela uBaba ukuba afike azongiyala, athi angiyeke ukubulala, uyabuya yena lapha kimi usedlula ngezinyawo nje, eyakubulala ixhegu elinguBaba na? Kavume phela eze lapha kimi uLangalibalele, angadingiselwa ezizweni." Lawo mazwi enkosi yakwaZulu kawangenanga enhliziyweni kuSomtsewu. Wahamba waya kubulala uLangalibalele ngo-1873.

Kwabe yilapha naye uLangalibalele esabile, kaze akuthanda ukuya kwaZulu, ngenxa yomkhuba owenziwa kuye nguDingane mdla ebiza umfowabo omkhulu uDlomo, wafika wambulala engone lutho. Okwamenza okaMthimkhulu ukuba ahambe aze ayofinyelela kumfo kaMoshweshwe uMolapo, ayocasha khona oSuthu, emthemba ukuthi nguye ofanele ukuba ayocasha kuye; kanti uyena ozakuthi uba afike kuye amkhaphele ezandleni zabelungu; wethuka esebanjwa nje okaMthimkhulu engazi, ethi ucashe kumngane wakhe; kanti ucashe esilwaneni.

Isahluko 49
IMIKHOSI KACETSHWAYO

Nonxa afela ekusolweni kodwa yena wabe engenalo icala elalifanele ukuba abulawe ngalo. UCetshwayo yena wabe engalingene ukuba abe khona, ngokulunga nokubusa kwakhe. Nakho lokhu kokubulala unina omncane uNomantshali wabe engasho ukuthi uyona, ngoba wabe ekholwe izwi elase ligcwele uZulu wonke, lokuthi inkosikazi lena inemithi yamaThonga. Nembala uNomantshali wabe esegila imikhuba emikhulu engabonange yenziwa kwaZulu. Ngoba kwasokuthi ngosuku olunye lomkhosi inkosi ingayi emkhosini, kuphume yena ayowumela, avunule njengenkosi, aphathe ihawu lakhe elincane ayomela uZulu.

Ngokwami ngingahle ngisho ngiqinise, ngithi, uCetshwayo wabe elungile ebathanda bonke abantu bakwabo; kodwa wabe engayithandi incelencele nenhlengo, ubethi owonileyo amtshele obala, engakuthandi ukwenza ngamabomu. Imikhuba eyabe igilwa ngumfowabo uHhamu yokubulala abantu ngolaka bengone lutho, yabe ikhomba ukuthi lo mfowabo uyabanga. Kepha nokubanga lokho kwakukhohla nje ukuthi konje uHhamu lona angaze abange kanjani, besekhona bonke abantwana abazalwa nguMpande na?

Imikhosi yonke eyadlalwa nguCetshwayo emva kukayise wabe eyidlalela kwaNodwengu, ekhandeni likayise, enza lokho ngoba ekhombisa abantu ukuthi usenguye uqobo lwakhe uMpande, kabahlukene ngalutho. Ngoba phela inkosi iba yileyo iwudlalele emzini wayo umkhosi wayo. Lalikhona ikhanda lakhe Ondini, kawudlalelanga kulo. Munye qhwaba owadlalela eMlambongwenya, emzini wakwabo omkhulu, kwaSongiya, owabe ungowokuqala emveni kukayise.

Kepha ibutho elincane, iNgobamakhosi, lalingenazo izindlu emzini omkhulu Ondini, zazinoThulwana yedwa kanye namanye amabutho. Kwakuthi inxa iNgobamakhosi ikomkhulu ilale ezindlini zabanewabo amaMboza okwase kungamadoda esenamakhosikazi. Kwabe kuthike lapha kufike inkosikazi yomunye othile wakwaThulwana, umfana waseNgobamakhosi ake ahlale phandle esalinde iMboza lisaxoxa isifuba nenkosikazi, kwaza kwathi ukugcina kwavela ukuphambana phakathi kwamaMboza neNgobamakhosi. Ngoba abafana laba baseNgobamakhosi babethi emadodeni lawa akwaThulwana inxa sekuhlwile sekuzawulalwa, "Phangiphangisa, mnewethu, since singene sihlale." Kwema lokho, kwema lokho, aze athi amadoda lawa ayadelelwa ngabafana laba. Kwasokugcina ngokuba kuvele ukuxabana phakathi kwamaMboza neNgobamakhosi, bazondana.

Kuthe ngolunye usuku, sekusondela izinsuku zomkhosi, kwaxabana uHhamu wenkosi waxabana noSigcwelegcwele kaMhlekehleke indun'enkulu yeNgobamakhosi, bebanga zona izindaba lezi zamabutho abo. Ngoba phela uHhamu lo yiMboza, uSigcwelegcwele uyinduna yeNgobamakhosi. Baxabana kabi impela, uHhamu ethi uSigcwelegcwele uyabadelela bona maMboza. Baxabana kakhulu laba bobabii, baza basongelana ngokuthi bayakubonana mdla kosuku lomkhosi. Pho-ke, lokhu uHhamu lona mukhulu, ngumntwana wenkosi,[1] noSigcwelegcwele lona ngumuntu omkhulu, induna, kuzakwenziwa njani? Kwakhanya nje ukuthi akuyikulunga lutho kulo mkhosi.

Nembala yiwo lowo mkhosi owaba mubi kakhulu (1878) okwathi lapha iNgcugce ijutshwa kuthiwa mayigane eNdlondlweni, yanqaba yathi, "Ucu kaluhlangani entanyeni," isho ngoba iqonde osongathi

---

1. UHhamu lona uzalwa unguMpande, umzalela emzini womfowabo uNzibe owasala mdla kuhlaselwe kwaSoshangana, kusabusa uShaka. Wathi uba asale uNzibe, uMpande wathatha intombi yakwaNxumalo ngezinkomo zalowo muzi wakwaMfemfe owabe ungokaNzibe wazala kuwo uHhamu. Into engingayiqondi yilena, ukuba ngumuphi omkhulu kulawa madodana akwaSongiya amabili, uMpande noNzibe, ngoba noCetshwayo, kanye nabo bonke abeNkosi, uma sebethukuthele, bafunga bathi, "NguMpande", noma bethi, "Ngifung' uNzibe ekwaSoshangana!"

IMIKHOSI KUKACETSHWAYO

ingendela ebuthweni loDlokwe elalinamasoka azo. Lokho kwaba kubi impela enkosini, ngoba kwakungabonanga kwenzeke okunjalo emakhosini akwaZulu, ukuba inkosi yeyiswe yibutho lezintombi. Kwathike ngomhla womkhosi adumelana amabutho amabili, uThulwana neNgobamakhosi, okwasokubonakele khona phambili ukuthi azakulwa; aqhathwa nguHhamu wenkosi kanye noSigcwelegcwele kaMhlekehleke indun'enkulu yeNgobamakhosi. Kwalwiwa kakhulu. Kepha abafana laba, iNgobamakhosi, bakhula ngamandla emadodeni angamaMboza, avama ukuwakhubaza. Uthe uba akubone lokho uHhamu, wathi emaMbozeni, "Musani ukubashaya ngezinduku, bagwazeni ngemikhonto." Kwath'uba kushiwo njalo, asizakala amadoda, abaceka abafana ngemikhonto. Kwaba kubi-ke lapho, kwabonakala nje ukuthi indaba kaHhamu ngeyokubanga impela.

Kwathi nonxa begwaziwe njalo abafana baseNgobamakhosi, bavusa umhlwenga, ngoba kwasokufe abantu abaningi nxazombili okwabanga ukuba leyo ndaba ibe buhlungu kuZulu wonke. Wath'uba uSigcwelegcwele ezwe esesongelwa ngabanumzana bonke bethi kuhle abulawe, waphonseka ehlathini, wayakuhlala khona izinsuku ezithile. Kepha inkosi yathi uba ibone ukuthi lokhu kuwuzungu lokubulala uSigcwelegcwele, yathumela nje kuye yamtshela ukuba azikhweze kahle. Kuleyo nkathi izwe lakwaZulu laba libi nje. Kwabelapho futhi sokukhona indaba embi yezintombi zebutho leNgcugce.

Nakho-ke kuthi ngolunye usuku inkosi ithuma amanxusa athile yathi akuyokwethuswa izintombi zikaSigwili ezizihlalele nje ekhaya, zinganakile nokunaka ngesimemezelo senkosi sokuthi mazende. Nanko-ke amanxusa lawo efika ezibulala izintombi lezo, inganti inkosi ibeyingakushongo lokho. Uzwani-ke, kwaduma-ke lapha esiLungwini, kwathiwa uCetshwayo ubulele zonke izintombi kwaZulu, kuqanjwa amanga odwa, ukuphela zona lezo zintombi ezimbili zikaSigwili, ezabulawayo, kungashongo yona inkosi.

Yiwo lowo-ke unyaka owahamba uGebhuza (Mr F.E. Colenso, Esq.) kaSobantu, ethanda ukuba ake ayobona inkosi yakwaZulu, azizwele eseduze zonke lezi zindaba ezikhulunywa ngenkosi yakwaZulu (uGebhuza lowo phela wabengummeli). Uya njalo-ke uGebhuza kusandukulwiwa, leyo mpi yamabutho eyaba mbi kakhulu. Amabutho aseNgobamakhosi agwazwa nguThulwana, afa, ngezwi likaHhamu, afinyelela emakhulwini ashiyagalombili (800) nomuvo. Lokho kwamenza uHhamu ukuba angabe esahlangana kahle nomfowabo, inkosi. Kwazondeka futhi enkosini, isiqonda, ukuthi amabutho ayo lawa abulawa nguThulwana nje, yiwo azakuyilwela kule mpi yabelungu ese izakuhlasela kwaZulu, (ngoba phela kwasokuzwakhele lokho kuyo). Naye uHhamu lowo kabanga esahlangana nayo, waze wagila imikhuba yokweqa eze esiLungwini; esemema abelungu ngesinyenyela, enxusa ukuba bazobulala inkosi, engabangi lutho noluncu kuyo.

Nakho-ke kuthi ngelinye ilanga, uHhamu lowo, esenxanele ngamandla ukubulala inkosi, wakhuluma noNkabanina wakwaHlabisa (iMboza, owabedla naye), wanxusa ukuba abulale inkosi, wamnqumela isinqindi sokuyigwaza, njengokwenza kukaMbopha egwaza uShaka. Kepha kwasika lokho kuNkabanina ukugwaza umzala wakhe. (KwaHlabisa lapho, kambe, kulapho kuzalwa uSongiya unina kaMpande). Uthe uba abone uHhamu ukuthi kunqabekile lokho kwenza okubi kuNkabanina, weqa kwelakwaZulu, waphonseka kwelasesiLungwini.

Isahluko 50
UKUHAMBELA KUKAMAGEMA KWAZULU

Nakho-ke kuthi ngo-July 15, 1878, mina (Magema M. Fuze) ngaphuma Ekukhanyeni kanye nomfowethu uNdokweni, noNani Mncube kaMashiwulani (owabe eyiMboza lakoMsinyana), noMbungumbu kaFunwayo wakwaMayaba (owayengowasemaHlutshini) ehlezi namaHlubi Ekukhanyeni. Sobane saphuma ntambama saqonda kwelakwaZulu, sinxanele ukuyakubona inkosi yakwaZulu, uCetshwayo.

Ukuhamba kwethu kwakuwukunxanela ukuyakudlula emzini kababa ongaseningizimu kwaseMzinyathi (Buffalo River), phansi kwentaba eMahlabo. Sath'uba sidlule lapho, sesibabonile abakithi, omame nabafowethu, sawelela ngaphesheya koMzinyathi, sabanga kuMatshana kaMondise inkosi yakwaSithole.

Sath'uba sifike kuMatshana, uba ezwe ukuthi uMagema lo ngokaMagwaza, owabe akhe ngalapha ezibukweni ebonise, ngezwi lakwaHulumeni, izibuko loMzinyathi, wajabula kakhulu. Ngoba phela kwakuthe eminyakeni ephambili izinkabi zikaMatshana zawelela esiLungwini ngesikhathi sasebusika, amanzi engemaningi. Bathi bethuka nje abafana bakaMagwaza abalusayo bese bebona umhlambi wezinkabi, baqonda ukuthi ngezikaMatshana izinkabi eziningi kangaka. Uthe uba amuzwe-ke uMagema lona uMatshana wamnika ithole lenkabi eliminyaka mithathu, wathi unika uyise, uyambonga ngalokho akwenzileyo kuye esekhona, ngokumkhalimela izinkabi zakhe lezo ezase zingene ezweni lasesiLungwini engazi. Leyo nkomo yaqhutshwa yayiswa emzini kaMagwaza esiLungwini. Sahlala izinsuku kungathi ezintathu emzini kaMatshana lapho, siphethwe kahle. Kwakukhona namakhosazana amabili ayendele kuMatshana, oBekiwe owabe efungwa yinkosi owabe elama umntwana uShingana, nodade wabo omunye. Babenomusa omkhulu kithina, bejabula impela ukubona abantu abaphuma kuSobantu, abaya enkosini umnewethu eZinhlendleni. Umsebenzi wabo ababewenza kwaku ukwaluka izithebe, benamantombazana abo abasebenzelayo.

Kwathi ngolwesine sifikile kuMatshana, saphuma sabanga phambili kwaZulu enkosini. Salala izinsuku ezithile endleleni safika eZinhlendleni, kwelikhulu ihlanze, eNhlungwane lapho amanzi akhona enjimbilili, pho libalele yini! Sifika njalo sesihamba nabanumzana ababili, oMfunzi wakwaXulu noNkisimane wakwaLuhlongwana, amanxusa abevame ukuthunywa yinkosi njalonjalo kuSobantu.

Sath'uba sifike, lokhu phela sifika ngenkathi yakusasa osingathi kusesikhathini sika-10 wakusasa, enkathini lapha ziqala ukuphangalala ukuhlinzwa izinkabi, sase sibikwa njalo enkosini, sibikwa yinceku enkulu uSiwunguza kaSilwane, umfowabo kaGawozi, umnumzana wakwaMpungose. Sekubuziwe ukuthi siphuma ngaphi, siyaphi, sibabeleni, sasesamukeliswa isididinga senyama njalo, sesinikwa indlu esizawungenisa kuyona.

Inkosi ilapho eZinhlendleni njalo kuyakhiwa, kwakhiwa umuzi wakwaMayizekanye, elabuya laguqulwa lelobizo kwathiwa kusOlandandlovu. Lawa mabizo ayezwakala omabili ukuba athini. Leli lokuthi Mayizekanye, lithi akusenacala, mayize nje impi leyo nonxa sibe singayithandi. Lelo bizo lashesha ukuguqulwa, ngenxa yokuba lath'uba lizwakale esiLungwini, laba buhlungu kakhulu. Kwaso kuthiwa "kusOlandandlovu", okungukuthi, "kulapha kulandwa indlovu khona", indlovu leyo kambe kushiwo inkosi uCetshwayo. Ngoba kuleso sikhathi kwasokwaziwa kahle ukuthi abelungu bayeza kwaZulu, balanda inkosi, bafuna ukucima umbuso wakwaZulu.

EZinhlendleni lapho sahlala izinsuku eziyishumi, semuka ngolomuvo. Inkosi ngayibona ngakhuluma nayo emva kwamalanga amabili ngifikile. Kwakuwumuntu omuhle yena uCetshwayo, onesithunzi, obukekayo, onenhliziyo ethanda abantu bonke bakhe. Wabe enomusa ekhuluma kahle kamnandi. Ngikhumbula kulezo nsuku engangihlezi lapho ekhaya eZinhlendleni, kwakufika amacala okuxabana kwabantu bakhe, awathethe ngokulunga avame ukuhlanganisa labo abaxabeneyo, engathandi ukuba baxabane, abahlanganise ngokuthi makube yilowo aveze imbuzi, ibulawe, basondele muzini munye, bayidle kanyekanye.

Kwathi mdla sengivalelisa kuye, watshela amanxusa akhe, oMfunzi noNkisimane, ukuba bangiphelezele baye bangifikise kithi esiLungwini emzini wami, baze bayombonela kuyise uSobantu. Wathi baze bayodlula nami koGwadi, lapha kumi khona izimvu zenkosi; aze abakhethele izimvu zezinsikazi ezimbili, abayakuziqhuba baze bafike bazinike umame owangizalayo. Bahambe ngendlela yakoMakhelekehlana wakwaDladla inceku, lapho kumi khona izinkabi zenkosi; afike uMakhelekehlana anginike inkabi, ngiyihlabe. Ngingalambi endleleni, amanxusa angifunele ukudla empahleni yenkosi, ngidle ngize ngifinyelele kwelasesiLungwini.

Ngisakhuluma nenkosi esibayeni, yathi kimi, "Uyazi nje, ukuthi, abelungu bayeza lapha na? Kepha thina Zulu asiyikuze sababalekela. Ngoba mina angikhonzile ngesiqhingana lesi sikaSenzangakhona, ngizikhonzele nje mina ngedwa kubelungu. Ngiyazi-ke ukuthi sekuyakuba kumdlana lidubukalayo izwe ngalolo lusuku."

Ngaqala ukuzwa lapho enkosini ngalelo langa ukuba kanti abelungu sebayahlasela kwaZulu. Nembala saphuma-ke sesibuyela esiLungwini; sahamba njengokusho kwenkosi. Saphindela ngendlela yethu, saya kufinyelela emizini kababa engasentshonalanga koMzinyathi, eMahlaba, lapha sasiwele ngakhona. Omame, ngokuthokoza, bahlabisa amanxusa enkosi oMfuzi oNkisimane inkomo. Sahlala amalangana athile sisaphumule, sadlula nezimvu ezimbili lezo zikaMame aziphiwa yinkosi, sabanga eMgungundlovu Ekukhanyeni, kithi, kuSobantu.

Isahluko 51

UKUHLASELA KWABELUNGU KWAZULU

Akubanga kusaba kude emva kwalokho kwahlaluka indaba embi emzini kaSihayo kaXongwa wakwaNgobese, isikhulu. Nampo abafazi ababili bakaSihayo bebanjwa bephinga. Kepha uSihayo uqobo lwakhe wabe engekho ekhaya, ekomkhulu enkosini. Bathi abafazi labo uba babone ukuthi babanjwe benza okubi abazawubulawa ngakho, beqa bawela uMzinyathi, umudwa phela wokwahlukamsa elakwaZulu nelasesiLungwini. Kanti babaleka nje nangu uMehlokazulu kaSihayo uyabalandela ngemuva, ugibele amahhashi kanye nabantu bakhe, uthukuthelele ukuba awonina babanjwe begila imikhuba emibi, uyise engekho. Bathe beqala ukuthi chapasha emngceleni welasesiLungwini, wabe esefikile naye uMehlokazulu, wababulala bobabili khona lapho, wabuyela emuva. Pho ubabulala njalo izinhloli zasesiLungwini ezibonise emazibukweni ziyakubuka konke lokho. Kwabikwa masinyane lokho. Kwabe lapho bese kukhona ukuhlalisana kabuhlungu kuZulu noHulumeni, njengalawo mazwi abe esekhulunywe yinkosi kimi, okuthi, "Abelungu bayeza kwaZulu; kepha thina Zulu asiyikubabalekela."

Ukuhlasela kwabelungu lokhu ngo-1878 akuyanga ngoba uMehlokazulu wabulala awonina labo ababulalela kwelasesiLungwini, kwaya ngokwase kuhlosiwe ukuba kuchithwe lo mbuso wobudlova owakhelene nombuso wokukhanya; ngoba umbuso wasesiLungwini wabe unovalo osongathi ngolunye usuku uyakwethuka uvinjezelwa, bengazi; kungathi abelungu babecabanga izindaba nemikhuba emibi kaDingane.

Kepha uCetshwayo ngokwakhe wabe engumuntu olungile owabe engeze ayenza leyo mikhuba emibi enjengaleyo kaDingane. Ngani na? Ngoba wabe ekusola impela ukwenza kukaDingane, kokuzuma uPiti engazi lutho, emyisele izinkomo zakhe abe eyomthathela zona kuSigonyela inkosi yakwaMolife, umSuthu, nayo yonke imikhuba emibi kaDingane yokubulala inkosi uShaka kanye nabo bonke abafowabo, ebabulala ngokubazuma. Inkosi uCetshwayo wabe ekuzonda lokho kwenza, kabonange embulala noyedwa umfowabo; wabe ebathanda bonke yena, ebahlonipha. Nomfowabo lona uMbuyazwe owalwa naye eNdondakusuka inganti wabe engathandi yena ukulwa naye, waza walwa naye ngokuphikelela kwakhe, eqhutshwa ngumnawa wakhe uMantantashiya, owabeyishinga efisa ukulwa, inganti uyabona nje naye ukuthi uZulu ubuyele nganxanye. Bafa lapho-ke abantwana abathobe minwe mibili.

Ngalokho kubulawa kwabesifazana ababili bakaSihayo, uHulumeni omkhulu waseKipi (uSir Bartle Frere) wathi inkosi mayilethe uSihayo nendodana yakhe uMehlokazulu kuye azothetha icala, ezwe ukuba uMehlokazulu ukwenzeleni lokho okubi okungenziwayo na? Ukuba azobulalela abantu bakubo emnceleni wezwe lasesiLungwini.

Lath'uba lifike enkosini lelo zwi lokubiza uSihayo, yahlanganisa uZulu, yabuza izwi labo abalishoyo, uZulu wahlukana kabili, abaningi bathi akufanele ukuba uSihayo ayiswe kubelungu; kodwa izikhulu eziningi zathi kayiswe kubelungu. Emva kwalokho inkosi yahlanganisa amabutho onke, yabuza elawo ukuba athini wona? Onke anqaba ngazwi linye, athi kungenzeke ukuba uSihayo kunikelwe ngaye ezizweni, ngoba akubulawanga muntu wakwaZulu (encwadini kunephutha elithi"wasesiLungwini"), kubulewe abasesiLungwini bodwa. Lapho- ke kwabonakhala ngokusobala ukuthi abelungu bahlose ukuzakulwa noZulu.

Kwema ngokunjalo-ke. Kuleyo nkathi-ke abelungu base bezinge bekhuluma nezikhulu zakwaZulu, bezithembisa ukuthi inxa zivuma ukuhlangana nabo, kuchithwe umbuso lona wakwaZulu, bona (abelungu) bayakuzinika umbuso zonke, kube yileso sizibusele; kuphele lokhu ukuba abantu babuswe muntu munye, ozakuba lokhu ebabulala. Zavamake kuleyo nkathi izikhulu ukuzinge zithuma amanxusa ayo lapha esiLungwini.

Waphikelela njalo-ke uHulumeni ukubiza uSihayo noMehlokazulu. Kuleyo nkathi-ke noSobantu wabe esemphendulela uCetshwayo, ethi uhlaselwa njena woneni na? Kepha kwabe kungasekho thuba lokuba uHulumeni aphinde enze okunye, ngoba wabe eseqinisele ukuba ahlasele kwaZulu. Wathwasa-ke uNgcela; wadlalwa-ke unyaka wokugcina, kuthe onyakeni ka-1879, yafuthuzela eyamaNgisi ukuwela iphuma phesheya, isiza kuleli laseNatal. Wayiqondisa khona kwaZulu. Kuthe ngoLwezi yasondezela emazibukweni akwaZulu. Kwathi ngoNgcela yawelela phesheya kwelakwaZulu. Yase iqala ukulwa nokubulala abantu koSihayo, lokhu phela kunjalo njalo sekusele amaxhegu nesifazana emakhaya, izinsizwa lezi azisekho, sezibuthene komkhulu enkosini. Yathi uba ibabulale abantu, kwezwala komkhulu ukuthi impi yabelungu seyingene koSihayo. Kwabe lapho isiwela futhi ngelaseDlokweni.

Kuthe uba kube njalo uCetshwayo wakhipha imizila emibili, omunye wawuqondisa eMzinyathi, onamabutho amaningi; wathi omunye wawuqondisa eDlokweni. Impi yonke eya eMzinyathi ngakoSihayo wayinika uNtshingwayo kaMahole wakwaKhoza, kanye nezinduna ezingaphansi kwakhe, oVumandaba kaNtethi wakwaKhumalo nabanye. Induna eyabe iphethe umzila owaqonda ngaseWombane, eNyezane, kwakuwuPhalane kaMdinwa wakwaMkhwanazi, noMabilwana ka-.... waseMdletsheni.

Kwathi ngolumnyama ifile inyanga, lokhu phela eyabelungu lena ithe uba idlule koSihayo njalo, yaya yangenisa phansi kwentatshanyana ende ethe klwi, ebizwa ngokuthi "Isandlwana", ngalolo-ke lokufa kwenyanga, sebezwile abelungu ukuthi eyakwaZulu seyisendleleni izakuyihlangabeza; bavuka ekuseni babanga ngalapho ingenise ngakhona eyakwaZulu ngalaphaya kudana nezintatshana okuthiwa "kuseMathutshana". Bath'uba bayi bone abelungu ukuthi nansi lapha ingenise khona, ababe besaqula, sasha. Kwaba ukusuka kwayo eyakwaZulu lapho, awungizwe! Ngamakhulu amajubane, kanti abelungu labo sebezokokha uZulu lapho ukuba kuyolwiwa.

Ithe uba isuke phansi eyakwaZulu yabanga kweyabelungu ngamakhulu amajubane. Yathi uba iyibone isiza eyabelungu, yahlehlela emuva ngamakhulu amajubane, lokhu phela bagibele emahhashini bonke labo. KwakungabaDlongwa (bakaHlubi kaMbunda), namaNgwane kaNcwadi kaZikhali, namaKholwa ase-Edendale kanye nabelungu, begibele bonke.

Yemuka nayo-ke lapho, yayidlulisa izintatshana ezingamathutshana, yaqhamuka yasibona iSandlwana ngasentshonalanga. Abe esemi ephethile amasotsha laphaya phansi kwentaba iSandlwana. Kwathi uba avele obala uZulu, sasha kubelungu abaphansi kweSandlwana, badubula ombayimbayi kwaza kwaba izikhathi ezine. Lapho-ke amabutho akwaZulu azinge elala phansi, avuke qede agijime ngamajubane amakhulu eya phambili. Yamemezake induna eyabe iyiqhatha, imi phezu konqinqima olungasempumalanga kweSandlwana, ibona ukulala phansi kwamabutho ayo lapha kuduma umbayimbayi, yathi, "Anishongo njalo ukuthi niyakulala phansi!" Ngokuvuka phansi kwamabutho, angena kothente bamasotsha. Lapho-ke bawagwaza amasosha, esekhathele nawo ukudubula izibhamu. Lapho-ke yazibulala yayiqeda eyabelungu eyabe ilapho. Lokhu phela kunjalo njalo enye enkulu ihambile yaqonda ngaseMangeni, lapho kwakucashe khona amaxhegu neziguli nesifazana nezingane.

Uthe uZulu uba ayiqothule lapho, nango-ke esewelela kwelasesiLungwini, elanda abelungu ababecashe endlini ezibukweni lakwaJim Rorke. Labo belungu ababelapho endlini kungathi babe amashumi amathathu kuphela. Kepha balwa kwaza kwasa, uZulu ephikelele ukungena abaqede sebaphula umthetho wenkosi eyabatshela wona, wokuthi, baze bangalingi ukuwelela kwelasesiLungwini; baze bathi bangayisusa kwelakwaZulu babuyele emuva njengezwi inkosi eyayilulekwe ngalo nguSobantu, owabe ethe, "Lokhu ngiyazi ukuthi abelungu sebekunxanele nje bayakugcina ngokukwahlula, koba kuhle ukuba inkosi ize ingalweli kwelasesiLungwini, khona nami ngiyakuba namandla okuyiphendulela, ngoba aniyikugcina ngokubahlula," uSobantu eluleka amanxusa akwaZulu, oMfunzi noNkisimane ababethuthunywe kuye isilwa impi. Wafa lapho uZulu kwaba izinqwaba, ebulawa yilabo belungu abasendlini. Bababulala kwaza kwasa; yakhukhula ekuseni eyabantu seyahlulekile, isishiya izinqwaba phansi ezifileyo. Wathi loya mzila ophume waqonda ngaseNyezane, wayivimbezela eyabelungu eWombane kwaza kwaphela amasonto amane. Okwathi emva kwalawo masonto kwafika enkulu eyabe iphethwe yinduna ebizwa ngokuthi uLukhuni (Brigadier-Gen. Wood). Leyo yabhoboka ngenhla; yafika yangenisa kwaKhambula eDudusini.

Isahluko 52
UKWAHLULWA NOKUCHITHWA KUKAZULU

Kwathi-ke ekupheleni kwalawo masonto amane wayiphaka uJininind' omnyama ongabubende bengonyama, wayiqondisa kuyo leyo yabelungu eDudusini. Wayinika uMnyamana, induna yakhe enkulu. Wayiyala wathi ize ingayi kubelungu lapha bengenise khona; ize iye kubo uma bephumele ngaphandle.

Yahamba-ke yaqonda eDudusini lapho eyabelungu ingenise khona: kwathi ngangomuso yalwa. Yathi eyakwaZulu yalishiya izwi lenkosi eyayaleza ngalo yathi impi ize ingabasukeli abelungu lapha bengenise khona; yabahlasela enqabeni yabo ngenkathi yokusa, sebeyikakile. Pho, abelungu banqabisa, babashaya, wahluleka uZulu ukungena. Kwaza kwezwa namanye amabutho abe ekwezinye izindawo, afika lapho; nokho ahluleka onke. Emva kwesikhathi eyakwaZulu yagqibuka yonke, yabaleka.

Abelungu bath' uba bamxoshe uZulu baphuma kalokhu enqabeni, bamlandela ngemuva, baqonda eMahlabathini, sebebange ukuyakubamba inkosi. Bath'uba bafinyelele eduze komkhulu, inkosi yathumela kubo, inxanele ukuhlawula ngezinkabi ezithile ezibizwa ngokuthi "Inyoni kayiphumuli", ezimhlophe. Kepha ibutho leNgobamakhosi lanqaba nazo, lathi "Abelungu bayakuzidla siphelile sonke." Yazigwaza zonke iNgobamakhosi, yazidla. Nampoke bethi lapha begeza emfuleni eMfolozi abelungu, uZibhebhu kaMaphitha ebadubula, wabulala abathile. Nokho abelungu baphendula kuye bathi. "Nokho nisidubula siya kufika kusasa kini!" Ngangomuso wayiletha uLukhuni (Sir Evelyn Wood), wayiqondisa khona komkhulu lapha kuhlezi inkosi. Wayihlangabeza lapho uZulu. Yalwa ngamandla. Akubanga kusasiza lutho ukulwa kukaZulu lapho, yase iyachitheka njalo; inkosi yashona ehlanzeni nebuthwana lingengakanani, elabuye labuyiselwa emuva nalo, ngokuthi funa nkosi izwakale masinyane umkhondo wayo lapho

131

iqonde ngakhona. Yadlula noMkhosana kaZangqwana wakwaZungu owabe induna, nezinceku ezithile, nomndlunkulu. Yahamba inkosi yaqonda eNgome, kwezikaMnyamana kaNgqengelele, uNdunankulu, yayakungena emzini osehlathini, yahlala khona icashile.

Bayifuna-ke inkosi abelungu kwaza kwaphela isikhathi eside, abakwaZulu bengavumi ukuhlalukisa inkosi yabo lapho idlule khona nalapho icashe ngakhona. Lokhu kwaza kwafika indun'enkulu uSir Garnet Wolseley owaza wancenga kuMnyamana nakwezinye izinduna ukuba bamtshele lapho inkosi icashe khona. Naye-ke uMnyamana, ebona ukuthi akusenakusiza lutho ukuyifihla inkosi, wayisho lapho ikhona, wabe esethumela eyakuyazisa inkosi ukuthi ubatshelile abelungu. Bahamba-ke abelungu baqonda kulowo muzi osehlathini lapha sebezwile ukuthi inkosi ihlezi kuwo. Bath'uba bayifunyane bayithabatha kanye nabantu ababehlezi nayo. Bayiletha eMahlabathini.

Ngolunye usuku kwabuthana uZulu phambi kukaSir Garnet Wolseley. Nenkosi yazikhuluma zonke izindaba efisa ukuzikhuluma kubantu bayo. Yayala uZibhebhu ukuba asale abonise umuzi kanye nomntwana uDinuzulu. Kwathi ngosuku eseyimukiswa ngalo washo-ke uSir Garnet kuZulu, wathi, "Nimbona namuhla nje niyamgcina; anisayikuphinda nimbone." Wahanjiswake uJininindi, wayakungeniswa emkhunjini wamanzi, waweliswa ulwandle, wayakubekwa eCape Town.

Kuleyo nkathi uSobantu wabe eselwa ngamandla, ebuzela uCetshwayo ukuthi ubulawa nje woneni kumaNgisi, Lokhu kazange ewela ukuzakuhlasela kuwo na? Yakhulunywa-ke indaba yakwaZulu, isiphethwe ngamakhosi amakhulu ase-England. Ukugcina lamthetha uCetshwayo, kwabonakhala ukuthi konanga lutho. Wacela ukuba avunyelwe ake ayobona e-England, abone noQueen Victoria. Wavunyelwa ukuba awele kanye nezinduna zakhe ezithile ezingengaki. Wabiza uPhosile kaManyosi kaDlekezele wasemaMbatheni, noNgobozane kaVukuza wakwaMpungose, ngoba uMkhosana kaZangqwana wakwaZungu wabe eboshwe naye eKipi. Kwathathwa uGebhuza kaSomtsewu (Mr H.C. Shepstone) ukuya kumhumushela phambili lapha esekhuluma namakhosi, nenceku yokumphekela, neyokumcwala enhloko. Wawela-ke waya pheshaya. Wayibona iNkosazana yamaNgisi, kanye nomntwana u-Edward VI, nezikhulu eziphethe izwe lase-England, nabo bonke abakhulu. Nabo bajabula ukubona inkosi yakwaZulu. Kwathiwa kabuyele ezweni lakubo, ayophatha abantu bakhe ayekade ebaphethe naphambili.

Ithe uba ifike inkosi eKipi yafunyanisa sokukhona uSomtsewu kaSonzica oseyihlangabezile ephuma eMgungundlovu. Kulapho-ke lapha yafika yalitshaziswa khona, sekwenziwa imihlangano yokuthi mayivume ukuba izwe eliphakathi koMhlathuze noThukela libuyele ngasesiLungwini. Yanqaba-ke inkosi kulokho. Nokho abelungu baphikelela, bethi kuyo, inxa ingakuvumi lokho abasoze bayibuyisela kwaZulu. Ithe uba ibone sekuze kwadlula amalanga amaningi beyiphikelele, yasale seyivuma, ingavumi ngenhliziyo, kodwa ithemba ukuba ize iziphendulele uma seyifikile kwaZulu. Ngalokho bayiwelisa-ke sebeyiletha kwaZulu.

Ithe uba ifinyelele kwaZulu, yathuma uMfunzi noNkisimane ukuzawubikela uSobantu ukuthi isifikile kwaZulu. Izwi likaSobantu alibeka emanxuseni, wathi, "Ngiyabonga kakhulu; ngithemba ukufika ebusika ngizoyibona. Kodwa ngithi kini, anohlala niqaphele, ningacabangi nithi labo abebebulala inkosi badelile; bayakuyibulala njalo. Anozibhekela, inyoni iyazakhela isihleke sayo."

Kanti lawa mazwi okululeka kwakhe azakwenza njengokusho komlomo wakhe uSobantu. Kuleli lokuthi uyakuyibona inkosi ebusika, usho isikhathi ayakugoduka ngaso (Lokhu phela inkosi yayibuyiswe ukuthwasa kwehlobo). Leli lokuthi abozibhekela, usho amaqiniso okuba bezakuyibulala ingazi inkosi, icabanga yona ithi lokhu ibuyiswe nguKhwini kuphelile, kanti akunjalo kulabo abebeyimbela amagebe ukuba ikhalakathele kuwo.

Isahluko 53
UKUBUYISELWA KWENKOSI NOKUCHITHWA KWAYO EKHAYA

Kwasokuthunywa uSomtsewu ukuba ayobuyisela inkosi ekhaya. Bajabula bonke abakwaZulu, bebona inkosi yabo seyibuyiswe nguKhwini. Kwaba kuhle kubo ukubona uSomtsewu efika kwaZulu, kwaba umkhosi omuhle phakathi kwabantu.

Uthe uba emuke uSomtsewu esembuyisele, kweza zonke izikhulu, kwakhiwa umuzi wenkosi. Kwakukhona impi eyabe iphunywe nguNdabuko noSuthu, eyayihlasele kuZibhebhu kaMaphitha wakwaZulu. Impi leyo yabe ingeyamagqubu okuzondana koSuthu noMandlakazi. Ngokuphuma kwayo ayaze yatshelwa inkosi, yafihlelwa. Ithe izwa yase ikade ihambile impi. Yathuma abokuyakuyikhalima, abathi befika kuyo umlomo wayo wasowufikile emizini yakwaMandlakazi, ababe besasiza lutho. Yalwake leyo mpi noMandlakazi eMsebe. Yaluqothula lonke uSuthu olwabe lulapho, kwasinda abayingcozana.

Nakho-ke kuthi emva kwalokho wayiletha komkhulu umfo kaMaphitha osicocwana singanxanye, wayiyisa emzini kaCetshwayo Ondini, owabe usand' ukwakhiwa, ungakapheli kahle. Pho-ke yaziwa ngubani, lokhu abantu babuthene baningi, bajabulile, bezobona inkosi yabo ebuyiswe ngabelungu, ababengasazi ukuthi bayakuphinde bayibuyise? Kuhlangene izikhulu zonke zakwaZulu eziyizinsika zezwe. Utshwala lobu abubuzwa obulethwa ngabesifazana. Inyama lena ayifunwa muntu. Impi lena ayiqondwe muntu ukuthi ingahle ibe khona.

Kwahle kwaphuma owesifazana wayakuphumela ngaphandle. Uthe eselapho wayibona impi kaZibhebhu iza ngamandla Ondini, lokhu phela kwakusesekuseni kakhulu. Wathi ebuya wafika wahlaba umkhosi ekhaya ukuthi, "Nansi impi yakwaMandlakazi iza!" Bathe abesilisa uba baphume, bayibona, Ah! Nansi impi iza nembala. Inkosi ithe uba izwe ukuthi kuyisiminya lokho, yahlakaza izinceku ukuba ziqoqele amabutho ndawonye. Aphi pho wona lawo, lokhu ezinye izinsizwa zivuke kusemnyama, zaphelezela awodadewabo abebezilethele ukudla ngayizolo? Abanye basalele phansi badakwe yiwo amatshwala lawo abe efike nawodadewabo! Awu! Kwaba kubi nje kwadela,

Nanso-ke inkosi isithuma uGodide kaNdlela wakwaNtuli owab' eyinduna yomuzi wakwaBulawayo, yathi kayekuhlanganisa amabutho eme ndawonye ngezigaba zawo; kuthi inxa kungenzeka impi yonke isondele kuyo (ngoba inkosi yayithanda ukuba yonke impi yayo ike ithi yeme ukushona ngaphansi ehlanzeni, khona izawuthola isu lokulwa kahle), kodwa nokho kwasokuba lukhuni ukuba kwenzeke lokho ngoba nangu uMandlakazi esesondezele eduze.

Uthe esathi uGodide uhlela impi, base besondele abakwaMandlakazi, bamgwaza, wafa. Kwabe lapho uSuthu luluningi kakhulu. Lwalinga ukuthi luyabamba; yabe eyakwaMandlakazi seyisondele yonke. Kuthe kusenjalo lwagqibuka uSuthu lwabaleka.

Ithe inkosi uba ibone ukuthi sekonakele yathi ikhwela ehhashini, lawa nayo; yaphinda futhi yakhwela, lathi aliwe nayo; yaliyeka, yathatha izikhali zayo yahamba.

Uthe uHhayiyana kaMaphitha uba abone ukuthi uMandlakazi usesondele, wabiza umfana oludibi lwakhe, wathi kuye, "Letha izikhali zami lezo, mfana, uzilethe lapha. Yilokhu-ke esasikuthanda ukuba sife nenkosi yethu." Wabiza ukhamba lotshwala, waphuza, anduba aphumele phandle ehlomile, ezwa ukuba uMandlakazi usesondele.

Yazibulala-ke izikhulu zonke impi yakwaMandlakazi, kungathithi yaqeda amashumi amane abantu abayizinsika zezwe lakwaZulu. Ababengekho lapho kwakuwuMnyamana kaNgqengelele noNtshingwayo kaMahole. Umuntu owahlabanayo lapho ezikhulwini kwaba nguVumandaba kaNtethi wakwaKhumalo, owabagwaza baze baba izinqwaba abakwaMandlakazi, abaze bamahlula ngokumphonsa ithala, anduba awe, iqhaw'elikhulu likaNtethi.

Inkosi yath' uba iphume ekhaya yahamba njalo yaza yayakungena esihlahleni, yahlala phansi kwaso. Kanti nampa abakwaMandlakazi belandela, behambe bebulala ababalekayo. Bath' uba bayibone inkosi phansi kwesihlahla ababe besabuza, bayiciba ngemikhonto emibili, eyafika yahlaba ethangeni yomibili, Yezwakala lapho-ke inkosi ibabaza, yathi, "Bafokazana, ningihlaba ngemikhonto ezweni likababa na?" Base bezwa kalokhu ukuthi yinkosi; baphendula bathi, "Ndabezitha, besingazi ukuthi yinkosi, besithi nguZiwedu." Base besondela eduze kwayo, bakhuleka bathi, "Bayethe!" bahlala phansi. Kanti labo bahamba nabafo bakaSomfula, omunye owabeyinceku. Imikhonto leyo-ke seyiyikhumulile yomibili ethangeni. Bahlalahlala isikhashana, besuka baphindela emuva.

Leyo mpana yanela ukubuyela emuva, yesuka inkosi yahamba, yadlulela phambili. Yahamba yaza yafika endaweni eyayalusela kuyo isengumfana, lapho kukhona isigodi esinomgodi phansi wokucasha; yahlala lapho kwaza kwaswelela. Kulapha yethuka seyihlangana nesinye isibaleki, yamazi kahle lowo muntu. Owathi uba abone inkosi wahamba waya emzini wenceku, eyafunela inkosi ithole elinonileyo walihlaba, wenzela inkosi ukudla. Wathabatha icansi elisha elilokhu lalukwa lingakandlalwa muntu. Kwalungiselelwa inkosi uba ilale. Anduba kuthi ngangomuso kubikelwe abathile ukuthi, "Nansi lapha ikhona inkosi!"

Ngokuzwakala ukuthi isekhona inkosi, isindile kuMandlakazi, yahloma inkomo inophondo (ibandla likaZwekufa, amaChube), sebeyakuthatha inkosi. Bayithabatha bayiyisa enqabeni yabo endala kaDlaba, uyise kaZwekufa, eNkandla, kwaManziphambana, lapha uDlaba avimbela uShaka khona wahluleka ukungena. AmaChube angenisa ngaphandle kwenqaba, akaka inkosi, besho nangomlomo abasemaChubeni, bethi, "Kufanele ezekuyithabatha inkosi uMandlakazi kalokhu."

Kwaba njalo-ke, yahlala lapho inkosi enqabeni phakathi kwamaChube, bathi nabakwaZulu abafisa ukuyibona baya bacela kumaChube. Pho-ke, njengokuba kwasokukhona uMalimata eShowe (Melmoth Osborn), esebonisele uHulumeni khona (Resident Commissioner), waqala ukuzinge ethumela emaChubeni kuSigananda, enxusa ukuba inkosi idedelwe ize kuye eShowe. Kepha inkosi ayivumanga ukuya kuye. Kwahlala kunjalo kwaza kwafika uMr Grant, owabe ephume lapha eThekwini, enxuswe yinkosi kuSobantu, yathi kayifunele umlungu ohlakaniphileyo, ozakuyiluleka ezindabeni zayo, ayibhalele nezincwadi uma ithanda, njengokuba noZibhebhu unabelungu bakhe abamlulekayo. (UZibhebhu lowo wabe enamadodana kaMr R. McAlister awabe emelekelela ngokumlobela izincwadi, emsiza futhi nasekulweni noSuthu. Labo belungu babekhona nabo phakathi kwempi yakwaMndlakazi eyabe iyobulala inkosi Ondini lapho).

Isahluko 54
UKUPHELA KWENKOSI

Ngokufika kukaMr Grant eseyokuba ngumluleki wenkosi, wasizakala uMalimati ukuba akhulume noMr Grant avumise inkosi ukuba ize kuye eShowe. Pho-ke, inkosi isivunyiswe ngumluleki wayo, yaphuma eNkandla yaya eShowe. Yayakubekwa emzini kaKeke omunye wabantu bakwaZulu ngokuzalwa. Yahlala khona lapho kwaKeke.

Kwabanjalo-ke, yahlala kulowo muzi inkosi nabantu abayikhonzileyo, ihlezi ngokuhlupheka okukhulu, ingezwani noMalimathi, ngoba phela inkosi yayingakubhekile ukuba izophathwa ngesandla somuntu onjengoMalimathi njeya ohlangene noZibhebhu oyibulalayo.

Ithe isahlezi lapho, ngamdla uMalimathi eyihlabisa inkomo, yahle yalunywa isisu; kwabe lapho inyanga yayo eyabe imbhekile, uMbombo wakwaNxumalo, eseyifunela amakhambi okuba ike iyekuchatha emfuleni. Ithe ibuya lapho yayibikelwa ubuhlungu kokaQethuka. Inkosi yase ithi kuMbombo ake ayokwenza izaba lapho kumlobokazi. Wabe esebeletha uNkongolozana, elabuya laguqulwa laba uManzolwandle.

Ukufa kwayixina inkosi ngamandla. Yathi uba izwe ukuthi sekuyahlulile, yabiza labo eyayinabo, yabalandisa yathi, "Ukufa sekungahlulile. Nango-ke umntanami uDinuzulu engimshiyayo, aze ayobikelwa uKhwini ukuthi, ngishiya nango uDinuzulu ophathele mina; nami bengiphathele uMpande; uMpande wabe ephathele uShaka; uShaka wabe ephathele uSenzangakhona; uSenzangakhona wabe ephathele uJama; uJama wabe ephathele uNdaba; uNdaba wabe ephathele uPhunga; uPhunga wabe ephathele uMageba. Kuhle uDinuzulu aze ahlome ayokulwa noZibhebhu; nami ngiyakuba ngikhona phakathi kwempi, siyakumahlula." Emva kwamazwana athile ayingcozana inkosi yagoduka, yaphumula ekuhluphekeni kwayo okukhulu eyabe ikwethuka, ingabonanga ikubona selokhu yazalwa.

Yath' uba imuke inkosi isidumbu sayo sahlaliswa kuyo leyo ndlu ekhothamele kuyo. Indlu yabhandwa ngodaka, kwenzel'ukuba kungezwakali iphunga kwabahamba ngaphandle.

Kwasokubakhona ukuphikisana kuMalimathi noSuthu. Ngoba uMalimathi wabethi isidumbu masimbelwe khona lapho; kepha abasoSuthu banqaba, bathi, masiye eMahlabathini, kwamanye amakhosi. Ngokuphikisana lokho kwaza kwavela ukuxabana kubo. (Isidumbu leso sasifakwe ebhokisini elifushane, sahlaliswa kulo njengomuntu ehlezi, njengokukwenza kukaZulu.)

Kwathi nxa sokusondele usuku lokuthatha isidumbu, abasoSuthu bathumela ekholweni elinenqola abalaziyo, uHambangana, bayakutsheleka inqola kuye ezakuthwala isidumbu. Yath' uba ifike inqola, uMalimathi naye wabe esememe impi yakhe yamambuka, Kwalwiwa ngalokho. Kodwa axoshwa amambuka, uSuthu lwawathela ezizibeni zomfula aMadikulu, lapho kuvame kakhulu izingwenya. Kepha, bebona ukuthi sekuyakuba kude eMahlabathini, basale sebecabanga ukuthi isidumbu mabayekusitshala eNkandla, sibe phakathi kwabantu abayakusihlonipha basinakekele kakhulu. Nembala-ke basimukisa ngenqola, bayakusitshala khona eNkandla, eduze komuzi womnumzana wakhona omkhulu uLuhungu wakwaShezi, oyena nabantabakhe, besibonisile njalo nanamhlanje.

Isahluko 55

USEFIKILE UDINUZULU

Bandla lakithi elithanda ukwazi izindaba. Namhlanje nginxanele ukunixoxela ngomntwana wenkosi yakini, uDinuzulu onguMamonga woSuthu, ukuzalwa nokuba kho kwakhe, ngemisebenzi yokuhamba nokuhlupheka kwakhe, owaza wafela kukho, esekhathazeke kakhulu inganti usengumntwana kakabi ndoda.

Ezinsukwini zokubusa kukaMpande, uCetshwayo engumntwana, emva kweminyaka ethile seyadlula impi yombango wabantwana benkosi eyalwela eNduhnde eNdondakusuka, mdla kufa uMbuyazwe nabafowabo abashiyagalombili, inkosi uMpande wabulala umnumzana wasemaNzimeleni, ibizo lakhe kwakuMsweli. (Ngingesibale isono sesici abe ebulawelwa sona, ngoba ukubulawa lokhu kwakungenaso isigqi esikhulu. Engikwaziyo yilokhu kuphela, ukuthi inkosi yalayezela ukuba baze bangabulawa bonke abantwana bakaMsweli.)

Nembala-ke kwenziwa njalo, wabulawa, kwabuywa nazo zonke izikhundlwane zakhe. Phakathi kwazo kwakukhona indodakazi yakhe uSomakoyisa, isigqigqi sentombi nje emfushane, enhle impela ekhanyayo enganimunwe. Owathi uba afike wayiswa ngasenhla esigodlweni. Kepha umntwana uCetshwayo wamthanda, waza wamcela eNkosini ukuba abe yinkosikazi yakhe. Inkosi yavuma.

Kepha zazikhona izintombi zabanumzana abakhulu kunoMsweli, ezase zithathiwe ngumntwana ukuba azale kuzo. Phakathi kwalezo ntombi kwakukhona ekaSekethwayo kaNtuzwa umnumzana wakwaMdlalose, eyabe ibekwe ubukhosikazi kunazo zonke ezinye. Kulokho abalobokazi labo bazala, bavama ukufelwa, bathi abanye bazala amantombazana. Ngokumangala kukaZulu ukuthi lokhu kwenziwa yini, kwahanjwa kwayiwa ezanusini, kwayiwa kubuzwa ukuba lokhu kwenziwa yini na. Izanusi zafika zabatshela indaba abebengayibhekile (lokhu phela bona bebebheke ukuthi kwenziwa abathakathi), zathi, "Lokhu kwenziwa ngamakhosi akwaZulu, athi, ayazi ukuthi kwaZulu ayithandwa inzalo; ngoba uSenzangakhona wabe ezele abantwana abaningi, kepha uDingane wababulala bonke. Emva kwalokho nangu uMpande ezala abantwana abaningi naye, nampo-ke bebulawa beqedwa bonke eNdondakusuka. Athi amakhosi akwaZulu sekuyakuzalwa umntwana abe munye; khona kungayikuba-kho ukuxabana nokubulalana."

Hhawu! Amazwi ezanusi amangalisa nje kwaZulu, afana nosongathi angumhlola. Kuthule kwathula kubuswa, wasithatha isisu okaMsweli, wabeletha indodana. Bayiqamba ngebizo lokuthi uMahelana avela oNdini. Kuleyo nkathi umntwana wabe esakhe enzansi lapha eMhlathuze kwaNdlayangubo, akhe umuzi wakhe wasOndini olubomvana, engakawakhi lona wasOndini oluseMahlabathini awakhe eseyinkosi. Abantu base bevame ukuya kukhonza lapho Ondini kumntwana, bengasavamile ukuya kukhonza enkosini kwaNodwengu. Kungathi inkosi uMpande ithe igoduka ingane lena uMahelana wabe eseyiqedile iminyaka emihlanu kumbe eyisithupha, ukugoduka kwakhe ngo-1872. Kunjalo: uMahelana umbonile uyisemkhulu, kodwa yena (uMahelana) engakabi nawo amehlo okumbona uyisemkhulu.

Yakhula-ke ingane yaza yafika ebangeni elifaneleyo, uyise wayiqamba ibizo, wathi, nguDinuzulu, ethi, "Lo, udinwa nguZulu." Wakhula-ke uDinuzulu waza waba ngumntwana oseqinaqinile. Emva kwakhe okaMajiya wabeletha indodana, eyaqanjwa kwathiwa uNyoniyentaba. Lowo-ke waba ngowesibili enzalweni kaCetshwayo owazalwa wema phezu kwabanye ababezalwa qede bafe.

Kuthe nje lapha uDinuzulu esengumfanyana osongathi useqede iminyaka kungathi elishumi, uNyoniyentaba kungathi owodwa kumbe emibili, yafika impi yabelungu eseyizobulala izwe lakwaZulu. Kukuyo leyo nkathi ebuhlungu lapha uZulu wabe eseqalile ukudinwa yinkosi yabo. Ngoba phela uCetshwayo wathi eyiqamba nje indodana ngalelo bizo wabe ezisho yena uqobo lwakhe. Nembala abakwaZulu bakuqhubile bakufeza konke lokho okwabe kwaziselelwa yinkosi uCetshwayo ngoDinuzulu, baza bagcina ngokuthengisa ngaye ezizweni ngakho ukudinwa nguye. Ukuba ngisho ngithi badinwa nguye, uDinuzulu waza wadineka nakuyisemkhulu uMnyamana kaNgqengelele, owathi nangamdla inkosi isimukiswa nguSir Gamet Wolseley, esebeka abanumzana abazawubonisa izwe emva kwenkosi, kwathi lapha kuthiwa uyabekwa wanqaba wathi, "Obami ubukhosi buphelile ekade nginabo bokubusa uZulu; lobu eninginika bona angisabuthandi." Kepha kwathi emva kwesikhathi naye uqobo wavukela ingane kaCetshwayo uDinuzulu, ukugcina indodana yakhe uTshanibezwe wamzonda uDinuzulu waza wangathi angamkhaphela ekufeni. (Ngikhumbula kakhulu enkathini sekufike amajaji eShowe esezothetha amacala abantwana awoNdabuko noShingana noDinuzulu okwaso kuthiwa uDinuzulu wabulala umfanyana wakwaMnyamana owabe ebizwa kuthiwa kwakunguMadweledwele uTshanibezwe kaMnyamana eqambamanga enzela ukuba kubulawe uDinuzulu).

Isahluko 56

UYEHLULWA UZIBHEBHU

Kwabe kuthe ukugoduka kwenkosi uCetshwayo eShowe, walayeza wathi lapha esevalelisa ethi, "Mina sengimuka. Kepha akungqala ngami. Ngishiya nango uDinuzulu. Nami bengiphethe nje ngiphathele uMpande, naye wabe ephathele uShaka, naye wabe ephathele uSenzangakhona, naye wabe ephathele uJama, noJama wabe ephathele uNdaba, noNdaba wabe ephathele uPhunga, naye ephathele uMageba.

UYEHLULWA UZIBHEBHU

Nize niyobikela uKhwini ukuthi ngishiya nango uDinuzulu. Ngithi-ke kuwe, Dinuzulu, uze wanele ukukhweza isidumbu sami ubuthe uZulu uyohlasela uZibhebhu ulwe naye; uyakumahlula; nami ngiyakuba ngikhona phakathi kwempi yami leyo." Inkosi yathi iwaqeda amazwi ayo yase igoduka.

Kuleyo nkathi yokugoduka kukayise, uDinuzulu wabe esengumfanyana osongathi uneminyaka elishumi namithathu kumbe namine, ehlakaniphile kodwa kwazise kwakuyizinyane leSilo. Nembala kwathi uba ikhwezwe inkosi weqa uDinuzulu waphonseka emaBhunwini. Pho, amaBhunu athokoza ngalokho ngoba abe ekade encenga nasenkosini ukuba ayelekelele ngokuyithatha, alwe noZibhebhu.

AmaBhunu, kwathi uba afike kuwo uDinuzulu amthatha ahlangana, amkhwelisa ehhashini elimhlophe, ambeka abe inkosi esikhundleni sikayise; wakhulekelwa kwathiwa kuye, "Bayethe!" AmaBhunu akhuluma athi, "Niyazi nani ukuthi noyisemkhulu uMpande wabekwa yithi."

Kwanela ukudlula izinsukwana ezithile nje, wayiphaka umfo kaCetshwayo, wamema uZulu kanye namaBhunu, wayiqondisa eTshaneni, lapho uZibhebhu wabe emise khona. Waphaka uZulu phambili, amaBhunu alandela ngemuva. Yalwa-ke lapho ekaZibhebhu noZulu. Kwathi ngokugunya kwempi yakwaMandlakazi, lapha ebuyisa olunye uphondo loSuthu, amaBhunu amshaya aqinisa lapho uZulu, ashaya axuba kanye noSuthu noMandlakazi. Lapho-ke kwafa gula linamasi, kwaba ubuchobololo. Kwathi naphezu kwamandla kaMandlakazi, lwayibhedula uSuthu olumpondonde. Kwathi lokhu izinkomo zonke zezwe lakwaZulu zase ziphelele kwaMandlakazi lwazidla lwazigogoda zonke uSuthu; lwababulala abantu laba kwaba ubuchobololo.

Pho, lokhu inkomo lena yabe ingasaziwa muntu noyedwa kwaZulu, sezaphelela koZibhebhu zonke, bazidla baze bazidla nobuka lwazo. Kwasokuba ukuba leka kwakhe njalo lokho uZibhebhu nebandlana eliseleyo likaMandlakazi, baqonda ngalapha eNyoni kwelingaseNingizimukwelaseShowe, eselikade lanqunywa laba elasesiLungwini. Wakha khona-ke uZibhebhu kanye nabantu bakhe, uSuthu lwalidla lonke elakwaMandlakazi.

Kwathi ngobuningi bezinkomo zezwe lakwaZulu esezaphelela kwaMandlakazi azaze zabiwa, kwaba yilowo mnumzana waziphangela nje, nabantwana benkosi baziphangela nabo kanye namaBhunu, ngingasamphtehe uMnyamana noZiwedu. Athi amanxusa abo lawa oMfunzi noNkisimane ababelokhu bethunywa indlela yokuza lapha Ekukhanyeni kuSobantu nakuHulumeni, baxoshiswa ezabo nabo. Lonke elasoSuthu lafuya ngalelo langa. Bheka-ke abantu sebaba amahobo bonke!

Wemuka-ke uZibhebhu nesifunda sakhe (labo abayingcozana abasala kwababulawayo), wakha eNyoni. kwathi ngokudlula kweminyakana engemingaki wayakucela enkosini yakhe uMalimathi (Sir Melmoth Osborn, Resident Commissioner), ukuba avunyelwe abuyele ezweni lakhe elidala. Kwathi ngokuba uZibhebhu wabe ethandeka kakhulu kuMalimathi (ethandeka kakhulu kunoDinuzulu), uMalimathi wabahlanganisa ngolunye usuku, wababiza baya kuye enkantolo yakhe, wamtshela uDinuzulu ukuthi uZibhebhu usezakubuyela ezweni lakubo. Kepha uDinuzulu ekuzwile lokho wanqaba impela phambi kukaMalimathi, ezindlebeni nasemehlweni kaZibhebhu, wathi kavumi impela ukuba uZibhebhu azokwakha eduze kwakhe ngoba wabulala ayise. Kepha yena waphikelela ukuba abuyele ezweni lakhe. Kwathi ngoba uZibhebhu wabe utho olukhulu kuMalimathi wavunyelwa. Kulapho-ke lapha wathukuthela wacinywa ngamanzi uDinuzulu, bahlukana bexabene.

Pho! Naye uZibhebhu esekhukhumele kuleyo nkathi. Sekukhule ibuthwana lakhe labafana elalibizwa kuthiwa "Inyon'emhlophe", waqinisa ukubuyela ngoba ethi usenamandla okuthiya uSuthu. Nango-ke esebuyela emanxiweni nembala njengokufisa kwakhe.

Kepha uZibhebhu wab' engekuyeke ukwenza kwakhe kobushinga. Nakho-ke kuthi ngolunye usuku kuxabana izinsizwa zakoZibhebhu ezingengaki, zixabana nezakoNkowane kaMsongane, kwafa omunye wakwaMandlakazi. Ngalokho kwath' uba kubikwe lokho kuMalimathi, babulawa labo bakaMsongane, kwavunyelwa abakwaMandlakazi.

Isahluko 57

IZINXUSHUNXUSHU ZIKAZIBHEBHU

Kuthe ngokujwayela ukwenza imikhuba emibi, nango uZibhebhu esuka ekuseni eyakuhlasela emzini kaMsushwana waseMdletsheni, iMboza, efisa ukumbulala. Kepha uMsushwana lowo ehlezi engazi lutho, waqabuka ezunywa yimpi, yambulala. Kwasokuhlatshwa umkhosi njalo kumntwana uDinuzulu wokuthi, "Uyihlo uMsushwana usebulewe nguZibhebhu!" Hawu! Kwaba kubi impela lokho kwenza kukaZibhebhu, kokubulala umuntu engaxabene ngalutho naye. Wathukuthela kalokhu uMamonga woSuthu, wathukuthela wacinywa ngamanzi, ekhumbula amazwi akhe abe ewatshele uMalimathi, okuthi lo muntu uZibhebhu kalungile, uthanda ukulwa nokubulala abanye njalo, akufanele ukuba amlethe ngakuye, ngoba nguye owabulala inkosi.

Kwathi lapha limukayo libantu balile, wayiphaka uMamonga woSuthu, (lokhu phela uZibhebhu ugila leyo mikhuba njalo usemise kwaNdunu, intatshana engalaphaya kweNkantolo yakwaNongoma namuhla lokhu kuleyo nkathi kwakuseyikamu loNongqayi. EyasoSuthu yabe seyingenise ngasezintatshaneni zakwaCeza (intatshana enehlathi nganhlanye inganti iyiNkangala nganxanye,) ngasentshonalanga kukaNdunu, neKamu lawoNongqayi.

Kwathi uba uSuthu luwakhe umkhumbi, wagedeza phakathi kwayo uHemulana kaMbangezeli wakwaSibiya. Wayiphaka lapha kuswelelayo. Wayinika ukuba ikhonde khona kwaNdunu, ize ibambane inxa kubomvu enzansi. Njengokuba ikamu lawoNongqayi linganeno kukaNdunu ize ingayi kubo, ibadlule nje ecaleni iqonde kwaNdunu kuZibhebhu.

Nembala uSuthu lwenza njalo. Kwathi lapha kumpondo zankomo bafika kwaNdunu. Wabe esefake uMagagane phambili, ibutho elikhwele amahhashi elivame ukuphatha isibhamu futhi, nomntwana uqobo wabe ephakathi kwalo, kunguye ophambili kwempi yakhe. Bathi lapha bethi mabafike nje kuMandlakazi, sasha, sasha asabe sisanqamuka kwabakoZibhebhu, bamshaya qede bamphindelisela emuva uMagagane. Lwabe selusondezela uSuthu lolu oluhamba phansi. Lapho-ke akubange kusabuza muntu, kwathi lokhu kwakungakasi ukuthi juqu, kwagqamuka izinyazi eziza neno neziya phambili, kwaba ubududlududlu. kwathi uba lufinyelele lonke uSuthu kuNdunu, ngesikhashana esincane nje lwangena phakathi kukaMandlakazi, lwamdunga. Pho! Kusezakuba ngakanani, lwabaminya uSuthu. Lwagijima nentatshana yonke yakwaNdunu, seluhambe lubacoshisa ngabanye. Nanguya umfo wakwaNtombela uSiqaka kaNgonela esehamba ebacoshisa ebagwaza, wemuka nabo kwaza kwaphela amalanga amathathu, waza wabafunyana abakubo sebesekhaya kwaCeza lapho babengenise khona.

Kwathi uba imchithe uMandlakazi, nanguya uZibhebhu ethi uba abone ukuthi iyayibhedula kalokhu, wagijima wangena emabibini akaNdunu, walilahla ihhashi lakhe lazibalekela ngokwalo, naye wabe ezicashela ngokwakhe. Bamfuna, kodwa bahluleka ukumthola.

Bababulala babathi qothu, kwaphuma abangebangaki. Lwazidlake izinkomo uSuthu lwansondo, lwazidla nebuka lwazo. Lwakhukhula lwabuyela kwaCeza kuyo indawo oluthe luhlasela lwabe lusuka kuyo.

Kuleyo nkathi uSuthu lwase luhlezi kalukhuni kwaZulu, sekufana nokuthi bayabulawa uqobo, ngoba phela isizwe sakwaZulu sesahlukene amangcozu, iningi selingamambuka, selibuyele ngakwaHulumeni selibulala abakubo.

Kukuleyo nkathi-ke lapha umntwana uNdabuko, ekanye nezikhulu ezisavuma ubukhosi bakwaZulu, wathumela amanxusa Ekukhanyeni kuNkosazana uDlwedlwe kaSobantu ukuzawumbikela ukuthi, njengokuba sebebulawa izwe lonke nje, sebezawumuka baye kude kwamanye amazwe balishiye elakwaZulu. Kulapha-ke inkosazana yethuka kwaba buhlungu kuyo ukuzwa lelo zwi. Athi ebuyela emuva amanxusa lawo yabe isithumela eThekwini kummeli omkhulu wakwaHulumeni, imbikela leyo ndaba ebuhlungu.

Luthe lusekhona kwaCeza lapho uSuthu wayiphaka uCol. Mansell, oyinduna enkulu yawoNongqayi, wayiyisa khona kwaCeza lapho. Lokhu phela uCeza lowo ulihlathi nganxanye yinganti iNkangala nganxanye. Wayiphaka wayiqondisa kuyo le ntatshana edumileyo, wayiqondisa ngakulo ihlathi lelo. Kwabe kuthe uba uNdabuko ayibone impi iza ihlomile, wathumela amadoda amabili, oNdungunya wakwaNxumalo nomunye, wathi mabayobuza ukuthi bazobulawa nje benzeni na? Banela ukufika nje oNdungunya empini lapho kaCol. Mansell bamgwaza omunye lowo ohamba noNdungunya wafela khona lapho, bamgwaza naye uNdungunya lowo, waba yinkubele.

Uthe uba ayibone seyisondezela ehlathini uNdabuko, wayikhukhula eyakhe wayiqondisa ngaphezulu, eyixoshela abelungu. Banela ukufika abelungu ehlathini lapho, sasha, becabanga bethi uSuthu luphakathi ehlathini. Lath' uba lethuke ibutho likaFalaza, lapha lizwa ukuduma kwesibhamu lafisa ukwehlela khona; kwabe lapho uNdabuko eseqinisa ngamandla ukushaya abafana ukuba bakhukhule. Kulapha kwavela khona lapho abanye basoSuthu ababuzayo ukuthi, "Kwenzenjani lapho na?" bezwa ukuduma kwesibhamu, Baphendula abanye bathi, "Bashaya ihlathi." Seku ukwehla kwabafana njalo, beputshuka ngalapha nangalapha komntwana, bephuthuma khona lapho kuduma isibhamu. Bath'uba bababone abelungu nampaya beguquka bebuyela emuva beyakuwela iMfolozemnyama, bewelela ngasemzini kaMnyamana eKushumayeleni. Babathi thika abafana baguquka babuyela emuva.

Isahluko 58
ABANTWANA BAYABOSHWA

Emva kwalezo zigameko kwafika uHulumeni Ekukhanyeni ezokhuluma nenkosazana kaSobantu, eyitshela ukuthi abantu bakwaZulu sebonakele, bangenwe yinhliziyo embi, banxanele ukulwa nabelungu, wathi kuhle ukuba nayo inkosazana keyenze amandla kayise, yena wabe ezwana nabo.

Wafika-ke uManzekhofi (Harry Escombe, Esq., Q.C., M.L.C.) ezokhuluma nenkosazana ngokuhlupheka komntwana nabantu basoSuthu. Wafika qede uManzekhofi, inkosazana yabiza induna kaSobantu uThwayisa Mabaso kaMqambi noBubi Mthuli kaNondenisa owabefundisa izikhundlwane kanye nami (Magema Fuze kaMagwaza owabecindezela). Sath' uba singene endlini wathatha-ke uManzekhofi ngamazwi okuthi kufanele ukuba uNdabuko nendodana yomfowabo uDinuzulu bahlale kwaZulu bangabaleki ukuya kwamanye amazwe. Wathi, kufanele inkosazana ithume abantu baye kuNdabuko, bamtshele angabaleki, ahlale njalo ezweni lakubo, angalwi noHulumeni. Athi inxa ebabamba uMalimathi (Melmoth Osborn, Resident Commissioner for Zululand) bavume bangalwi naye. Wathi, inxa benza lokho uyakubamela, bahlale kulo izwe lakubo; kodwa, inxa bebaleka, beshiya izwe lakubo, belwa, kayikubamela.

Kwasokuthunywa njalo yena uThwayisa Mabaso noBubi Mthuli ukuba bakhawuleze baye kwaZulu kuNdabuko bayokhuluma lawa mazwi kaManzekhofi.

Baya bafinyelela laba ababili, bafunyanisa izwe lilibi kwaZulu; abakwaZulu laba sebehlezi esiqiwini samaBhunu; amaBhunu lawa esehleze ezobayenga ngokuthi mabahlubuke babuyele ngakuwo, khona wona ezakubalwela ngakumaNgisi abuyise izwe lonke libe elakwaZulu. Kepha uNdabuko ehlakaniphile, ebazi ubuqili nenkohliso yamaBhunu, wanqaba. Kwaza kwathi uba kufike amanxusa enkosazana balivuma lonke izwi lokululeka kukaManzekhofi, bavuma nokubanjwa ukuba babothwe.

Kanti babanjwa njalo sekuyindaba eyenziwa ezweni lonke lakwaZulu. Enzansi laphaya kwaMpukunyoni usebanjiwe uSomkhele, nalaphaya kwaNdlayangubo sezibanjiwe izinduna zaseMangweni, oLugoyozo noNdabayakhe noMasekwana, nawoDlemdlemu; babanjwa ngennxa kaZibhebhu kaMaphitha, noHhamu kaMpande, noSokwetshatha kaMlandela, noMgitshwa kaMvundlana; usebanjiwe noShingana wenkosi enzansi laphaya eMahlabathini, owalwa waza wabachitha sebemngenise enqabeni kwaHlophenkulu, uNonkwenkweziyezulu. Kwase kuyisinyakanyaka sezwe lonke lakwaZulu. Pho! Uzwani-ke, mngane, kwaba kubi nje ezweni lonke, abantu bebanjwa bebulawa bonke abawuSuthu, oSomopho waseBathenjini, nawoBhenjana kaNomageje wakwaCebelikhulu, nawoSomhlola kaMvundlana wakwaBiyela.

Angazi ukuba ngingabala ngithini, lokhu izwe lase liyisinyakanyaka nje. Sekuboshwa bonke abakwaZulu, behlalana bodwa, omunye ahlale ngomunye kuMalimathi, enzel'ukuba abulawe kumbe aboshwe. Izimpi lezo ezazilwiwa zathumba abantwana besilisa nabesifazana kanye nawonina. Munye kuphela umnumzana owaphuma etilongweni, uSomkhele kaMayanda, ngoba abaKhwanazi bathukuthela bonke, bahlanganisela izinkomo eziningi okungathi zingamakhulu athobe minwe mibili bathi kaboshelwe ngaphandle uSomkhele. Wonke uZulu wangeniswa ejele laseShowe ngezindlu zabo, bathi abantwana, oNdabuko noShingana nengane yabo uDinuzulu banikwa eyabo bodwa indlu, zathi izinduna zaseMangweni kanye nabanye banikwa ezabo. Baboshwa kanjalo-ke.

Isahluko 59
UKUTHETHWA KWECALA

Kuhambe kwahamba lwafika usuku lokuthethwa kwamacala abo. Kwathethwa elikaSomhlola kaMvundlana, ehleziwe ngumfowabo uMgitshwa osehlangene noMalimathi ebulala indlunkulu. Lapho-ke kwase kusezinsukwini zikaJuly 15, 1888, ekukhumbuleni kwami. Ekukhanyeni kwahamba inkosazana uDlwedlwe noThwayisa induna, noBubi Mthuli nami (Magema M. Fuze). Kodwa mina ngalandela, sebephambili laba onkosazana nenduna noMthuli. Kwathi ukwehla kwami sengewuka ngiya eThekwini, ngakhandana noMr W.Y. Campbell omunye wabameli basoSuthu, ephuma eJohannesburg, sahamba kanye naye sesiya eShowe. Abameli bakwaZulu kwakuwuMr Escombe, owabemkhulu phezu kwabo bonke, kanye naye uMr Campbell noMr Dumat, noMr Samuelson (uBhembedu) owabe ebaluleka olimini lwakwaZulu, noMr Burgess owabe esebenza ngokubhala amazwi amafushane inxa kukhulukhulunywa indaba. Inkosenkulu eyabe ithetha icala kwakunguSir Walter Wragg ekanye noMr Fannin (uMakhanda), noMr Rudolph (uTshela). Ummeli wakomkhulu kwakunguMr W.B.

Morcom. Induna ephansi kwamajaji kwakunguMr H.C. Campbell. Ikhumusha kwakunguMr S.O. Samuelson.

Kwakubuthene uZibhebhu nabantu bakhe, noSokwetshatha nabantu bakhe, nezinduna zikaHhamu, noMgitshwa kaMvundlana nabo bonke abeze emacaleni abo, nawoTshanibezwe kaMnyamna osezekumangalela uDinuzulu uqobo ethi wabulala umfanyana wakwakhe uMadweledwele.

Athethwa-ke amacala lawo izinyanga songathi kwaza kwaphela izinyanga ezine, kwathi ngoDecember iNkantolo yahlakazeka, kwathiwa kusayakudliwa uKhisimusi eMgungundlovu. Nembala kwahanjwa-ke kwahlakazekwa; kwasala uMagema yedwa eShowe owabe enomsebenzi wokufundisa abantwana bobathathu benkosi ukuba babone amabala okuthi A, B, C, D.

Kwath' uba aphele uDecember afika amakhosi, angena amacala njengakuqala. Kwasokusondela usuku lokuthetha amacala abantwana bobathathu. Kwaqalwa ngelikaNdabuko ongomkhulu kubo. Wanikwa ukuboshwa iminyaka elishumi nanhlanu. UmfowabouShingana wanikwa elishumi namibili. Kwgcinwa ngengane yabo uDinuzulu abamnika iminyaka eshiyagalombili. Anqunywa njalo lawo macala kuqalwe ngokuba bathi abameli bakithi bamemezela ngayizolo, bayala bonke abasoSuthu ukuba baze bangezi ngomuso ngalelo langa lokunquma, ecaleni, kuze kuze abantwana bodwa, ngoba kuyakunqunywa amacala abo. Ngalokho-ke kwathi ngalelo langa kabaze beza abantu, bahlala emizini abangenise kuyo. Kwathi kusa kwakufika amasosha, okwathi enqunywa amacala lawo abe emi ngaphandle, kwaza kwafika inkathi yokunqunywa kwawo aphele, sebeqhutshiwe abantwana bayiswa ejele. Wabe ummeli wakomkhulu eqale ngayizolo ukukhuluma waza wagcina emini. Kwasokuthatha uManzekhofi emva kwakhe, sekubuthene abelungu abaningi. Wakhuluma qede anqunywa-ke amacala lawo ngangomuso. Emva kwalokho inkantolo ayibanga isahlala kakhulu, yashesha ukuhlakazeka, kwasala uMalimathi noMmango kaSomtsewu noMr Knight, abathethi bamacala bakwaZulu, abasala baqedela amacala amancane awoNkunzemnyama nawoMalumbela kanye nabanye engingasabakhumbuli kahle.

Kwath' uba emuke amakhosi amakhulu kwasala ummeli waba munye uMr Dumat kanye nenkosikazi yakhe, wahlala yena noDlwedlwe aze aphela swaca onke. Nguye uMr Dumat owathwala zonke izincwadi zamacala esedlulisa amacala eyiswa phesheya kuSecretary of state. Nokho-ke ngangihlezi njalo mina ngifundisa bona abenkosi bobathathu khona lapho etilongweni laseShowe, kwahamba kwahamba yemuka inkosana noNondela (Master Eric Colenso) indodana yomnewabo uMnyayiza kaSobantu baya Ekukhanyeni kunkosikazi, okobane sebezawuwela njalo bonke bayekulwa necala kubo phesheya; nenkosikazi ihambele kubo iyekubona umnewabo nabantwana ekhaya kubo. Nampo-ke sebewela njalo, inkosikazi nenkosazana uDlwedlwe enonyana wabo uSineke nendodana yabo leyo uNondela.

Isahluko 60
SELITHETHIWE ICALA

Kepha-keminangangiselenjalokubantwanangibafundisa,ngihlalakanye noPaul Bontsa Mthimkhulu noLusha Ngcobo owabe umkhwenyana kaMfunzi wakwaXulu inxus'elikhulu elalivame ukuthunywa yinkosi uCetshwayo ekanye noNkisimane wakwaLuhlongwana, Ekukhanyeni kuSobantu. Ngahlala njalo-ke eShowe ngiphethe lowo msebenzi wokufundisa. Inkosazana yabe ingithumela njalo imali yokuthenga ukudla, ngoba indlala yabe ikhule ngamandla ezweni, nalapha esiLungwini abantu bavama ukusizwa ngufulawa nezinkwa ababezithenga ngokusebenza kubelungu eMgungundlovu.

Kuthe ngoJanuary 15, 1890, kwafika kithi izwi lokuthi abantwana bayabizwa kuthiwa mabeze kuzokhulunywa nabo, batshelwe lapho bezakuyiswa khona. Sezwa sonke khona kusihlwa ukuthi bayiswa esiqhingini eSt. Helena lapho bezakuyakuboshelwa khona. Wo! Kwaba ubunyakanyaka phakathi kwethu, sinyenyeza ngakho lokho. Anduba kuthi ngangomuso bangitshele nami ukuthi sengizawufanela ukubuyela ekhaya. Ngase ngilobela uManzekhofi njalo ngambikela lapho beyiswa khona. Wangiphendula wathi inkosazana nenkosikazi sebedlulile esiqhingini saseMadeira namuhla. Wathi kulungile, uzwile.

Emva kwalokho ngase ngizilungisela indlela nami. Ngashiya uPaul Bontsa, okwasokuzwakele ukuthi uzawuhamba kanye nabeNkosi naye aye khona eSt. Helena lapho. Kepha lelo cala ladla imali eningi kaSobantu, ngoba bonke abameli labo ababelekelela umuzi wakwaZulu bakhokhelwa esikhwameni sikaSobantu, naleyo yokuweza ummeli Dumat owawelisa izincwadi zonke eziphethe le ndaba yaphuma kuso njalo; okwaze kwabangela umlungu waseBank ukuba abe lukhuni ukuyinikela inkosazana, ethi iyangaphi impahla yabantwana bakaSobantu lena na? Kodwa, kwathi ngoba yaba isekhona inkosikazi, wavuma ukuyidedela ngezwi layo. Kungathi ifinyelele ezinkulungwaneni ezintathu (3,000) zompondo, uma ngingaphosisi).

Ngehla mina ngaya eThekwini ngaya ngalala kwaManzekhofi. Kwasa ngivuka ngibanga eMgungundlovu. Angihlalanga kakhulu ekhaya emzini wami, ngabuya ngayakufuna umsebenzi eSt. Albans College kuHwanqana (Rev. F.J. Greene) owabe efundisa abafana kuleso sikole. Umsebenzi wami wabe ungowokubafundisa ukucosha ama-*type*. Kwakukhona umlungu owabe ephethe umshini wokucindezela, ibizo lakhe kunguMr Braum, engowase-Italy. Kukhona futhi awothisha babantwana ababili oSkhwelethi Nyongwana nomunye, ababebafundisa o-A, B, C, D, nokunye, njengomkhuba waseziholeni.

Ngahlala-ke nami eSt. Albans College lapho ngifundisa izikhundlwana owami umsebenzi wokucosha ama-*type*.

UMr Braum, iNtaliyane, wabe efundisa abanye ukuthunga izixathuba; yena ephethe yonke imisebenzi ephakathi kwendlu ekwazi futhi ukwenza i-*stereotype*, (ukwenza ukuhlanganisa amazwi abe yincwadi eyakuhlala isikhathi eside).

AbakwaZulu babeza njalonjalo kimi bezongibikela izindaba ezivela kwaZulu kuNkosikazi okaMsweli kwaNengwa, nezivela phakathi nezwe, nezivela kuSambane kaNhlongaluvalo, inkosi yakwaNyawo. Kepha kuthi ngenxa yokuswela ithuba lokuloba ngibatshele ukuba baze bahlangane Ekukhanyeni silobe khona, sesihlangene kanyekanye. Induna eyabe iletha izindaba zonke zabantu kimi ezivela kwaZulu eyabe imiswe kwaZulu, kwakuwuMjwaphuna kaMalungwana wakwaShandu emaMbatheni.

Yonke imali eyayifika ivela ekhaya yabe ilethwa kimi ngabantu abelethwe nguMjwaphuna. Ngiyibale qede ngiyilobe, bese ngiyinika abayilethileyo bayiyise behamba nayo induna uMjwaphuna, enkosini komkhulu, kwabazakuyiqhuba iye kuDinuzulu eSt. Helena.

Iningi imali eyabe iyiswa kumntwana, ngenye kube ngompondo abayisi-5, kumbe abayi-10, kumbe abayi-15, kumbe abangama-20, noma ngaphezulu kwalokho njengamandla okwenza kwabo.

Babengenise emizini eminingi Ekukhanyeni. Induna yabo uMjwaphuna wabe engenise emzini kaBubi Mthuli kaNondenisa, umnumzana owabe efuye kakhulu izinkomo enemali futhi nase-*Bank*, eyinduna futhi yabantu bakaMahoyiza.

Kwakuthe ngonyaka ka-1893 kwagoduka inkosikazi kaSobantu isihlale iminyaka elishumi emva kokugoduka komyeni wayo, ngoba phela yena wayishiya ngo-1883. Igoduka njalo isandukubuya kubo phesheya, ngoba phela yayihambe ngawo lowo nyaka owahamba abantwana benkosi ukuyiswa kwabo beyakuboshwa esiqhingini eSt. Helena.

Kuthe-ke emva kokugoduka kwenkosikazi lokho, nanso-ke inkosazana uDlwedlwe iwela futhi iya phesheya iyakulwela abantwana. Yahamba noBubi Mthuli kaNondenisa ngayo indlela eqonde eSt. Helena. Yafika yamshiya khona okaNondenisa yadlulela eLondon yona. Yahlala khona-ke isebenza wona umsebenzi wokubuzela abenkosi. Naye uBubi wasebenza ukubafundisa abenkosi kanye nezikhundlwane abasebezizele, oNyawana noMaphumuzana bakaDinuzulu, nabo bonke abathanda ukufunda, oXamandolo wakwaZungu nabanye. Wahlala khona-ke uMthuli wabafundisa.

Yalisebenza-ke nayo inkosazana icala labenkosi. Ngicabanga ngithi kumzukwana isibonana noMr John Joseph Meek ehamba noJejese kaNongcangca Zulu umkakhe, behambele e-England nabo. Kwakuyinto enkulu ukubona uJejese kubelungu, ngoba wabe ebizwa ngokuthi Princess Jejese, okungukuthi "inkosazana".

Kepha uBubi kahlalanga kahle, ngenxa yehumusha labo, u-Anthony Daniels, owahlala emcunula engathandi ukumbona aziswa ngabantwana; lokho kwamenza ukuba acele kuNkosazana e-England ukuthi kavunyelwe ukuba abuyele ekhaya eNatal. Yavuma ngalokho inkosazana ukuba uBubi aguquke njengokucela kwakhe.

Mina-ke ngangifundisa khona eSt. Albans College, ngisebenza khona njalo, ngiphethe umsebenzi wezingane imihla yonke, kuthi ngeSonto ngiphathe owakwaZulu. Lase lifikile noMthuli izwi lokuthi uDinuzulu uyangifuna ukuba ngizekufundisa izingane zakhe; nokho ngaka ngahlala isikhashana.

Ngasengike ngahamba ngaya ngafinyelela kwaZulu ngayibona inkosikazi okaMsweli emzini wakhe kwaNengwa, wangihlabisa enkulu inkabi. Ngabuya ngadlula ngaya eShowe, ngafika ngabona uKhwezi (Sir Marshall Clarke) ephethe esikhundleni sokuba abe umbheki wezwe lakwaZulu (Resident Commissioner). Ngabuya ngehla ngeza kwelakithi eNatal. Kumdla ngilihamba kakhulu elakwaZulu ngaza ngafinyelela enzansi koBhejana kaNomageje wakwaCebelikhulu.

Emveni kwalezo nsuku angibanga ngisahlala kakhulu, kwaba izinsukwana nje lafika izwi eliphuma kumntwana uDinuzulu ngo-1896 lokuthi mangizekufundisa izikhundlwane zakhe incwadi eSt. Helena, oNyawana noMaphumuzana noMpapu (uVictoria), noMshiyeni (Arthur) esemncane, benoBhekelendoda (Samuel), engammela mina mdla ebhaphathizwayo.

Ayi-ke! Wahlala umntwana kanye nawoyise bobabili beboshiwe, efundiswa incwadi nguRev. Mr Barraclough, nenkosazana uMiss Burchill waseRupert's Valley emfundisa ukubetha ugubhu. Ubaba uDr Paul engumfundisi wokubashumayeza nokubafunela amakhambi inxa begula; uXamandolo wakwaZungu elekelela uPaul Bontsa ngokushumayela; uNyosana Mthembu benoMkholokotho umfowabo besiza kuyo yonke imisebenzi ekhaya.

Isahluko 61
ABANTWANA BAHLEZI ESIQHINGINI

Bahlala-ke abantwana kwelaseSt. Helena, bephethwe kahle, bedla bephuza; benenyanga yabo uDr Welby, indodana yoMbhishobhi wakhona. Ngisho noHulumeni wakhona wabe ebaphethe kahle kakhulu.

UHulumeni wabe evama ukwenza amadili okudla, ameme nomntwana kanye noDr Paul bayekudla khona kwaHulumeni, lapho kubuthene abelungu bakhona abakhulu; kuthi ngesinye isikhathi idili lenziwe nguye umntwana, abize nawoMr Solomon nawoMr Yon izigwili zakhona, ngingasaziphethe izintombi zakhona, amaSaint Helenakazi. Lapho-ke kusinwe, kudlalwe, kuthi kwishilili. Abantwana laba oyise bobabili bahlale nje bazibukele, kanye nabalobokazi babo. Kusine izintombi zawoCummings, oCressy nodadewabo, ezinsundukazi zona, nawoMartha Williams, (bobabili labo oyise abathunjwa beyizingane, begeza emfuleni eCongo).

Kulapho-ke lapha ngathola khona ingozi embi yokuba ngaphuke umlenze esihlakaleni sangasekunene, ngaphonsa ukufela eweni eselabulala abantu abane, endleleni eya eRupert's Valley esuka eLatnestown. Kwaso kuhlwile ngo-9.30 p.m. Umntwana wabe engithume kuMiss Burchill ukuyakubuza ukuthi akufikanga ncwadi yini ephuma kuMiss Colenso eLondon na? Kwabe sekufika ukuba kuthiwe asibuyele kwaZulu. Kunjalo njalo sekuke kwenzeka umhlola omkhulu owaqatshukwa yibo bonke abase St. Helena ukuba kudume izulu, liwise isangquma, okungabonange kwenzeka khona selokhu laqhibuka phansi phakathi kolwandle. (Ngoba phela kuthiwe iSt. Helena leli alivelanga libe yilesi siqhingana esincane kangaka phakathi kolwandle. Kuthiwa kwathi endulo lafumbuka phansi njengekhowe phakathi kwamanzi amakhulu olwandle. Kuthiwa kwathi umkhumbi owabe untanta phezulu, bethuka

ABANTWANA BAHLEZI ESIQHINGINI

sowuqhuzuka nje, kanti kukhuphuka umhlabathi phakathi kolwandle. Wafa-ke lowo mkhumbi, nanamhlanje ziyabonakhala izinsika zawo eweni elingenzansi kwaseFrancis Plain lapho kwakuhlala khona umntwana, nangenhla komuzi waseJamestown).

Ngasenhla komuzi waseJamestown kukhona eningizimu kwawo indlu enkulu yaseMaldivia, eyabe ihlala bonke abakwaZulu, bephelele kuyo, enezindlu zayo eziningi ukuthi bephelele, ngisho bonke abantwana bobathathu, oyise bobabili nendodana, kanye namakhosikazi abo nabalobokazi bobabili; nezinceku zabo bobathathu, kwabuye kwathi emva kwesikhathi kwafika uMbhodiya, isalukazi esasilethwe ukuba sizekuba umzanyana wezingane, sibabelethise futhi.

Nantuya ukhalo ngasempumalanga kwaseJamestown olwalunendawo eyabe ihlala uBonaparte, inkos' enkulu yamaFrench uNapoleone, lapha wabe eboshelwe khona waza wagcina ngokufela khona. Ukusuka eJamestown ukuya lapho kunebangana.

Ngalaphaya ngaseningizimu kwalapho kungaseSandyBay, lapho kwakhe ngakhona uMr Yon, isikhulu sakhona esike simeme abantu abaningi kuyogundwa izimvu: ufuyile lowo mnumzana. Naye uke enze lona idili lokudla, azimeme ziphelele kuye izikhulu. Kungalapho kuvame khona omkaLota (izinsika zikasawoti). Ikhona futhi ngalapho indawo yokugeza, kukhona ichwebana, bonke abathandayo baya khona bayekugeza elwandle. Lapha ngenhla ngasentshonalanga kukhona indlu yeSonto enkulu yamaNgisi lapha kusontela khona uMbhishobhi Welby, uyise kadokotela wethu, oyena ebonise umntwana nawoyise nabantu bonke uma begula. Ngenzansi kwalapho okhalweni kukhona inqaba yamabutho. Entshonalanga yalapho kukhona indlu yaseNdlunkulu, lapho kuhlala oHulumeni khona ibizwa kuthiwa leyo ndawo ngePlantation. Entshonalanga yalapho phezu kolwandle kukhona enye indlu enkulu eyake yahlala bona abakwaZulu ukufika kwabo besaphuma kwelakubo, kodwa babuya bakhishwa kuyo ngenxa yokuba ivame umswakama, ibabangela ukugula.

ISt. Helena akusiso isiqhingi esibanzi, sincinyane kakhulu; kuyabonakala ukuthi nembala saqhibuka phansi njengekhowe. Ububanzi baso bu amamayile amashumi mabili kuphela, (20 *miles round*) inganti ubude bungamayile ayisikhombisa kuphela (7 *miles width*). Abantu bakhona bavame ukuzwana nokuthandana. Kukhona amavinkili athile; kodwa eliwashaya ingqotho onke ngelikaMr Thorpe, onesitolo esikhulu esinempahla eningi, nomntwana avame ukuthenga kuso. Kamhlophe yena, unsundu umbala wakhe uMr Thorpe.

ABANTWANA BAHLEZI ESIQHINGINI

1St. Helena iyisiqhingana esihle esipholileyo. Kakwaziwa ukuduma kwezulu khona, ukuphela liyana nje. Ayikho khona inyoka, nengwe, nembube, nofezela. Ayikho inyamazane enkulu ukuphela unogwaja. Ayikho inyoni ngaphandle kwalezi abazibiza ngokuthi yiPheasant, esingathi thina inkwali inxa singathi isikhwehle noma ithendele. Okuyisimangaliso, umuthi engawufunyanisa khona "umfusamvu", owabe usisiza kakhulu emkhuhlaneni. Akukho ukubalela okukhulu khona nokushisa okwesabekayo. Alikho ihlobo nobusika; inxa uthanda ungazilimela zonke izinyanga uzidlele ummbila wakho namazambane nobhatata ehlobo nasebusika, akukho mahluko. Kaziwa khona uLongosiki noRinderpest noTickfever noRedwater. Ukuphela abantu bakhona bazifuyele amahhashi abo nje, asikho isimoniya nezinye izifo ezibulala amahhashi nezinkomo nezimvu njengakulawa mazwe akuleli lakithi, lapha lithi selithwasa bese sazi ukuthi kuzakufa abantu njalo abaningi, abanye sebedutshulwa ngamabomu, kuthiwa yiziphonso lapho bebulawa lizulu. Ekhona kwasikhalisa kakhulu lapha sesikhumbula ukuthi konje sesibuyela kwaZulu nje asisayikuhlala siphelele njengalapha, abanye sebeyakudutshulwa njengezinyamazane, bebulawa ngemithi yabathakathi.

Umkhumbi lona wesitimela uthi ungafika nje, kube umkhosi omkhulu phakathi kwama-*lady* aseSt. Helena. Kuyavunulwa kungenwe ezikebheni ezincane, ziwaqhube ama-*lady* ziwayise khona phakathi laphaya, kuyocelwa imali. Baphume emkhunjini nabelungu abayizihambi laba kuthi sabalala kuhanjwe kubukwa izwe, namatilosi avame ukuhamba amahele phakathi kwezwe.

Kuthi ngamaSonto ufunyane kuthule kuthe du, kuyiwa emasontweni kuwukuphela. AbakwaZulu babevama ukusonta kulo leli labelungu elingenhla okwakusontisa kulo inkosi uBishop Welby, esekelwe nguRev. Mr Barraclough, noma engekho (uBishop) noma ekhona. Kulapho babhaphathizwa khona oDavid (uNyawana), noSolomon (uMaphumuzana, elinye uNkayishana), noVictoria (uMphaphu owazalwa ngosuku lukaQueen Victoria), no-Arthur (uMshiyeni) owazalwa mdla abakwaZulu bephonsa ukubuyiswa sekuthiwa uMkasilomo, unina, uzakushiywa aze alandele, noSamuel (uBhekelendoda, ngoba abantu baza babulawa baphela beqedwa nguZibhebhu belibele bethi, "Thina sibheke elendoda," besho uMnyamana). Kuthiwa leyo ndlu indala kade yabe ikhona ekadeni.

AmaBhunu lawa kuthiwa athi ukuqala ukuhlubuka kwawo kubo eHolland aya kuso leso siqhingi akha; kodwa kwathi emva kwesikhathi axoshwa kuso ngamaNgisi. Anduba aqhubekele lapha eCape Town, lapho afika ahlala isikhathi esikhulwana. Nawo njalo abe efunyanisa kwakhe izizwe zamaLawu ezikhuluma ulimi lumbe esingaluzwa thina, ezimbiza zithi uNkulunkulu nguTHIXO, besho intethe lena emadolodolo esiyibiza thina ngokuthi ISITHWALAMBIZA, sisho ngakho ukumila kwayo okubi lokhu eyenziwe isilima ngakho. Nampoke abafundisi ngokungazi, sebefike kumaXhosa, abantu abazwela kakhulu inkulumo yezizwe, sebebatshela lona lelo gama, abafike balizwa kumaLawu nabo, babafundisa okokuthi uNkulunkulu nguthixo, besho sona "isithwalambiza".

Esuka-ke namaBhunu uba afika kwelaseKipi, nankaya eyakulanda amanye amaLawu ngaseFilipolis, ewakhohlisa ukuba azowenza izigqili, oselokhu kwaba umhambo wawo ukwenza abanye abantu izigqili, labo abangemhlophe, ngoba ababiza ngokuthi bayizimfene, awoBhobhotshane. Awayenga amaLawu ngokuthi, "Wozani niye kwaMooi Plaas, lapho ubhatata wakhona ungangesidumbu somuntu, kuthi uma uwuthanda ubophele izinkabi, udlulise isondo lenqola emhlabathini, bese kuphuma isigaxa esikhulu esingangomuntu." Pho! AmaLawu esezwe okukhulu kangako, aphangelana ukuza kwelaseKipi, anela ukufika nje, amaBhunu awaphuzisa iSopi, awathelela kwezinkulu izingilazi; abe esekhohlwa, kawabe esakuthanda ukubuyela emuva; abe esekhohlwa nya nayinkulumo yakubo asale esekhuluma lona kuphela ulimi lwamaBhunu.

Nakho-ke sekuthi emva kwalokho sekufika iNkisimane, isilidla futhi lelo laseKipi. AmaBhunu ayaluza nje kalokhu akhohlwa ukuthi azakuya ngaphi. Ath'ukusuka adundubala uNdi ngalaphaya kwalo, ehambe ezifunela izindawo zokubalekela iNkisimane. Ngokubaleka kwawo ahamba aza afika kuleli laseNatal, lapha afika athi ahlaba khona ikhefu. Athe esathi khefu nalapho afika amaNgisi futhi. Ngalokho abaleka adundubala uNdi, ayakuhlangana nalawaya akhuphuka ekadeni ngale koNdi, ebalekela yona njalo iNkisimane belu.

Kanti kuzawugcina ngokuba lithi lelo lizwe kuqhamuke igolide kulo; kuthi nikilili, kuphangelane izizwe zonke ziyekumba lona, zithole ukunotha. Uzwani-ke: kuhambe kuhambe kuze kugcine ngokuxatshanwa, kulwiwe; ahlulwe amaBhunu; lithi lelo zwe ligcine ngokubuyela ezandleni zamaNgisi futhi; lapho namhlanje iSihlalo somBuso wamaNgisi simi khona.

Isahluko 62
NGACISHE NGAFA

Ake ngiphindele emuva, kenginilandise indaba yokulimala kwami eweni elikhulu eselabulala abantu abane. Nami, madoda, akuyanga ngokuhlakanipha kwami ukuba ngisinde kulelo liwa elesabekayo eselaqeda abantu, kwaya ngokubona kukaBaba Ophezulu, ngoba ngangingasazi lutho. Kodwa ngiyaqonda ukuthi, ukuba angaphukanga nqamu amathambo esihlakala sangasekunene, ngakube anginilobeli lezi zindaba, ngakube sengabamathambo mhlophe njengabo labo abakhalakathela kulo lelo liwa.

Kuzawuthi nje uba ngithunywe ngumntwana ngeSonto kusihlwa, ngisuke kuye ngibange eRupert's Valley ukuba ngiyobuza kuMiss Burchill ukuthi akufikanga ncwadi yini evela kuMiss Colenso eLondon na? Nganele ukudundubala ukhalo ngithi ngingakaluqedi ngikhalakathele. Iwa leli lide kakhulu, ngicabanga ngithi ngathi ngiya phansi ngase ngikade ngiphelile. Phansi kwewa kukhona itshe eliyidwala. Ngalapha kwalo kukhona umhlabathi oyibhuqu, Kepha ngalapha licijile. Phansi kwedwala leli sekuwulwandle. Kodwa ikhona indlelana ehamba ngaphezulwana kolwandle evundlayo elwewusayo. Ngizawuthi-ke mina uba ngiphaphame lapho ngizame ukuthi ngiyavuka, kwale; ngikhohlwe nje ukuthi ngenziwa yini nokuthi ngikhulekwe yini. Kuze kuthi ngenkathi ende ngizame ngamandla ukuvuka, ngihlale ngesinqe. Wo! Kanti akuvumi nje ngaphuke ithambo, unyawo lolu solushaya lapha esihlakaleni! Pho ngizakwenza njani, lokhu nakhu sekuhlwe kangaka, kumnyama futhi? Mangisale sengilala, kuze kuthi kungasa ngisekhona ngimemeze abantu bazongithwala. Lapho-ke ngenza umkhuleko weNKOSI, ngilele phansi, "Baba Wethu osezulwini", njalonjalo, ngingaphumeseli ngomlomo. Kodwa ngithe ngingakawuqedi ngezwa abantu bekhuluma ngenhlana kwami, ngasengimemeza, "*Hallo!*" Baphendula bathi. "*Who are you?*" "*Am a dead man.*" Base befika kimi. Kanti amabutho amabili, ahamba ephethe ubhaqa (*lantern*), ngoba kwakumnyama kakhulu. Bafika babuza kimi ukuthi, "Yini, kwenzenjani na?" Ngabalandisa ukuthunywa kwami ngumntwana, ngilele phansi. Kepha, bangihawukela, bahamba bayakubikela uHulumeni eCastle, naye esekhona uqobo lwakhe, ngoba kwakuyisonto, kufike izindaba eziphuma komkhulu.

Ngesikhashana ngilele khona lapho wafika uGovernor Grey-Wilson ehamba noMajor Peacock nehele lamabutho. Wabuza kimi (lokhu phela wabe esengazi) ukuthi kwenzenjani na? Ngamlandisa. Lokhu phela bafika njalo sebephethe uhlaka. Bathi ukubuyisela unyawo endaweni yalo, kodwa abaze bangelula; base bengibeka phezu kohlaka, bangithwala. Ngabuzwa-ke kalokhu ubuhlungu obesabekayo obuqedwa ukufa ukuphela, ngenkathi lapho kwahlukana amathambo kuthi khehlekhehle. Okwangenza ukuba ngifikelwe isiyezi, ngaza ngaqabuka lapha sengikhunyulwa izixathuba namabhulukwe phezulu estezi eCivil Hospital. Umuntu owafikayo ngambona kancane Lapho nguDr Paul (ngoba phela yena wakhe khona ethawini Jamestown kanye nenkosikazi yakhe). Naye ngambona kancane.

Ngabafunyanisa-ke abantu abanomunyu abahawukela umuntu kakhulu, oMiss Williams noMrs Ellis, ebona bephethe isibhedlela. Lokhu phela akusekho lutho lapha kuDr Welby, usekade wahlulwa iSopi leli elanqoba amaLawu, eselaba yisifo somhlaba wonke. Kwaza kwadlula amalanga amathathu uDokotela engafiki, kepha amakhosazana lawa engiphethe kahle. Into eyabambi, abangelulanga, besaba, baluyekile nje unyawo lwazihlalela lapho luhlezi khona. Lapho-ke ubuhlungu abusabuzwa muntu, sokunqaba ukuba ngiphathwe nje nangomunwe.

Ngangomuso umntwana uDinuzulu wathumela ezocela ukuba kuvunywe ukuba ngizogulela kuye, angelule; ngoba phela naye wabe enayo inyanga yakhe eyabe imiselwe leyo misebenzi, uDr Paul. Banqaba abelungu kuDinuzulu. Waza wathumela kathathu, encenga, yena kanye nawoyise bobabili, oNdabuko noShingana. Kepha bagcina ngokunqaba njalo abelungu. Bath' uba bahluleke bathumela uXamandolo kimi ukuba azekuthi ngize ngingavumi uma bethi abanginqume unyawo.

Kwaba njalo-ke, bala baphetha ngokunqaba njalo abelungu bansondo, abaze bavuma ukuba ngiye kwabakithi abakwaziyo ukwelula nokuhlanganisa ithambo lomuntu elaphukileyo. Ngahlala esibhedlela izinyanga ezigcwele ezimbili. Emva kwalokho wehla uDinuzulu eFrancis Plain weza kungithwala ngekalishi lakhe, ngayakugulela kuye. Ngithe sengikuye ngacela ukuba ngelulwe, noma lwalulwa unyawo kungabi nacala. Kepha yena wanqaba impela, wathi sengingafa inxa luphinda luqhuzulwa kulokhu osekuhlumile, akunacala noma unyawo seluyisilima uma ngisekhona uqobo lwami emhlabeni. Kwasokuza uDr Paul nomNtwana uShingana bezakungifaka umhlabelo, bangigcaba kwaba ukuphela.

Ngithi-ke, bakithi, ningamangali uma nibona nginilobela kangaka izindaba. Angazi ukuba uNkulunkulu wabe ethini inxa engavumi ukungigodusa njengabanye labo abafele kulelo wa elesabekayo.

Ngiyabona nje ukuthi kukhona angihlalisela ukuba kengifeze khona. Kungalokho-ke ngithi manginizekele nanele zonke lezi zindaba. futhi nanti izwi elifanele kakhulu ukuba nginazise lona: Ukukhuleka kuNkulunkulu kuyisihlangu nesinkemba kumuntu okholwa kuYe. Noma ephansi kobunzima obungakanani, ngiyaqinisa, buyakushesha ukumeluka. Angisho ukukhuleka lokhu kokumemeza ngezwi elikhulu ukuba umuntu aze azwiwe nayilabaya abahamba ezintabeni ezikude; angikusho futhi lokhu kokuba umuntu aguqe phansi kuze kuphele ihora lonke, bayavuka phansi abantu sekubuhlungu amadolo. Ngisho ukukhuleka kuBaba osithandayo, osihawukelayo uma siphakathi kosizi, singabonwa muntu, njengakuleso sikhathi engangikhuleka ngingedwa phezu kolwandle, ngingabonwa muntu; Yena kambe wabe ekhona, engibhekile; Wakuzwa ukukhala kwami. Lifanele ukuba libongwe ngezikhathi zonke iGama lakhe eliCwebileyo. ngalokho-ke ngiyaqinisa, ngithi, ningalideleli lelo zwi leSihlabelelo sikaDavid, lokuthi, "Noma ngihamba esigodini sethunzi lokufa angiyikukwesaba okubi nakulokho; ngoba wena unami." Emva kwalokho abelungu baseSibhedlela babiza kumntwana ompondo abayisi-6 ngokuhlala kwami eSibhedlela. Kepha wanqaba impela ukubanika leyo mali, ngoba balile ukungidedela kuye engibiza. Kwagcina ngokuba bahluleke nabo ukuyibiza leyo mali.

Kunjalo-ke, bakithi! Abenkosi bahlala njalo esiqhingini lapho kungathi izinyanga ezishiyamunwe munye emva kwalokho, sengihamba ngezindondolo, ngingasazihambeli ngokuthanda kwami njengabanye abantu. Kwathi emva kwalezo nyanga wafika uDlwedlwe kaSobantu esephuma komkhulu, esephethe amandla okuba abantwana bagoduke; umntakaSobantu yena owafuza inhliziyo kayise kaze ayishiya yokuhawukela abawileyo abasosizini, abangenaye owabo wokubasiza. Kwathi-ke ezinsukwini zikaDecember 23 noma 24, 1897, (ekukhumbuleni kwami kambe), sangena sonke emkhunjini, sesibuya siya kwaZulu, uKhisimuzi sawudla phakathi elwandle.

Isahliko 63

KUBUYELWA EKHAYA

Bengakabuyi eSt. Helena abakwaZulu, umfo kaNkosibomvu (Mr Saunders) wabashiya eSt. Helena esebuyela eNatal, kwaso kuya uMr Madden esikhundleni sakhe, ukuba babhekisane no-Anthony Daniels olihumusha; abaza babuya kanye nathi sonke labo, uDaniels waqhubeka wayakuhlala noDinuzulu oSuthu. Wahlala khona kwaza kwaba isikhathi eside, sengimukile mina sengibuyele kithi eNatal.

Kodwa nakuba wahlala isikhathi eside kangako njalo uDaniels wabuye waxabana nomntwana, ngabuye ngathi sengethuka kwasokufika izwi eliphuma kuye oweNkosi lokuzakubiza mina (Magema M. Fuze) ukuba ngize kwaZulu esikhundleni sami; sekuthiwa ngiyafuneka futhi. Kwasokungu-1904 ngalowo nyaka. Ngahamba-ke, ngaphelezelwa ngumfowethu omkhulu engimelamayo (uSifile) abambiza ngokuthi uBhambatha kanye nomfana wami (uSiphongo) saya safinyelela Osuthu kuye uDinuzulu. Wathokoza kakhulu ukuba ezwe ukuthi sengifikile. Sanikwa umzana wokuba singenise kuwo. Salala kahle. kwathi ngangomuso ngabizwa ukuba ngiyobonana nomntwana. Wangibona, wajabula kakhulu; ngoba kuleyo nkathi kwakusongathi uDaniels lona usezakumuka aye kwenye indawo kusale mina. Kanti qha, akuzuba njalo, uzakubuye ahlale njalo futhi.

Ngahlala-ke kulowo muzana wokungenisa izihambi kwaza kwaba amasuku athile. Kwathi ukugcina sayakungenisa emzini kaNsukumbili kaNtanjana wasemaMbatheni oseduze ngalaphaya kowasoSuthu. Wasiphatha kahle impela uNsukumbili, sahlala kahle.

Kuthe emva koba umntwana abuye ekuvuseleleni umuzi wakwaNobamba olapha kwelaseMhlabathini, inhliziyo yami yabe seyikhumbule ekhaya, ngoba kwasokuphele izinyanga ezintathu kumbe ezine nginganikwa umsebenzi, kusalokhu kumi yena u-Anthony Daniels njalo.

Ihliziyo yami yaqala ukubambi nokusangana; ngalokho ngavalelisa kumntwana, ngamtshela ukuthi sengikhumbule emuva ekhaya, ngoba angikwazi ukuhlala nje ngingasebenzi lutho. Ngalokho umntwana wangilethela ompondo abayisi-6, wathi, yebo, mangibuyele emuva. Kepha mina ngabuza ukuthi ngangibizelweni pho na, inxa sekuthiwa mangihambe nje namuhla na? Pho iphi imali yokusebenza kwami iminyaka yonke lena engangiyisebenza ngibhala izincwadi nabakwaZulu, umntwana ele eSt. Helena, ngaza ngaya eSt. Helena futhi na? Angithi ngangithenjisiwe ukuthi ngiyakuholelwa ngalokho na? Kepha umntwana kaze aba nayo impendulo kulokho. Ngadlula ngaya kuNdunankulu uMankulumane kaSomaphunga Ndwandwe. Kepha naye wathi uyakwazi lokho kuthembisa kwabo bona Zulu; kodwa kanawo amandla okuba nezwi inxa uDinuzulu engashilo. Ngase ngidlula njalo ngaya kuzibika enkantolo kwaNongoma. Inkosi yenkantolo yathi ingenze lutho ngaphandle kwenkosazana kaSobantu.

Yathi kuhle ngilobele inkosazana ngaleyo ndaba. Nembala ngayilobelake inkosazana. Impendulo yangithumela ompondo abayisi-5, yathi mangiphenduke ngizokhuluma nayo iyilungise yona leyo ndaba. Nembala ngesuka kwaZulu ngehla ngaya eFilidi ngalala khona. Kwasa ngigibela esitimeleni sakhona, saya sangiphonsa eMgungundlovu. Ngabonana nenkosazana. Sakhuluma ngaleyo ndaba yemali engiyibiza ngakumNtwana, yanginika ompondo abayi-100, yaphela.[1]

Isahluko 64

AMAHEMUHEMU AMANGA

Kuzakuthi-ke ngalo nyaka ka-1904 abantu baqale ukukhuluma izindaba eziningi abathi zenziwa ngumntwana. Baqala bathi kuke kwafika abelungu abathile oSuthu; wabahlabisa inkomo. Babe besathi bayayidubula izinhlamvu zesibhamu sabo zema nje esikhumbeni kazaze zangena. Kuthe ukugcina wanika owakhe umuntu isibhamu wathi kayidubule. Nembala wanela ukuyidubula wayishaya kanye yafa. Okwesibili kwathiwa umntwana uhamba aze afike lapha eMgungundlovu, ahambe engabonwa nangoyedwa umuntu. Afike akhwele phezulu kuThawinihholo, alobe izincwadi azishiye emataluleni khona, kuse abelungu bezibona ngangomuso, esehambile yena. Okwesithathu kwathiwa kufike izwi elithi makubulawe zonke izingulube kungasali noma inye. Kubulawe kulahlwe izitsha zabelungu, singabikho noma sisinye emzini womuntu. Emzini okuyakufunyanwa kuwo lezo zinto ezinqunyiselweyo uyakufa, ubhubhe wonke nya kungasali noyedwa umuntu kuwo. Zonke izinto nezitsha zabelungu azifuneki kubantu

Wathwasa unyaka ka-1905. Kwathi ngosuku lokugcina kuMay 31, 1905, lana imvula eyesabekayo kusihlwa, lakhithika, lagcwalisa imifula emikhulu. Kwafa muntu, kwafa nkomo, kwafa mbuzi, kwesabeka. Kwenzeka into engabonange ize yenzeke (ekukhumbuleni kwami); ngoba kwawa nezindlu kwezinye izindawo. Lolo lusuku luyakuhlala lukhumbuleka njalo nakwabazovela. Lokhu mina ngangilapha kwaFitzsimon's Location (kweZibomvana) ngabona umhlola ongandile.

---

1. Lapho ngangimphakela uMagema emalini yomntwana uDinuzulu, owabe engiphathise yona. Kusho mina, Dlwedlwe kaSobantu, 24 Feb. 1923.

Ngangilele embhedeni munye noChief Martin Luthuli ongasekho, owesifazana engekho. Sabasa njalonjalo eziko, ngoba kumakhaza ngokwesabekayo. Yawa enye indlu ebusuku, kodwa basinda ababelele kuyo. Kwafa abaningi abase-Indiya eThekwini ngokuqhuma kwamanzi abiyelweyo; kwafiwa impela kwezinye izindawo, kwabonakala ukuthi lokhu sekuwukuqala kwemihlola ebesibikelwa yona ngale mikhubakhuba ebe ixoxwa ngabantu bethi yenziwa ngumntwana kaCetshwayo. Sabona esingabonange sikubona, ukukhithika kweqhwa phakathi komuzi waseMgungundlovu. Kwabikwa abafileyo ababulewe yiqhwa emacaleni akhona.

Izindaba zokuba kho kukaDinuzulu, ukuhamba kwakhe kokuhlupheka, zaqala ukubonakalisa ukuthi nembala kayikukhula, nokuthi ukubunjwa nokuqanjelwa kwakhe amanga, nokunengwa nokudinwa kwakhe ngabantu besizwe sakubo, zisondeza ukungenisa isidumbu sakhe elibeni. Nokho wabe ehlezi ezithulele umntwana wenkosi yakwaZulu, engathandi ukuxabana noyedwa umuntu, waluphi naluphi uhlobo.

Kukuyo leyo nkathi okwaqala ngayo ukuba amakhosi athile lapha esiLungwini athumele amanxusa awo kuye kwaZulu, eyakubuzisisa isiminya sokuthi nembala kuqinisile yini lokhu ukuthi uyazenza lezi zinto okukhulunywa ngazo lapha esiLungwini na? Zokunqabela izinhlamvu zabelungu zingangeni enyameni yenkomo, nokukhwela phezulu kuThawinihholo, kuse qede kubonakala lapha ekade eloba khona, nokuphenduka kwakhe inja engumuntu? Nguye yini othi makubulawe izingulube ezweni lonke, kulahlwe izitsha zonke zabelungu, kusale ezabantu zebumba na?

Isahluko 65

UMBANGO NOBHAMBATHA

Akuthi-ke ngo-1906 kuhlaluke ukuxabana kukaBhambatha kaMancinza inkosan' encane yamaZondi.

Yena uzalwa nguMancinza, kaJangeni, kaMagenge, kaDlaba, ongowendlu encane yomuzi waseNgome, owelama owaseNadi, owakwaMpumuza ube ngowokugcina. UBhambatha lo wabe akhe esifundeni saseMgungundlovana, ephethe isifunjana sakhe. Waxabana noDlovunga (Mr J.W. Cross, R.M.), ethi usho ngani ukuthi makuthelelwe amakhanda na?

Kuqale kwavela izwi lesimemezelo sakomkhulu, sokuthi, izinsizwa zonke ezingakathathi mazithelele amakhanda (*Poll-tax*), ithi insizwa engakathathi ithele umpondo, namadoda onke angaganiwe athele yona leyo mali nawo. Wo! Izwe lonke lathukuthela lacinywa ngamazwi ukuzwa lowomthetho. Abantu banyakaza izwe lonke, abanye bafungela okokuthi abayikuyithela leyo mali bengakafi.

Nampo-ke abaningi sebethumela kuDinuzulu, beyakubuza futhi kuye ukuthi yena uthi makwenziwe njani ngaleyo ndaba na? Izwe kambe lalithukuthele lonke nelakwaZulu nelasesiLungwini. Yena-ke wabaluleka bonke labo asebeyekubuza kuye ngokuthi, leyo mali ebizwa nguHulumeni kubafana akusiyo ebizwa kubaninimizi abathela imali minyaka yonke, kodwa ibizwa kubafana kuphela. Abaninimizi mabakhumbule baqonde ukuthi imvamo yabafana abasayiyisi imali koyise, sebezidlela imali yabo. Ngakho-ke uHulumeni wenze kahle ukuthelisa abafana. Wabe esekhipha uhlamvu lukampondo, wanika inceku yakhe wathi mayiyekuyithela egameni lakhe, ukuze babone bonke abantu kanye nabakwaZulu ukuthi kulungile ukuba kwenziwe njalo.

Babuya-ke bonke abasesiLungwini ababethunywe ngamakhosi akubo kumntwana ukuyakubuza ukuthi yena uthi makwenziwe njani ngale ndaba na; babuya sebephethe izwi lakhe lokuthi mayithelelwe; bafika balandisa amakhosi nabantu bakubo. Nokho izinhliziyo zabantu azivumanga kahle ezweni lonke ukuthela leyo mali.

Kuthe-ke ngolunye usuku kwamenyezelwa usuku lokuthela esifundeni saseMgungundlovana. Kwathi njengoba uBhambatha kaMancinza akhe kuleso sifunda wahamba yena uqobo lwakhe wayakubuzisisa kuDlovunga eMgungundlovanaenkantolo. Bafika baxabana eNkantolo, ethi uBhambatha enkosini kavumi yena ukuthela leyo mali. Uthe efika ekhaya uBhambatha wabe esemema isifunda sakhe, wasilandisa amazwi nokuphendulana kwakhe noDlovunga. Bonke abantu bafunga bagomela bathi abayikuyithela leyo mali. Kwasokuqhamuka phakathi kwabo uyisekazi uMagwababa, waluleka indodana yomfowabo ngokuthi akukuhle ukuba uBhambatha azixabanise noHulumeni, wathi kuhle enze lokho okushiwo nguHulumeni ezweni lonke. Wathukuthela uBhambatha, wamshaya amadolo ukuze ahluleke ukuhamba ukuyakubikela abelungu okuhloswe nguye uBhambatha; wahlala eseyisiguqaguqa engasenakuhamba. Emva kwalokho wagoqoza impi yakhe, eyazisa ilanga eliyakufika abelungu ukuzawuthelisa ngaphansi ehlanzeni, wabatshela nendawo abayakuthelela kuyo.

Isahluko 66

IMPI KABHAMBATHA

Uzwani-ke? Lafika lelo langa lokuthela. uBhambatha nempi yakhe base beliqondile nabo. Bahamba kuqala ukuyakulungisela abelungu abazawuphelezela inkosi uDlovunga. Wafika qede kuleyo ndawo uBhambatha wansondo wayilungisa eyakhe ingakafiki inkosi nawonongqayi abayiphelezeleyo. Wayihlela ngokuyibeka ezindaweni ezimbi ezimele kabi abelungu. Babamela kabi ukuba babakhaphele eweni bengazi lutho. Wabatshela icebo lokuba baze bangadubuli noma sebebona sebedlula abelungu, baze babayeke badlule baye phambili baze bezwe ukushaya kwesibhamu sakhe anduba bavuke phansi balwe. Hhawu, babayelisa ezinkeleketheni zamawa nasezindongeni zenhlewuka yamawa ehlanze; kodwa kwathi ngoba abantu kabapheli bonke noma bevinjezelwe yimpi engakanani baphuma abanye basinda. Kulapho-ke lapha kwafa gula linamasi khona.

Wanela ukwenza lawo manyala, waqhubekela phambili uBhambatha esewelela kwelakwaZulu, okobane eseqonde eNkandla, efuna ukuyakungena enqabeni.

Wawuhlaba-ke kalokhu umkhosi uHulumeni, wawulawula. Izwe laphakamisa amehlo lonke kalokhu, lageqa izindlebe, lalalelisa ukuthi konje kwenze njani namuhla, izawuzala nkomoni? Bamlandela abelungu, bambona, waza wayakungena ehlathini eNkandla.

Kwabe lapha indaba isikhulile kwamaFuze, uMjongo nebandla lakhe lamakholwa wabe esevukile impela, nabo sebeqonde khona ukulwa nabelungu khona lapho ekutheleni. Nembala kwenzeka lokho, amakholwa ayiqhatha alwa. Kodwa okwabanga ubungcono lapho kwaba ukuba kwalwa wona wodwa, isizwe samaFuze saqhinta nje sonke asaza salwa. Kwathi nokubanjwa kwawo abanjwa nguye uMveli ophethe amaFuze, ngoba nawo amakholwa abe esengene ehlathini elikhulu.

Kwathi laphaya enzansi kwesikaMkhonto kaNtwananhle wakwaMaphumulo kwaba yiso leso, yalwa. Bathi laphaya kwesikaKhula Majozi kaLuntshungu kaNgoza kwahlubuka uMntele kaNgoza, umfowabo kaLuntshungu, wahlubuka nesinye isizwe. Nampo-ke sebehlubuka qede beya kungena eNkandla nabo, belandela uBhambatha. Kwaba ubunikiniki nje izwe lonke, abantu babanhlalunhlalu.

Babe sebelapha behlangana endleleni abantu ababili babuzane ngesaga sabo abasebesenzile ngokubingelelana kwabo, kokuba omunye athi komunye, "Uthelaphi?" aphendule athi lowo, inxa naye engohlubuke uHulumeni, "Insumansumane, imali yamakhanda," ezwe-ke lowo omunye ukuthi kanti ngowakubo. Baba baningi abajoyinayo abasuka kwezinye izindawo abayakuhlangana nabanye kwamanye amazwe, labo abanxanele ukulwa nabelungu. ENkandla laphaya kwagcwala kwathi swi abantu bezindawo ngezindawo, ngingasabaphethe laba abafike noBhambatha kaMancinza, sengisho nabo abakwaZulu uqobo abasuka ezindaweni ezithile abafisa impi. Kepha kunjalo njalo umntwana kazi lutho ngalabo bantu.

Kuthule kwathula kwezwakhala kumntwana ukuthi abantu sebegcwele eNkandla. Nango-ke esethumela amanxusa akhe khona eyakuthi abantu mabaphume ehlathini eNkandla, ngoba yena engahlangene naleyo mpi elwa noHulumeni. Wabe esethumela kuHulumeni, wacela kuye ukuba avume ukuba ayokhipha uBhambatha eNkandla uqobo lwakhe. Kodwa uHulumeni kavumanga.

Kanti nango-ke uBhambatha ndini ngobuqili bakhe lobo ehamba eya uqobo lwakhe kumntwana, ehamba nenye yamakhosikazi akhe, wathi esebuyela eNkandla wayishiya khona oSuthu. Kepha angiqondi kahle ukuthi wayishiya qede waphindela eNkandla yini noma wayishiya waqonda kwenye indawo. Yilelo-ke izwi elabangela umntwana icala, kwathiwa naye wabe ehlangene noBhambatha. Pho-ke! Lokhu nokufihliweyo kuyavela inxa sekubuzisiswa. Kwathi noma uMntwana esephikile ukuthi kazani noBhambatha, wadlula wathola icala ngalo lelo zwi lokuba kanti uBhambatha wake wanyathela emabaleni omuzi wasoSuthu.

Kwaba njalo-ke: izindaba zalowo nyaka zabambi kakhulu; kwachitheka igazi eliningi kakhulu, ngoba abantu labo babethi bayalwa njalo benziwa izinhliziyo nje bengenazo izikhali, beyisa izidumbu zemizimba yabo kuphela.

Kwathi labaya, awoMjongo, babulala umlungu waba munye, uSergt. Hunt. Kodwa icala labo, bebaningi, babulawa bonke ngokudutshulwa ngezibhamu, sebezimbele imigodi yabo eRichmond. Labo ababulawa eRichmond babeyishumi nambili, amadodana kaMncindo kaDangadu kaMnyani wakwaNgcobo kanye nabanye. Okwathi uma sebezakubulawa, bahlabelela amagama okuhuba ngokwenama okukhulu njengabantu abaya ebuhleni obukhulu; kwathi noma sekuthiwa mabazimbele amagodi abo, bawamba ngokwenama nje njengabantu abenamele ukufa.

UMjongo uqobo lwakhe wabe engekho kulabo abayishumi nababili ababulawelwa eRichmond, wabe egula esejele eMgungundlovu kanye nababili bebandla lakwakhe. Laba-ke abathathu baza babulawa muva sebekhishwa etilongweni, sebesindile ekuguleni ngamanxeba.

Labaya bakaMkhonto kaNtwananhle wakwaMaphumulo bashesha ukubanjwa bengakenzi lutho. Kwafa abaningi kubo bethi balinganisa ukulwa bengalwi impi yalutho. Kwathi laphaya eNkandla, impi yonke kaBhambatha yayengwa ngumfo kaSigananda, wathi impi yonke mayiye endaweni ethile, lapha yathi uba ifike khona, kanti eyabelungu seyibakakile, sebephakathi; bathi bethuka abantu base bezwa kuduma umbayimbayi, esebaqeda bonke swaca, nonxa ngingesho ukuthi bonke, ngoba abantu kabafi bonke baphele noma bevinjezelwe yimpi enkulu kangakanani.

Isahluko 67
UKUBOSHWA KUKADINUZULU

Yath' uba inqamuke leyo mpi, abelungu babanga oSuthu kumntwana bayakumthatha. Yena wesukela phezulu waya nabo kwaNongoma enkantolo. Kwasokuba ukuboshwa kwakhe njalo lokho. Kuthe mdla sekuzawuthethwa icala lakhe wayiswa eMgungundlovana. Kwabuthana abantu abaningi bakwaZulu. Ijaji elikhulu elathetha lelo cala kwakunguSir William Smith, ephahlwe nguMr Justice Boshoff (Stofele), noMr Henriquez Shepstone (uGebhuza kaSomtsewu); ummeli wakomkhulu kungu-T.F. Carter, K.C., Attorney-General, ummeli kaDinuzulu (owafunwa nguDlwedlwe kaSobantu kwakunguMr W.P. Schreiner, K.C., enoMfushane (Mr Eugene Renaud) noMr R.C.A. Samuelson (uLubhembedu). UDlwedlwe wabe ekhona uqobo lwakhe; uBubi kaNondenisa Mthuli ephelezela inkosazana. Ngangingekho mina lapho. Abantu bakwaZulu babebuthene nongoso wabo. Lathethwa-ke lelo calakazi, ladla amalanga amaningi. Lagcina ngokumlahla umntwana, lamnika ukuboshwa iminyaka emine.

Phakathi kofakazi ababephendulela umntwana ngikhumbula munye owakhuluma isiminya, uNgobozane kaVukuza wakwaMpungose, iMboza, owabe eyinduna ebekwe nguHulumeni yokuphatha abantu eMahlabathini, owakhuluma isiminya sokuthi, "Sonke thina bantu sasingavumi ukuba kuthelwe le mali, ukuphela yena uDinuzulu yedwa owathi masiyithele." "Sasifuna ukulwa sonke; kodwa yena walile." Kukhona namanye amazwana athile amahle awakhulunywa yile nduna ekhuluma isiminya.

UKUBOSHWA KUKADINUZULU

Lamlahla-ke uDinuzulu, waboshwa etilongweni eMgungundlovu, kanye nabathile bakwaZulu ababenikwa amacala nabo okugila imikhuba emibi. Emva kwalokho kwazinge sokuvela amacala athile aqondiswa kuye kuthiwa uwenzile, imvama yawo kungawamanga, enziwa ngabakwaZulu, ababemzonda ngangoba umuntu ezonda inyoka, ngalo njalo igama lakhe aliqanjwa nguyise lokuthi unguDinuzulu.

Iyo leyo-ke inkathi yokugoduka komfo kaSobantu owabe engummeli, ngoba lathi lithethwa lapha labe lithethwa phesheya icala lomntwana. Okwathi ngokulwa kwakhe okukhulu, ekhuluma isiminya sonke, waza wangenwa isifo leso senhliziyo esake sangena uyise (uSobantu) ngecala elikhulu lokuboshwa kukaLangalibalele. Naye uSobantu wabe eyakufa ngalelo langa ukuba akuvelanga inyanga yakithi enkulu eyabe ihlakaniphile, uDr Gordon, owafika wanqaba nje wathi kaguli, kodwa uthukuthele. Wamelapha, wamahlula, wasinda. Siyazi ngokusiminya ukuthi uGebhuza (Francis Ernest Colenso, Esq., Solicitor), wafela esiminyeni elwela indlu yakwaZulu, engathandi ukufihla isiminya. Yibo laba-ke esibabiza ngokuthi "bayimpi yaba-Martire", inxa sikhuleka kuNkulunkulu.

Akubangasikhathi eside kangakanani eboshiwe eMgungundlovu, umntwana uDinuzulu, wabuya wakhushulwa wayiswa eTransvaal wayakuboshelwa khona oBhalule, lapha uGen. Botha wafika wamthengela indawo khona, wabe eseyitha igama lokuthi kukwaThengisangaye esho ukuthi abakwaZulu bathengise ngaye ezizweni. Kulapho-ke lapha wahlala khona iminyakana ethile. Lokhu phela niqonda kahle ukuthi uDinuzulu wabe enesifo lesi sokugula ngomlenze esabe sikuyisemkhulu uMpande. Wahlala egula njalo. Kwaza kwezwakala ukuthi inyanga emelaphayo iqinisa ngokumyisa kwelamaJalimana, lapha kukhona amanzi abilayo, iyomelaphela khona.

Pho-ke saqinisa ngamandla isifo, inyanga yakhe leyo imphethe imelapha ngamandla nayo. Kwaza kwezwakhala nalapha kithi ukuthi isifo simphethe ngamandla impela umntwana wenkosi, sagcina ngokumthatha, esehlupheke kakhulu. Nanso-ke inkosi yalapho eMiddleburg, oBhalule, yenza umusa omkhulu, ithumela lapha ukuzawubikela inkosazana uDlwedlwe. Pho-ke uDlwedlwe naye kabanga esalibala, wathabatha uBubi Mthuli, bagcwala indlela. UHulumeni wenza umusa omkhulu ngokuvumela abakwaZulu ukuba bathwale isidumbu sakhe basilethe emalibeni awoyisemkhulu kwaNobamba, lapha kukhona uMageba noPhunga noNdaba noJama noSenzangakhona.

Inkosazana yahlangana naso isidumbu eFilidi; bathi sebeya kwaNobamba base behamba kanye nayo, sesithwelwe ngenqola; baza baya bafinyelela endaweni abayakusitshala kuyo.

Isahluko 68
SEKWEDLULE

Kwath' uba basitshale isidumbu kwaba khona futhi umsebenzi wokumisa umntwana ozakuma esikhundleni sikayise. Bagcina ngokukhetha uSolomon onguNkayishana, ogama linguMaphumuzana, indodana yakokaMkasilomo kaNtuzwa kaNhlaka wakwaMdlalose, abe uyena nhloko kaDinuzulu. Wathi uNyawana, onguDavid, indodana yakokaZihlazile kaQethuka kaManqondo wakwaMagwaza waba njengomnawa, wabelwa isifunda sasebaQulusini.

Emva kwalokho bahlakazeka bonke abesililo, nenkosazana kaSobantu yaguquka. Lahlala-ke izwe lakwaZulu selimi esandleni sikaSolomon kaDinuzulu nesikaHulumeni. Ukuba uSolomon abe sesandleni sikayisekazi uMnyayiza kaNdabuko, nesikaMankulumane Ndwandwe induna enkulu yezwe kaDinuzulu, kanye nezikhulu zonke ebeziphethe isifunda sikaDinuzulu egameni likaHulumeni.

Kepha selokhu wasishiya owenkosi, abantu basalokhu bephupha njalo beqinisa ngokuthi kafanga, bethi useGermany lapha ekhona; bethi amaJalimana alwa nezizwe ezinye ezimhlophe nje, alwela uDinuzulu; akubakhanyeli abakithi ukuthi kungenzeke ukuba kufe izwe laseGermany namazwe onke lawa abamhlophe ngenxa yokuba kubangelwa uDinuzulu ofihlwe ngamaJalimana. Kodwa akungqala ukuba abantu bakhulume ngokunjalo ngethambo likaSenzangakhona, ngoba kwathi nangamdla kubanga oCetshwayo noMbuyazwe wafa qede uMbuyazwe badlula baqinisa njalo abantu bathi uMbuyazwe usekhona ufihlwe ngamaNgisi ukuba kugoduke uyise qede abeke yena abe yinkosi yakwaZulu esikhundleni sikaMpande. Izikhulu zonke zakwaZulu zaqinisa zagomela zithi uMbuyazwe ufihlwe ngabelungu. Sebeze bafa baphela bonke labo ababesho njalo, abaningi bagoduka sebekhulile, kepha abazange bambone uMbuyazwe.

Namhlanje kwaZulu akusekwaZulu, sekusesiLungwini, izwe seliphethwe amaNgisi, sowaphela umbuso wasendulo sokumi omusha. Umbuso kaNtombela owazala uZulu, nombuso kaShaka owangeniswa nguNdaba kaPhunga usunyamalele. Kwenza ngani-ke lokho? Kwenza ngoba uthe uShaka wawungenisa ngamandla njengesiphepho nesivunguvungu, wakulahla okwasendulo kwawoSenzangakhona. Uthe eqala evela uMpande esebangela uShaka, wabe esebekwa ngamaBhunu; embeka njalo esembonile ukuthi ungumuntu ovileyo ohloniphayo onomunyu, kafani nabafowabo oShaka noDingane.

Asazi ukuba laba ababili babefuze ubani, lokhu siyamuzwa nje uSenzangakhona ukuthi wabe ngumuntu ovileyo ochumileyo; kodwa siyezwa ezibongweni zakhe ezithi:

> "Owadla uMonhlambase, ingqongqokazana
> Esatheth'izindaba zaseSinyameni;
> Ubeyokwenzani kwaMasamlilo
> Laph' imihlambi yabantu iselayo."

Ezinye izibongo zikaSenzangakhona ziqhamisa ukuthi naye wabenolaka, mhlawumbe oShaka laba noDingane babefuze yena. Munye owaziwayo owabengenalo: uMpande. Lo owanamuhla, uSolomon, ulibeka, uvile, uthobile, angahle asho umuntu athi ngumntakaMpande uqobo. Uyise uDinuzulu wabe ethobile evile kakhulu, kepha efuze uyise uma esethukuthele. Ngoba uCetshwayo wabelunge kakhulu enomusa, ethanda bonke abantu bakhe. Nguye owalamulela uZulu wonke kuMasiphula kaMamba mdla kugoduka uMpande, wanqaba ukuba kungabulawa abantu bagqitshwe egodini bezwa njengamdla kumbelwa uNandi.

Isahluko 69
AMANQAMPUNQAMPU OKUPHETHA

A. UKUMA KWEZINYANGA NGOKWABANTU

Kufanele abantu baqonde kahle ukuthi ukuma kwezinyanga zonyaka akuhambi njengalezi zabelungu. Ezabantu zahlukene impela kwezabelungu, ngoba abantu babala isigaxa esiphezulu esibonwayo, inganti abelungu bona babala izinsuku ezingabonwa muntu ngamehlo. Ngakho-ke kungenzeke ukuba zihambe kanyekanye ngokuthe nse.

Zona zimi ngokunje:

UNdasa	*January*
UMbasa	*February*
UNhlaba	*March*
UNhlangula	*April*
UMaquba	*May*
UCwaba	*June*
UMandulo	*July*
UMfumfu	*August*
UZibandhlela	*September*
UMasingana	*October*
ULwezi	*November*
UNgcela	*December*

[UMhleli walesi sishicilelo, Cishe onke amagama esiZulu alapha, ngaphandle kukaLwezi, awasaqondani nawesiNgisi.]

B. IMITHETHO ELUKHUNI KWABESIFAZANA

1. Kusukela osukwini lwamdla owesifazana ethombayo kanakho ukudla amasi, kuze kuphele izinsuku zakhe zokuphothula.
2. Ngezinyanga zonke zokugeza kwakhe angewadle amasi aze aphothule.
3. Kafanele nakancane ukuphatha ibizo likayise wendoda.
4. Inxa eshonelwe yingane, kuhle ukuba avame ukuvuka ekuseni kakhulu ayogeza, aphathe umuthi futhi wokufafaza emasimini abantu bemizi eyakheleneyo, afafaze izinkomo futhi ngawo lowo muthi csibayeni.
5. Esona sifungo esikhulu, kwabesifazana ngesokuthi: "Mamezala", "Omamezala", (uyise noma unina wendoda).
6. Owesifazana kanakho ukungena esibayeni sakowakhe ungakapheli umkhanzi wokuphothela kuye.
  Inxa eyeqile leyo mithetho impahla yonke ekhaya – izinkomo nezimvu nezimbuzi –kuzakonakala, kugcanse kufe, ngenxa yokunganakeli kwalowo wesifazana.

C. IQOQA

Ngojabula inxa beyakuthi abakithi bawalondoloze la mazwi ami bangawalahli, ukuze kuthi noma sengihambile mina basizakale yiwo lapha abantwana babo bezwa ukuhlupheka komntwana wenkosi yakubo, bese bekhumbula ubunje babo.

Izwi lokuqala enginiyaleza ngalo, madoda, ngithi nize ningabaqambi abantwana benu ngamabizo aphambene nokufisa kwenu; anothi nibaqamba nibe nicabangile, nikhumbule akuthi ibizo liyakulandela umninilo.

Isigqi sokuqala enginganilandisa ngaso ilesi esivezwe ngawoyisemkhulu nawokhokho bakhe, esona siveza lezi zinhlanwu engiziphethe kuleli lizwi, engazi ukuthi bonke abaphaphemeyo abanengqondo njengabantu bayakwazi yini lokhu engikushoyo. Amakhosi akhona angawoyisemkhulu nawokhokho bakhe, ngithatha ibizo likaNdaba indodana kaPhunga, oyena waqalisa ukuzwakhalisa izwi lokuthi ubukhosi obukhulu buyakuhlaluka enzalweni yakhe, owathi alusile esengumfana osokileyo, esendle, waqamba ihubo elikhulu lesizwe sakwaZulu elimiyo njalo nanamhlanje. Nguye owahaya leli hubo elikhulu kunawo onke lokuthi:-

"A! Hha! Oye!
UNdaba uyinkosi.
Oye! Hha! Oye!
Ji-ji-ji !
A! Oye! Ji-ji-ji!"

Lelo hubo alihlatshelelwa kungonale lutho, noma kungokuhle noma kungokubi, yilo elitshala amakhosi, alikho futhi elilingana nalo.

Yena-ke uNdaba indodana kaPhunga, uyise wametha ngalelo bizo emlinganisa nezintaba ezinkulu ezingaphezulu kwezinye zonke. Kuleyo nkathi isibongo sakwaZulu sasingesiso esakwaNdabezitha, sabe singesakwaLufenulwenja, okwabe kuvanywe ukuba kuthiwe kubo, "Wena wakwaSibongosibi esingabizwa ngabalandakazi." Lesi sibongo sokuthi kubo, "Ndabezitha", sivele ngoNdaba, indodana kaPhunga, kaMageba, kaNkosinkulu, kaZulu, kaNtombela, kaMalandela, kaMnguni, isiqu sabo. Lelo bizo lokuthi nguNdaba, kungathi uPhunga wabe eselinganisa ngaye ukuthi namhlanje yena usezele inkosi enkulu kunamanye, ngoba nempela babengakabizwa ngaleso sibongo sikaNdabayezitha. Futhi le ndlu yakwaZulu yabe isengaphansi kweyakwaQwabe, ifana nesifunda seduna yona, ubukhosi bungobakwaQwabe.

Yena-ke uNdaba wazala uJama, ethi ngalokho ujame ngeklwa lomkhonto ezitheni zakhe. Wathi-ke uJama wazala uSenzangakhona, esho ukuthi, "Lokhu sikwenza ngakhona," ephethe ukuzalwa kwendodana yakhe uShaka. Nango-ke uSenzangakhona ezala uShaka "ozakushakazisa" izizwe zonke, noDingane "oyakudinga" aze ayofela oBonjeni, kanye noMhlangana oyakubulawelwa "emhlangeni", noMfihlo oyakudliwa "imfihlo" emhlangeni, emfuleni, kanye nabanye abaningi ababezelwe nguSenzangakhona, oMpande, esho ukuthi nguye oyiMpande yomuzi wakwaZulu. Nguye-ke lowo owazala umuzi wakhona. Nango-ke naye esezala uCetshwayo, ethi uyakucetshwa; noMbuyazwe, nabanye abaningi. Nango-ke naye uCetshwayo esezala uDinuzulu; ethi, uZulu uyakudinwa nguye. Nango-ke noDinuzulu esezala uMaphumuzana noNyawana; ethi ngalokho, "Ngizitholile izinyawo zami ezizakungihambela, nalowo ozakungiphumuza emthwalweni ekade ngiwuthwele."

Nokho-ke niyazibonela kulokhu engikubalayo ukuthi ibizo lilandela umninilo njengesithunzi somuntu nesento yonke ezwayo nengezwayo.

D. NGEBHUKU LABANTU

Nginosizi olukhulu ukunibikela ukuthi ngithe ngiyithi swaca ukuyiqeda incwadi engangihlose ukuyenzela abozovela ethiwa ukubizwa kwayo "Abantu Abamnyama", sasimhlaba isifo umntwana womngane wami umnumzana omkhulu wase-Edendale uNicholas Masuku ongasekho, indodana yakhe engu-N.J.N. Masuku oseGlencoe Junction; samhlaba semuka naye, sagcina ngokumthabatha. ngalokho ngadabuka ngokuqhekezeka okukhulu, ngoba phela ngangithemba ukuthi lo msebenzi engiwuqalileyo ngiyawuthi ngigoduka bengike ngawubona nami ukuqhubeka kwawo. Pho, isifo leso sendodana yami sangidonsela emuva. Ngoba selokhu ngangimemezele kini angibonanga ngibona kuthi siki nokuthi nyaka kwenu, ukuphela uMr H.M. Siboto, ose 75, Upper Ashley Street, eCape Town, owathi uba ezwe lowo mkhosi wangiphonsela ompondo ababili ukuba ngiqhube umsebenzi kanye nendodana yami eseBloemfontein kwaWm. Cuthbert' Co., uSolomon eyathi ukusuka yangiphonsela ishumi lawosheleni. Iningi leli lithule liqintile, libheke ukuba incwadi lena izicindezele yona ngokwayo, ukuze lithi libona ibe seyiyisideku esipheleleyo, esizenzileyo.

Kanti, bakithi, awukho nowodwa umsebenzi ozenzayo. Konke kwenziya ngabantu ngezandla nangekhanda. Selokhu kwakunjalo nasendulo njengoba kuse njalo nanamuhla, abantu bayasebenza ngezandla nangamathuphana abo, basebenza imisebenzi eyakugcina ngokubukwa ngabanye; kuthi bonke labo abayibukayo balinganise osongathi ayenziwanga ngezandla.

Mina kambe, madoda, okwami ukuzindla bengilinganisa ukuthi masizame kuso lesi sikhathi ukwenzela abakithi abazovela izindaba ezibakhombisa ekhaya ngalapha bavela ngakhona. Intethe ithi inxa seyimithi ekupheleni konyaka, ithi lapha seyizwa ukuthi isizakufa, isuke iyekumba la izalele khona abantwana bayo igqibe umhlabathi, ibese isiyakuhlala othini yomelele kulo, ife. Kudlule isikhathi samaqanda phansi, achamselwe; bese bephumela ngaphezulu abantabayo beba yizintethe njengayo. Nathi masikhumbule ukuthi ngokufa lokhu asipheli, kodwa ngokuzala kwethu siyazikhweza ukuba sihlale sikhona njalo, ukuze sivuke sibasha njalo sifane nosongathi siyaqala ukuvela. Khumbulani elabadala lokuthi, "Akulahlwa mbeleko ngokufelwa." Ningangisoli nithi ngiyachitha, qha! Ngiyalondoloza. Koba kuhle nangomuso uma abantwana bethu bezuza ukwazi izindaba zakubo ezindala kunokuba bahlale bengazi lutho beyizintumantuma ezifana neziphungumangathi.

Ngojabula uma Ophezulu eyakungivumela ukuba kengibe khona, ngiqhube lomsebenzi wami phezu kobuthakathaka bami lobu esengiyibo, esengizizwa noma ngihamba ukuthi, "Woshi! izikhathi lezi seziqhubekile! Kunjani njena, kwaxega amadolo lapha ngihamba!" Kanti qhabo! Ukupha kukaBaba akunjalo! Yena upha okungaphezu kwalokho esikucabangayo, asinike nezikhathi ezide kunokucabanga kwethu; nguYE osihambisayo, osihlumisayo, imihla yonke yokubakho kwethu.

M.M. FUZE
14 William Street, Pietermaritzburg,
February, 1921.

Printed and bound by CPI Group (UK) Ltd, Croydon, CR0 4YY

06/04/2026

14854924-0004